중국 향진기업의 성장과 한계

임반석 지음

도서출판 해남

중국 향진기업의 성장과 한계

초판1쇄 인쇄 2019년 2월 21일
초판1쇄 발행 2019년 2월 28일

지은이 임반석
발행인 노현철
발행처 도서출판 해남

출판등록 1995. 5. 10 제 1-1885호
주 소 서울특별시 서대문구 충정로 38-12(충정로 3가) 우리타워 6F
전 화 739-4822 **팩스** 720-4823
이 메 일 haenamin30@naver.com
홈페이지 www.hpub.co.kr

ISBN 978-89-6238-131-3 93320

책 머리에

사회주의 체제개혁 사회 중국에서 향진기업의 발흥과 발전은 중국 경제, 중국 정치, 중국 사회, 중국 농촌 연구자들 공동의 관심사이다. 향진기업에 대한 연구는 1980년대 말부터 시작해서 1990년대까지 활발하게 전개되었다. 국내외를 막론하고 연구 성과가 이 무렵에 집중적으로 출현하였으며, 시간이 갈수록 연구 주제도 더 구체화되고 연구 기법도 정교해졌으며, 사례 분석도 함께 진행되었다. 향진기업에 대한 관심은 서양에서 비교적 활발하였고, 국내에서는 1990년대에 집중적으로 이뤄졌으며, 중국 내에서는 그다지 활발하지 않았다. 1990년대까지 비교적 활발하게 진행되던 향진기업에 관한 국내의 연구도 2010년 무렵부터 소강 상태에 접어들었다. 가장 큰 이유는 개혁개방 이후 경이적인 발전을 거듭하며 중국 경제 성장을 사실상 견인해 온 향진기업이 1990년대 중반부터 조정기를 맞았기 때문이다. 그렇다고 해도 1990년대 중반까지 향진기업이 중국의 경제성장, 중국 경제 전체에 미친 영향은 결코 무시할 수 없었으며, 이 점 때문에 많은 관찰자들이 관심을 갖게 되었다. 중국 농촌 지역에 입지한 비농업 경제 주체인 향진기업은 다른 개도국의 농촌 공업화와 비교할 때 차별성이 있을 뿐 아니라 여타 사회주의 체제개혁 국가에서도 찾아보기 힘든 사례이다.

필자는 그동안 중국 경제 강의를 하면서 이 주제를 다루었는데, 강의 때마다 그때그때 필요한 대표적인 연구 성과를 요약하여 활용하였다. 강의를 준비할 때마다 국내에 종합적인 저서가 없다는 점이 아쉬웠고, 그래서 언젠가 종합·정리해 보고 싶었다. 2010년에 접어들면서 필자는 본격적으로 향진기업에 관한 국내외 주요 연구 성과, 관련 중국 정부 문건을 정독하였으며, 2013년부터 세부 주제별로 정리·평가하는 작업에 착수했다. 거의 5년 가까운 시간 동안 국내외 다양한 연구 성과를 섭렵하였으나, 기존의 연구 성과를 뛰어넘는 데는 한계가 있음을 알았다. 그래서 연구가 많이 축적된 부분에 대해서는 알기 쉽게 정리·평가하고, 국내외 연구에서 추가나 보완이 필요한 세부 관심사에 대해서는 필자의 노력을 더하기로 했다. 이렇게 해서 총 여섯 개 주제를 정하고 본격적으로 작업을 시작하였다.

향진기업에 대한 연구 열기가 식은 상태에서 이 작업이 시작되기는 하였다. 그러나 연구 성과는 주제의 인기 여부와 상관없이 지속적으로 축적되어야 한다는 생각으로, 나름대로 차분하게 작업을 진행했다. 유행에 따라 학술적 관심사가 바뀌는 것은 자연스러운 현상이겠지만, 학술적 관심이 유행에 민감하게 반응하는 현상은 그다지 바람직하지는 않다. 연구자들의 관심이 유행에 민감하게 반응한다면 연구가 편중될 뿐 아니라 다양성과 깊이를 담보하기도 어렵다. 또한 그렇게 쌓인 연구 성과는 필요로 하는 사람들에게 지식과 정보의 편식을 강제하게 된다. 어느 한 분야에 대한 연구는 미시적 차원에서 다양한 세부적 관심사를 향해 파고드는 미세한 연구 작업과 방계 분야 지식을 동원한 거시적 조명 작업이 결합될 때 의미 있는 성과가 축적된다. 국내 학계에서 대개 제대로 평가받지 못하고 있지만, 사전이나 자료집처럼 기초 자료를 충실히 정리하는 작업도 장려되고 존중되어야 한다. 이런 점이 부족한 듯해서 늘 아쉽다.

나의 노력이 중국 경제 관련 지식의 탑에 한 장의 벽돌이라도 되었으면

한다. 이 책에서 다루는 주제 중 일부를 빼고는 완전히 새로운 주제는 아니다. 다만 많은 연구가 축적된 주제를 정리·평가하고, 비교적 조명을 덜 받은 주제에 대해서는 관심을 환기시키고자 하였다. 특히, 경제발전 모형 차원에서 향진기업 현상을 조명하는 작업은 기존 연구에서 소홀하게 다뤄진 주제이다. 아무리 그렇다고 해도 이 책은 여러 선행 연구자들의 성과 위에 있을 뿐이다. 나름대로 최선을 다하고자 했으나 만족스럽지 않기는 마찬가지이다. 부족한 부분이나 미처 다루지 못한 세부 주제, 많은 사례 연구를 통한 확인은 장차 필자를 포함한 연구자들의 몫이다. 부족하지만, 모쪼록 이 책이 중국 경제, 중국 농촌경제, 중국의 노동 이동, 중국의 경제발전 모형, 중국 사회, 중국 정치 등 중국에 관심 있는 이들에게 조금이나마 도움이 되고, 연구자들에게는 친절한 길잡이가 된다면 더 바랄 게 없겠다.

출판계의 어려운 사정, 국내 전문서적 시장의 분명한 한계에도 불구하고 출판을 결정해 주신 해남의 노현철 사장님, 그리고 조잡한 글을 교정보느라 수고하신 편집부 여러분께 감사의 말씀을 전한다. 항상 용기를 북돋아주는 아내, 아비의 걱정을 덜어주려 애쓰는 아들은 더없는 감사와 기쁨의 원천이다. 그리고 나를 무지에서 벗어나게 해준 수많은 선행 연구자들에게 감사한다. 끝으로, 많은 출판인들과 연구자들의 오랜 소망이기도 하지만, 하루속히 전문서적이 국공립 도서관에 의무적으로 소장되는 수준 높은 문화국가가 될 날을 기대해 본다.

우암산 기슭에서

2019년 2월 저자 씀

차례

책 머리에 i
차례 v

서장 연구 성과 회고 1

제1장 중국에서 향진기업 발흥의 조건과 구조적 특징

1. 머리말 15
2. 향진기업 생성·발전의 제도적 기반 17
3. 향진기업 발전의 역사적·사회적 조건 25
    1) 사회주의 토지제도의 변화 25
    2) 인민공사 해체와 자율권 확대 28
    3) 개도국으로서의 농업 대국 34
    4) 인위적인 도농 분리 35
4. 향진기업의 구조적·지역적 특징 39
    1) 산업구조 특징 40
    2) 소유·경영 유형 특징 44
    3) 규모 특징 49

4) 조직 특징 51
5) 지역 특징 53
5. 맺는 말 57

제2장 제도 변화, 제도 혁신과 향진기업의 탄생·발전

1. 머리말 65
2. 제도 변화와 향진기업의 탄생과 성장 67
1) 경제체제 개혁 68
2) 농민층 분화 77
3) 농업 과잉 노동력의 이동 86
3. 제도 혁신과 향진기업의 성장·발전–집단소유 기업을 중심으로 88
1) 소유제와 지배구조 측면의 제도 혁신 88
2) 계약 형식 측면의 제도 혁신 95
3) 제도 혁신과 유도된 사유화 104
4. 맺는 말 109

제3장 향진기업의 재산권 구조와 소유제 개혁 -집단소유 향진기업을 중심으로

1. 머리말 117
2. 향진기업의 재산권 구조와 특징 120
1) 사회주의 공기업과 재산권 120
2) 향진기업의 재산권 구조와 향진정부 124
3) 지방정부의 대리인: 기업관리자 135
3. 향진기업 재산권 구조 개혁과 효과 142
1) 재산권 구조와 소유제 개혁 142
2) 재산권 구조 개혁을 보는 시각 148
3) 재산권 구조와 소유제 개혁의 성과 150
4. 향진기업 발전과 향촌정부 및 지도자 158
1) 향촌정부 및 지도자의 비교우위 158
2) 향촌정부의 회사화 167
5. 맺는 말 170

제4장 노동력 이동 모형과 중국의 향진기업

1. 머리말 181

2. 중국 경제발전과 향진기업의 역할 및 기여 184
3. 노동력 이동과 전통적인 노동력 이동 모형 191
1) 잠재실업과 넉시 모형 191
2) 과잉 노동력과 루이스 모형 195
3) 도시 비공식 부문과 토다로 모형 202
4. 향진기업과 전통적 발전 모형 207
5. 맺는 말 212

제5장 이중경제 구조 모형과 향진기업

1. 머리말 221
2. 이중경제 구조 모형의 출현과 진화 223
1) 루이스 모형(L 모형) 223
2) 라니스-페이 모형(R-F 모형) 234
3. 이중경제 구조 모형의 확장과 향진기업 242
1) 해리스-토다로 모형(H-T 모형)과 도시 부문 242
2) 혼다이-뤄 모형(H-L 모형)과 향진기업 245
4. 맺는 말 251

제6장 중국 향진기업의 국민경제적 기여와 한계

1. 머리말 257
2. 향진기업과 농촌 공업화 260
   1) 농촌 공업화 회고 260
   2) 향진기업과 농촌 공업화 267
3. 경제의 성장 및 발전에서 향진기업의 위상 269
4. 국민경제에 대한 향진기업의 기여와 한계 273
   1) 농촌 과잉 노동력 해소 273
   2) 도농격차 축소 277
   3) 농업 성장과 향진기업 280
   4) 향진기업과 농촌 공업화 282
5. 향진기업의 발전과 쇠퇴를 설명하는 가설 286
   1) 몇 가지 설명 286
   2) 종합적 설명가설: 저우두안밍의 경우 289
6. 맺는 말 296

제7장 요약과 정리

향진기업의 개념 305
향진기업 발흥의 제도적 및 정치적·사회적 조건과 환경 306

향진기업의 성장·발전과 농민층 분화 307
향진기업의 자연발생성 문제 308
향진기업 발흥·성장과 지방정부 및 지도자 308
향진기업과 지방정부, 시장의 관계 310
향진기업 재산권 구조 및 소유제 개혁 311
향진기업의 발전과 쇠퇴 원인을 둘러싼 의문 312
노동력 이동 모형, 이중경제 구조 모형과 향진기업 312
향진기업의 국민경제적 기여와 한계 315
향진기업의 내일 316

찾아보기 319

서장

연구 성과 회고

서장

연구 성과 회고

이 책은 중국 향진기업에 대한 몇 가지 관심사에 초점을 맞추고 있다. 주요 추적 과제는, 첫째 향진기업의 탄생 조건·환경과 구조적 특징, 둘째 제도 변화 및 제도 혁신과 향진기업의 발전, 셋째 향진기업 발전에서 지방정부와 지도자의 역할, 넷째 향진기업 재산권 구조의 특징과 재산권 개혁, 다섯째 향진기업의 재산권 구조 및 소유제 개혁의 성과, 여섯째 노동력 이동 모형 같은 전통적 경제발전 모형에서 본 향진기업 현상, 일곱째 향진기업의 중국 경제에 대한 기여와 한계 등이다. 이상 일곱 가지 주제 중 일부는 별도의 장으로 독립되어 있기도 하고, 일부는 구성의 필요에 의해 두 장에 걸쳐 분산되어 있다. 또한 각 장이 독립된 글의 형식을 취하다보니 글의 내용 전개상 일부 내용이 중첩되는 경우가 있으나, 최대한 서술의 중복을 피하고자 노력하였다.

아래에서는 중국 향진기업에 관해서 참고할 만한 연구 성과를 영문, 한글, 중문과 일문 자료 순으로 기술한다.

먼저, 향진기업과 관련된 주요 영문 연구 성과는 이렇게 정리할 수 있다. 초기 연구는 1980년대 초에 나왔고, 이어 1990년대에 연구가 활발히 전개되었다. 연구 성과를 일별해 보면 갈수록 세부 주제도 다양해지고 연구 성과도 비교적 풍부하다. 대표적인 연구로는 진과 치엔(1984), 버드와 린(1990), 창과 왕(1990), 리우(1992), 오디(1992), 펑(1992), 패리스(1993), 푸터만(1994), 제퍼슨과 로스키(1994), 와이즈만과 쉬(1994), 화이팅(1995), 오이(1996), 판(1996), 처와 치엔(1998), 천홍이(2000), 리와 로잘(2000) 등을 들 수 있다.

진과 치엔은 선구적 작업으로서 향진기업을 중심으로 공유와 사유제의 성과를 비교하였다. 버드와 린은 향진기업의 구조, 발전 및 개혁에 대한 전반적인 정리이며, 창과 왕은 향진기업의 본질에 대한 집중 분석이다. 리우는 원저우(溫州) 지역의 사례를 중심으로 한 사기업과 지방정부의 관계에 대한 연구이며, 오디는 1980년부터 1990년까지 10년간 농촌 지역의 공업 발전 현상을 분석한 세계은행의 연구보고서이다. 펑은 도시와 농촌 산업에서 공기업과 사기업의 임금결정을 분석하면서 향진기업도 함께 논하고 있다. 패리스는 원저우 모형을 중심 지방정부와 중앙정부의 관계를 분석하고 있고, 제퍼슨과 로스키는 중국의 기업 개혁을 다루면서 향진기업 개혁을 함께 다루고 있다. 푸터만은 집단소유 향진기업의 성장과 미래를 정리한 연구보고서이며, 와이즈만과 쉬는 모호한 소유권과 지배구조가 향진기업 성장·발전의 요소라는 관점에 선 연구이다. 화이팅은 향진기업의 재산권 구조와 수입 배분 문제 같은 제도 변화의 미시적 기초를 다루고 있으며, 오이는 농촌경제의 도약이라는 관점에서 농촌 공업화와 향진기업 문제를 분석하고 있다. 판은 시장화 관점에서 농촌 지역의 풀뿌리 정치와 농촌 공업의 관계를 분석한 박사학위논문이다. 처와 치엔은 향진기업을 둘러싼 제도적 환경, 향진정부, 기업 지배구조의 상호관계를 논하였고, 천홍이는 제도 변화라는 관점에서 시장자유화, 계약형태의 혁신 및 사유화 현상과 그 효과에 대한 종합적 연구서이다. 리와 로잘은 향진기업의 사유화와 그 효율에 대한 분석을 시도한 종합적인 연구서이다.

다음으로, 참고할 만한 국내 주요 연구 성과는 다음과 같이 정리할 수 있다. 국내 향진기업에 관한 연구는 1990년대 초에 시작되어 말까지 많은 연구

성과가 발표되었다. 초기의 연구로는 전성흥(1993, 1995), 이보근(1994)을 들 수 있는데, 전성흥은 정치학적 관점에서 향진기업 성장 현상을 중심으로 농촌 공업화와 향촌 사회의 변화, 향진기업과 지방정부의 관계를 분석하였다. 이보근은 1990년대 초까지 향진기업의 현황과 발전 방향에 대해 정리하였다. 이 시기 향진기업에 대한 관심은 개혁개방 이후 지속적 고성장을 하던 향진기업이 1990년대 중반을 전후해서 조정기에 진입하면서 관심을 유발한 것으로 생각된다. 향진기업에 대한 1990년대의 연구는 이일영과 고재모(1995), 이근(1996), 김모하(1997), 김시중(1998), 서봉교(1998), 유희문(1999), 이상근(1999)이 뒤를 이었다. 이일영과 고재모는 향진기업의 성과와 한계를 논하였고, 이근은 향진기업 개혁 과정에서 사유화 문제에 초점을 맞추었다. 김모하는 주식합작제 개혁에 대해 분석하였고, 김시중은 향진기업의 성장요인에 초점을 맞추었다. 서봉교는 집단소유 향진기업의 지배구조에 대한 연구이고, 유희문은 향진기업 발전 현상을 농촌 경제구조 변화와 관련지은 분석이며, 이상근은 향진기업과 지방정부의 관계에 초점을 맞추었다.

1990년대 말이 되면서 연구의 관심은 점차 거시적인 수준의 기초 연구를 넘어 미시적이고 구체적인 주제로 전환되었다.

2000년대 들어서도 향진기업에 대한 연구는 이어졌는데, 이정남(2000a, 2000b), 서석흥(2001), 오승렬(2004), 이주형(2003), 정환우(2004), 이근·한동훈·정영록(2005), 박대석·장도(2008), 조준현(2008), 홍은석 외(2008) 등이 대표적이다. 이정남은 향진기업과 지방정부의 특수한 관계를 원저우 지역의 사례를 중심으로 조사 분석하였고, 서석흥은 향진기업 발전 모형 중 쑤난(蘇南) 모형을 중심으로 재산권 개혁을 분석하였다. 오승렬은 향진기업의 재산권 변화가 갖는 경제적 의미에 대한 분석이고, 이주형은 향진정부와 향진기업의 관계에 대한 분석이다. 정환우는 쑤난 지역 향진기업의 소유제 개혁과 정부-기업 관계에 대한 연구이다. 이근 외는 서봉교(1998)의 연구를 뼈대로 삼은 향진기업의 성장과 지배구조에 대한 집중적인 분석이고, 박대석·장도는 향진기업 성장이 농촌 지역의 고용에 대한 역할에 관한 연구이다. 조준현은 향진기업 발전 현상을 농촌경제 및 농업 정책 차원에서 분석하였고, 홍은석 외는 지배구조에 집중해서 향진기업의 창업결정 요인에 대해 연구하였다. 이 시기 연구는 이전 시기보다 주제가 다양해지고 좀 더 구체적일 뿐 아니라 사례 연구도 병행되었으나 사례는 영문 연구물처럼 원저우와 쑤난에 한정되었다. 2010년대 향진기업에 대한 연구는 장동식 외(2011), 임반석(2013a, 2013b, 2014, 2015, 2018)에 의해 계승되었는데, 장동식 외는 향진기업의 발전 과정과 향후 발전 방향에 대한 전망이고, 임반석은 향진기업의 발전 조건과 구조적 특징, 향진기업 탄생 발전 과정에서 제도 변화와 제도 혁신, 향촌기업을 중심으로 한 향진기업 재산권 구조 특징과 재산권 개혁 등 이전의 연구 성과들을 종합하면서, 노동력 이동 현상을 중심으로 한 향진기업과 전통적 발전 모형의 관계, 향진기업과 이중경제 구조 모형의 관계 같이 더 새로운 주제에 대한 연구이다.

셋째, 중문과 일문으로 된 연구 성과는 아래와 같이 정리할 수 있다. 중문과 일문으로 된 연구는 1990년대 초에 시작되었고 2000년대까지 이어졌다. 참고할 만한 저서 수준의 종합연구로는 천지위안과 샤더팡(1988), 장이(1990), 장지엔화와 린거(1993), 위진(2001), 판위에(2004), 천훙이(2005), 탄칭강(2007) 등이 있다. 이 밖에도 저우치런과 후주앙쥔(1987), 황서우홍(1990), 천지위안과 후비량(1994), 저우두안밍(2011), 궁시쿠이(2012) 등 논문 형식의 연구가 있다. 천지위안과 샤더팡은 사실상 선구적 연구라고 할 수 있는데, 향진기업의 지역별 발전 모형 문제를 포함한 다양한 의문에 대한 종합적 연구 성과로서, 국내외에서 널리 인용되고 있다. 장이의 연구 역시 1980년대까지 향진기업의 발전사를 잘 정리해 주고 있으며, 장지엔화와 린거는 초기의 종합적인 성과로서 향진기업의 지역별 발전 모형까지 논하고 있다. 이상의 연구들이 단순한 현상 분석 또는 기초 통계자료를 이용한 논증에 의존한 반면, 위진은 박사학위논문을 더 발전시키고 세련된 분석 기법을 동원한 종합적 연구로서 학술적 진전을 엿볼 수 있다. 판위에는 정치학 관점에서 지방정부와 향진기업의 관계를 분석하였고, 천홍이는 박사학위논문(2000)을 보완하고 심화한 작업 결과로서, 향진기업의 시장자유화, 계약형식 혁신 및 사유화에 집중한 연구이다. 탄칭강은 조정기 전후의 향진기업 상황에 대한 분석이다. 저우치런과 후주앙쥔은 초기의 연구임에도 불구하고 10개 성의 대형 향진공업을 대상으로 자산의 형성 및 운영의 특징과 거시적 효과 분석이다. 황서우홍도 1980년대까지 향진기업의 국민경제에 대한 기여를 분석하였다. 천지위안과 후비량은 과잉 노동력의 이동 현상에 주목하여 경제발전 모형을 논한 연구로서 다른 연구와는 좀 독특한 관점에서 향진기업 현상에 주목하였다. 저우두안밍은 1990년대 중반 이후 향진기업의 침체요인을 집중적으로 추적하였고, 궁시쿠이는 향진기업을 둘러싼 지방정부의 회사화 현상에 대한 분석이다. 여기에서 보듯이 초기에는 주로 단순한 기본 통계를 이용한 초보적인 연구였고, 점차 주제가 구체화되고 사례 연구도 일부 수행되었다.

필자가 참고한 일문으로 된 초기 연구로는 쿠리바야시(1990, 1991)가 있고, 혼다이와 뤄환전(1999), 왕전(1999), 호리구찌(2004)가 있다. 쿠리바야시는 1990년대 초의 연구임에도 현상 분석이 아니라 중국의 향진기업 현상을 이론화하는 작업을 하였고, 혼다이와 뤄도 과잉 노동력 이동 현상과 농촌경제의 변모, 그리고 그 가운데서 향진기업 문제에 대한 연구이다. 왕전은 1990년대 중반까지 향진기업의 생산효율의 변화에 대한 분석이고, 호리구찌는 향진기업의 소유구조 개혁에 대한 분석이다.

이 책 전체가 저서를 위해 새롭게 쓴 것은 아니며, 일부는 이미 학술논문집에 실렸던 글을 대폭 수정·보완하였고, 일부는 새롭게 썼다. 1장은 『중국학논총』(2013. 12)에 실린 「중국에서 향진기업 발전의 조건과 구조적 특징」을, 2장은 『중국학논총』(2014. 9)에 실린 「향진기업 탄생발전과 제도혁신」을 수정·보완하였다. 3장은 『한국동북아논총』(2015. 6)에 실린 「향진기업 재산권 구조의 특징과 재산권 개혁: 집단소유 기업의 경우」를, 4장은 『중국학연구』(2013. 9)에 실린 「향진기업과 중국의 경제발전 모형: 노동력 이동과 관련하여」를 크게 손질한 뒤 재구성하였다. 그리고 5장과 6장은 새롭게 쓴 것이다.

끝으로, 이 책 작업에 특별한 영감을 주고 큰 도움이 된 연구 성과는 위진(2001), 천홍이(2000, 2005), 전성흥(1993, 1995), 이일영 외(1995), 이일영(1997), 이근(1996), 김시중(1998), 서봉교(1998), 유희문(1999), 이근·한동훈·정영록(2005), 천지위안과 샤더팡(1988), 천지위안과 후비량(1994), 진과 치엔(1984), 버드와 린(1990), 창과 왕(1990), 리우(1992), 오디(1992), 펑(1992), 패리스(1993), 푸터만(1994), 제퍼슨과 로스키(1994), 와이즈만과 쉬(1994), 화이팅(1995), 오이(1996), 판(1996), 리와 로잘(2000), 쿠리바야시(1990, 1991), 혼다이와 뤄환전(1999), 호리구찌(2004), 미나미 료신(2013), 나카가네(2016) 등이다. 이 책은 선행 연구자들의 땀에 많은 빚을 지고 있다.

참고문헌

Byrd, W. and Q. Lin, eds., *China's Rural Industry: Structure, Development, and Reform*, London: Oxford University Press, 1990.

Chang C. and Y. Wang, "The Nature of the Township-Village Enterprises," *Journal of Comparative Economics*, 19(3), December 1994.

Che, J. and Y. Qian, "Institutional Environment, Community Government, and Corporate Governance: Understanding China's Township-Village Enterprises," *Journal of Law, Economics, and Organization*, 14(1), April 1998.

Chen, H. Y., *The Institutional Transition of China's Township and Village Enterprises*, U.S.A., Vermont: Ashgate Publishing Ltd., 2000.

Jefferson, G. and T. Rawski, "Enterprise Reform in Chinese Industry," *Journal of Economic Perspective*, 8(2), 1994.

Jin H. and Y. Qian, "Public vs Private Ownership: Evidence from Rural China," *Quarterly Journal of Economics*, 113(3), August 1984.

Li, H. and S. Rozelle, "Saving or Stripping Rural Industry: an analysis of privatization and efficiency in China," *Agriculture Economics*, 23, 2000.

Liu, Y., "Reform from Below: The Private Economy and Local Politics in the Rural Industrialization of Wenzhou," *The China Quarterly*, 130, June 1992.

Ody, A. J., "Rural Enterprises Development in China,1986-1990," *The World Bank Discussion Paper*, No.162, Washington D.C.: The World Bank, 1992.

Oi, J. C., "Fiscal Reform and the Economic Foundations of Local State Corporatism in China," *World Politics*, 45, October 1992.

Pan, W., *The Politics of Marketization in Rural China: The Coalition Between Grassroots Authorities and Rural Industries*, Unpublished Ph.D. Dissertation, Department of Political Science, Berkeley, CA: University of California, 1996.

Parris, K., "Local Initiative and National Reform: The Wenzhou Model of Development," *The China Quarterly*, 1993.

Peng, Y., "Wage Determination in Rural and Urban China: A Comparison of Public and

Private Industrial Sector," *American Sociological Review*, 57, 1992.

Putterman, L., "On the Past and Future of China's Township and Village Owned Enterprises," Working Paper, Department of Economics, Providence, RI: Brown University, 1994.

Weitzman, M. and Chenggang Xu, "Chinese Township-village Enterprises as Vaguely Defined Cooperatives," *Journal of Comparative Economics*, 18, 1994.

Whiting, S., *The Micro-foundation of Institutional Change in Reform China: Property Rights and Revenue Extraction in the Rural Industrial Sector*, Ph. D. Dissertation, Department of Political Science, Ann Arbor, MI: University of Michigan, 1995.

강희정 · 강경구 옮김(中兼和津次 지음), 「루이스모델과 중국경제 전환점」, 『경제발전론과 중국경제』, 무역경영사, 2012.

김모하, 「중국 향진기업의 주식합작제 개혁방향」, 『경제학논집』, 6(2), 1997. 12.

김시중, 「중국 향진기업의 성장 요인과 전망」, 『경제논집』, 서울대 경제연구소, 1998. 9.

김현석, 「향진기업 개혁에 관한 또 하나의 주석」, 『중국연구』, 60, 2014. 3.

박대석 · 장도, 「중국 농촌고용과 향진기업의 역할」, 『한국협동조합연구』, 26(1), 2008.

서봉교, 「중국의 향진집체기업에 관한 연구: 지배구조를 중심으로」, 서울대학교 경제학부 석사학위논문, 1998.

서석흥, 「중국 향진기업의 '소남모델'의 특징과 재산권 개혁」, 『중소연구』, 25(2), 2001. 8.

오승렬, 「중국 향진기업 소유권 귀속 변화의 경제적 함의 연구」, 『중국학연구』, 29, 2004. 9.

유희문, 「중국 향진기업의 발전과 농촌경제구조의 변화」, 『현대중국연구』, 2, 1999. 12.

이 근, 「중국의 국유기업 및 향진기업 개혁과 사유화」, 『경제논집』, 35(2, 3), 서울대경제연구소, 1996. 9.

이근 · 한동훈 · 정영록, 「향진기업의 성장과 기업지배 구조」, 『중국의 기업 산업 경제』, 서울: 박영사, 2005.

이보근, 『중국 향진기업의 현황과 발전방향』, 서울: KIEP, 1994.

이상근, 「중국 향진기업과 지방정부의 유착관계 형성에 관한 연구」, 고려대 대학원 사회학과 석사학위논문, 1999.

이일영 · 고재모, 「중국 향진기업의 성과와 한계」, 『농촌경제』, 18(3), 1995 가을.

이정남, 「중국의 체제전환기 지방정부의 역할: 원저우(溫州)지역 향진기업의 발전 중 지방정부 역할을 중심으로」, 『세계지역연구논총』, 14, 2000a. 11.
_____, 「중국의 시장화 과정 중 향진기업의 발전과 지방정부의 역할: 수난(蘇南)지역과 원저우(溫州)지역을 사례로」, 『한국정치학회보』, 34(4), 2000b. 12.
이주형, 「중국경제발전과정 중 지방정부의 역할: 향진정부과 향진(집체)기업을 중심으로」, 『대한정치학회보』, 11(1), 2003.
임반석, 「중국에서 향진기업 발전의 조건과 구조적 특징」, 『중국학논총』, 제40집, 2013a.
_____, 「향진기업과 중국의 경제발전 모형-노동력 이동과 관련하여」, 『중국학연구』, 제65호, 2013b.
_____, 「향진기업 탄생·발전과 제도혁신」, 『중국학논총』, 제43집, 2014.
_____, 「향진기업 재산권 구조의 특징과 재산권 개혁: 집단소유 기업의 경우」, 『한국동북아논총』, 제75권, 2015.
장동식 · 여택동 · 이창열, 「중국 향진기업의 발전과정과 향후 발전방향」, *The journal of Chinese studies*, 10, 2011. 2.
전성흥, 『중국의 농촌공업화와 향진사회의 변화』, 서강대학교 대학원 정치외교학과 박사학위논문, 1993.
_____, 「중국의 농촌공업화: 향진에서의 지방정부와 기업」, 『한국정치학회보』, 29(1), 1995. 10.
정환우, 「중국의 소유제 개혁과 정부-기업관계 변화: 쑤난(蘇南)지역 향진기업 개혁을 중심으로」, 『국제지역연구』, 8(3), 2004 가을.
조준현, 「최근 중국의 농촌경제 및 농업정책과 향진기업」, 『현대중국연구』, 9(2), 2008.
홍은석 · 김익수 · 김병구 · 한병섭, 「중국 향진기업 창업 결정요인에 관한 실증분석: 지배구조를 중심으로」, 『무역학회지』, 33(4), 2008.
宮希魁, 「評地方政府的公司化傾向」, 『新華月報』, 2012. 5上.
譚慶剛, 『雙重轉型中的鄉鎮企業』, 北京: 社會科學出版社, 2007.
潘維, 『農民与市場-中國基層政權与鄉鎮企業』, 北京: 商務印書館, 2004.
費孝通 · 羅涵先, 『鄉鎮經濟比較模式』, 重慶: 重慶出版社, 1988.
于金, 『鄉鎮企業發展深層問題研究』, 哈爾濱: 黑龍江人民出版社, 2001.
張毅, 『中國鄉鎮企業-苦難的歷程』, 北京: 法律出版社, 1990.
張薦華 · 林珏, 『鄉鎮企業的堀起与發展模式』, 武漢: 湖北教育出版社, 1993.
周其人 · 胡庄君, 「中國鄉鎮工業企業的資産形成營運特征及其宏觀效應-對10省大型鄉鎭工業企業抽樣調査的分析」,『中國社會科學』, 第6期, 1987.
周端明,「中國鄕村工業消失之謎」,『經濟體制改革』, 154, 2011. 3.
陳吉元·夏德芳主 編,『鄕鎭企業模式硏究』, 北京: 中國社會科學出版社, 1988.
陳吉元 · 胡必亮, 「中國的三元經濟構造与農業剩餘勞動力移動」, 『經濟硏究』, 第4期, 1994.
陳鴻儀,『中國鄕鎭企業體制改革: 市場自由化, 契約形式創新和私有化』, 武漢: 華中科技大學出版社, 2005.
黃守宏,「鄕鎭企業: 對國民經濟發展的貢獻」,『農村經濟文稿』第4期, 1990.
堀口正,「中國·鄕鎭企業の所有構造改革とその效果」,『アジア經濟』, 50(1), 2004.
本臺進 · 羅歡鎭, 「農村經濟の變貌と勞動市場」, 南亮進·牧野文夫 編, 『大國の試錬-轉換期の中國經濟』, 日本評論社, 1999.
王振,「中國における鄕鎭企業の生産效率とその變化」,『アジア經濟』, 40(11), 1999.
栗林純夫, 「二階層二重經濟發展戰略と鄕鎭企業」, 日中經濟協會 編, 『中國の産業構造と經濟發展戰略』, 日中經濟協會, 1990.
______, 「鄕鎭企業をどう理論化するか」, 渡邊利夫 編, 『中國の經濟改革と新發展メカニズム』, 東洋經濟新報社, 1991.

제 1 장

중국에서 향진기업 발흥의 조건과 구조적 특징

1. 머리말
2. 향진기업 생성 · 발전의 제도적 기반
3. 향진기업 발전의 역사적 · 사회적 조건
4. 향진기업의 구조적 · 지역적 특징
5. 맺는 말

제1장

중국에서 향진기업 발흥의 조건과 구조적 특징

1. 머리말

개혁개방 이후 중국 경제 성장 과정에서 적어도 1990년대 중반까지 경제 성장의 견인차 역할을 담당했던 부문은 향진기업(鄕鎭企業, Township and Village Enterprises: TVEs)[1]이라는 농촌에 입지한 특수한 생산조직이다. 향진기업은 일반적으로 체제개혁기 중국 농촌 지역에서 농민들에 의해 설립된 공업, 운수업, 서비스업 등 비농업 생산 주체라고 정의된다.[2] 향진기업이 발흥하던 시기 국유기업은 여러 개혁 조치에도 불구하고 부실경영 상태에서 재정을 빨아들이는 블랙홀 상태에서 벗어나지 못하였고, 사기업은 아직 발전의 초보 단계에 머물고 있었다. 또한 내국시장의 경쟁이 심화되지 않았을 뿐 아니라 세계

1 향진기업은 일반적으로 농민이 설립한 집단, 합작, 개체 기업을 가리킨다. 원래 이름은 사대기업(社隊企業)이었으나 1984년 3월 국무원의 비준을 거쳐 향진기업으로 개칭되었다. 향진기업은 농촌에 존재하는 다양한 경영 형태의 기업으로서 농민의 소득향상을 가능하게 한 통로의 하나이기도 하였다. 다양한 소유 형태 중에서도 많은 연구자들의 관심 대상인 집단소유 향진기업은 엄격히 말해 '향촌기업'(鄕村企業) 또는 '향진집단기업'(鄕鎭集體企業)이다. 인민공사 시기의 사대기업은 관리 수준에 따라 향에서 관리하는 향판기업, 촌에서 관리하는 촌판기업으로 불렸다. 1984년부터 향진기업의 개념이 달라졌는데, 향진기업은 이미 존재하던 사대기업이나 향, 촌이 새로 설립한 기업뿐 아니라 개혁기에 새로 등장한 다양한 유형의 개체기업까지 포함하게 되었다.

2 이근·한동훈·정영록(2005), 252쪽. 향진기업에 대한 다양한 정의가 있지만 이 글에서 이근의 정의를 따른다.

시장 편입도 매우 제한적이었다. 이러한 환경에서 향진기업은 지방정부의 적극적인 지원과 집단소유라는 재산권 특징에 힘입어 시장의 요구에 적절하게 부응할 수 있었으며, 국내 소비재시장을 공략하고 점차 해외 수출에도 눈을 돌렸다. 농촌 지역에서 발생하고 발전한 향진기업은 농가소득 향상과 농촌 과잉 노동력의 급격한 도시 이동을 억제하는 시대적 역할을 함께 수행하였다.

향진기업의 발전 과정을 볼 때 두 차례의 큰 전환점이 있었다. 향진기업은 1980년대 중반 헌법이 개체경제와 사영경제를 인정하면서 급성장하였고, 1990년대 중반 이후 각종 내외적 도전에 직면하면서 조정기를 맞았다. 향진기업 중에서는 조정기를 거치면서 하이얼(Haier)처럼 글로벌 기업으로 변모한 사례도 등장하였다. 또한 향진기업은 약 15년 정도의 침체 내지는 구조조정기를 지나 2010년대에 들어서 또 다시 관심 대상이 되기도 하였다. 조정기 이후 향진기업은 중소도시화가 선언된 뒤에 다시 비도시 지역 중소도시의 산업 기반으로 관심을 끌게 되었다.

이 글은 주로 1970년대 말부터 1990년대 중반까지를 대상 시기로 삼아, 우선 향진기업이 통념처럼 체제개혁기 중국 농촌 지역에서 자연발생적으로 발흥·발전한 생산조직인지, 향진기업의 발전 조건과 환경은 무엇인지, 지역 특성에 따른 향진기업의 발전 모형은 어떻게 다른지, 그리고 중국의 특수한 환경에서 형성된 향진기업이 갖는 산업구조, 소유와 경영, 규모, 조직 및 지역적 특징은 무엇인지를 분석하는 데 목적을 두고 있다. 이 작업은 개혁개방 후 중국 농촌 지역에서 왜 향진기업이 발흥·발전하였으며, 1990년대 중반 이후 향진기업이 왜 시대적 역할을 마감하게 되었는지를 이해하는 데 중요한 정보를 제공해 준다. 나아가서 이 작업은 2010년대 들어서 향진기업이 왜 다시 주목받게 되었는지를 짐작하게 하는 데도 도움을 줄 수 있다.

2. 향진기업 생성·발전의 제도적 기반

향진기업 발전의 조건과 구조적 특징을 분석하기 위해서는 향진기업의 개념에 대한 정확한 이해가 필요하다. 향진[3]기업은 일반적으로 농민이 농촌 지역에 설립한 집단, 합작, 개체 기업이라고[4] 간단하게 정의된다. 향진기업의 기원은 1950년대 말 대약진 운동 시기 철강증산을 목표로 농촌 인민공사가 추진한 소형 용광로 사업 같은 지역기업이다. 이 지역기업들은 1960년대 초 대약진 운동의 실패와 함께 조정 정책이 실시되면서 대부분 폐쇄되었다. 이후 1960년대 중반 문화혁명이 발발하면서 경제 활동이 거의 마비되고 지역기업은 명맥만 유지되었다. 그러나 1970년대 초 인민공사(人民公社, People's Commune)[5] 체제 하의 사대기업(社隊企業)은 첫 번째 성장기를 맞게 되는데, 사

3 진(鎭)과 향(鄕)은 현(縣) 아래의 행정단위로서 소규모 지방도시를 말한다.

4 이하 향진기업의 의미와 기본 내용에 대한 설명은 胡欣 等(1994), 158~159쪽 참조.

5 인민공사는 1958년 설립된 농촌의 사회생활과 행정조직이 결합된 기초단위로서, 행정 부문과 농공업 생산 부문·학교·민병(民兵) 등을 포괄하는 자기완결적인 집단생산 조직이다. 인민공사는 지역 및 시기에 따라 그 규모에 격차가 있었는데, 20~30호로 이루어지는 생산대(生産隊), 10개 내외의 생산대로 구성된 생산대대(生産大隊), 8~10여 개의 대대로 이루어지는 인민공사 등 3단계로 조직되었다. 인민공사 체제 하에서 모든 생산수단은 원칙적으로 공사소유와 전 인민소유로 되어 있었으나 농민들의 노동의욕을 유인하는 데 실패하였다. 이에 따라 일부 개선 조치가 나왔으나, 이 조치들은 곧 마오쩌둥 사상에 반하는 조치라는 비판받았고, 결국 문화대혁명의 여러 계기 중의 하나가 되었다. 문화대혁명이 막을 내리고 개혁개방이 시작되면서 사실상 인민공사 체제는 빠르게 해체되었다. 1981년 6월 중국공산당 제11기 제6차 중앙위원회 전체회의에서 통과된 「건국 이래 당의 몇 가지 역사적 문제에 관한 결의」에서는 성급한 인민공사 추진이 마오쩌둥의 오류였다는 반

대기업은 인민공사, 생산대대(生産大隊)가 소유하고 경영한 기업이다. 인민공사 시기 인민공사, 생산대대 및 생산대(生産隊)는 농촌의 행정조직이었기 때문에 사대기업은 농촌 지역에 입지하고 있었다. 이 무렵 지방 차원의 자력갱생이 강조되었는데, 전국적인 유통망이 부실한 상황에서 농촌 공업화가 추진되었기 때문에 사대기업이 주목받았다. 중앙정부는 중공업 이외 부문에 자원을 배분할 여력이 없었기 때문에, 정부는 현지의 자원을 활용하고 현지시장을 지향하는 사대기업을 육성하고자 했다. 이 시기 사대기업은 농기구의 제조와 수리, 건자재 생산 등을 중심으로 성장하였다.[6)]

이미 설명하였듯이 향진기업의 원래 이름은 사대기업이었으나 1984년 3월 국무원이 「국무원 4호 문건」[7)]을 전국에 하달하였고, 이를 계기로 사대기업은 향진기업으로 개칭되었다. 향진기업은 농촌에 존재하는 다양한 경영 형태의 한 부분이자 농업생산의 한 축으로서, 많은 농민의 소득향상을 가능케 한 통로의 하나이기도 하였다. 개혁개방 이후 중국 향진기업의 역사적 연원은 엄격히 말해서 농촌의 수공업 전통에서 찾는 것이 일반적이다. 전통적인 농촌 수공업은 사회주의 중앙계획경제 시기 인민공사를 구성하던 사대기업으로 명맥이 이어졌고, 이 사대기업의 틀이 개혁개방과 함께 시작된 농촌 개혁에 힘입어 향진기업으로 발전한 것이다. 향진기업은 독립채산 조건을 갖추고 경제적인 책임을 지고 세금을 납부하였으며, 농업기업을 제외하고는 해당

성이 있었다. 그리고 1982년 12월 개정된 중국의 신헌법 제95조는 향(鄕)·진(鎭)에 인민대표회의와 인민정부 수립을 규정함으로써, 인민공사를 단순한 집단경제조직으로 만들었다.

6 김시중(1998. 9), 497~498쪽.

7 中共中央, 國務院轉發農牧漁業部和部黨組, 「關于開創社隊企業新局面的報告的通知」(1984. 3. 1)(中發[1984] 4號, www.lawyee.net, 2010-7-26).

지역의 상공(商工) 행정부서나 유관 부문이 발행한 영업허가증을 구비하도록 되어 있었다. 향진기업의 부문 구성을 보면 향, 진, 촌의 공업, 건축업, 교통운수업, 상업, 요식업, 서비스업 및 소수의 농업기업으로 구분된다. 소유·경영 측면에서 보면 향판(鄕辦)기업, 촌판(村辦)기업, 조판(組辦)기업, 연호(聯戶)기업과 개체(個體) 기업 등으로 나뉜다.[8)]

향진기업의 생성과 발전, 그리고 중국 경제의 성장에 대한 기여는 개혁개방이 시작된 뒤 중앙정부가 의도하지 않았던 의외의 성과로 이해된다. 이 점을 덩샤오핑도 인정하였다. 물론 일본이나 한국에서도 농촌 지역에 농공단지 개발이 시도되었으나, 향진기업은 이들과 달리 자연발생적이라는 점에서 다르다는 평가를 받아 왔다. 향진기업의 발전은 사회주의 체제개혁 국가의 특수한 조건과 중국의 특수한 농촌경제의 상황이 결합되면서 형성되었으며, 중앙정부가 의도하지 않은 성과였을 뿐 아니라 성장 속도도 정부와 전문가들의 예상을 뛰어넘는 것이었다. 또한 향진기업은 국공유 경제[국유기업]의 개혁에 자극제가 되었다.

8 개혁 이전 인민공사 체제 하에서 농촌 지역은 인민공사-생산대대-생산대라는 3급 구조로 구성되어 있었다. 생산대는 대략 30가구 정도로 된 집단농장을 관리하였고, 인민공사와 생산대대는 비농업 분야의 생산 주체인 사대기업을 관리하였다. 이 사대기업은 자력갱생 차원에서 원칙적으로 원자재, 종업원, 시장을 현지에 국한하도록 하였고, 주로 농기계 및 기구, 비료, 시멘트 등의 생산, 농기계 수리, 운송, 건축 등을 담당하는 중소규모의 지역기업이었다. 개혁이 시작되면서 농촌의 조직에 큰 변화가 일어났다. 1980년대 초 인민공사 체제가 와해되면서 인민공사는 지방행정단위인 향(鄕)으로 대체되고, 생산대대는 촌(村)으로 계승되었으며, 향과 동급 행정단위이면서 비교적 인구가 밀집되고 비농업 활동이 활발한 지역은 진(鎭)으로 개편되었다. 인민공사 시기의 사대기업은 관리 수준에 따라 향에서 관리하는 경우 향판기업, 촌에서 관리하는 경우 촌판기업으로 불렀으며, 인민공사와 생산대대 하의 사대기업은 향진기업으로 개편되었다. 그리고 향진기업 중에서 향, 진, 촌의 주민이 집단적으로 소유하는 기업을 '향촌기업' 또는 '향진집단기업'이라고 부른다. 1984년부터 향진기업의 개념이 달라졌는데, 향진기업은 이미 존재하던 사대기업이나 향, 촌이 새로 설립한 기업뿐 아니라 개혁기에 새로 등장한 다양한 유형의 사기업까지 포함하게 되었다. 구체적으로 1984년부터 공업기업과 일부 지역의 상업, 음식업이 포함되고, 1985년부터 대부분 지역의 상업, 음식업이 포함되었으며, 건축업과 운수업은 1986년부터 포함되었다. 김시중(1998), 490~491쪽.

1970년대 말 이전까지 향진기업의 전신인 사대기업이 중국 경제에서 점하는 비중은 미미했다. 하지만 1970년대 말 이후 점진적으로 제도와 정책이 정비되면서 향진기업은 빠르게 발전하였는데, 1979년부터 1994년까지 연평균 두 자릿수 성장률(경제성장률의 거의 두 배)을 보임으로써 사실상 국민경제 성장을 견인하였다. 특히, 1980년대 향진기업의 성장속도는 매우 빨라서 전체 국민경제 성장속도를 훨씬 앞섰다. 향진기업은 특히 1984년 개체경제에 대한 법제도적 근거가 마련되면서 급성장하였고(뒤의 〈표 1-2〉 참조), 1994년 이후 세계 경쟁 시대로 접어들면서 기술 부족, 자금 부족, 경쟁능력 부족으로 조정기를 맞았다.[9)]

당시 향진기업의 발전상을 간단히 살펴보면, 1978년 전국의 향진기업 직원 총수는 2,826만 명이었으며, 총생산액은 493억 위안으로 전국 농공업 총생산액의 8.7%를 점하였다. 그러던 것이 약 15년 뒤인 1992년에는 종업원 총수 1.06억 명으로 4배, 총생산액 1.8조 위안으로 무려 35배나 증가하였다. 이에 힘입어 농공업 총생산액에서 점하는 비중 역시 1978년에 8.7%에서 1992년에 38.9%로 급상승하여 향진기업은 국민경제의 중추로 자리 잡았다. 향진기업의 경이적인 발전은 이후에도 계속되어 1995년에는 종업원 1.3억 명, 생산액 2조 위안을 돌파하였다. 특히, 1987년은 중국 농촌 역사에서 획기적인 전환점이었는데, 이 해에 농촌 지역에서 처음으로 비농업 생산액이 농업 생산액을 초과하였다.[10)]

향진기업의 생성 및 발전 기반과 조건을 크게 제도적인 기반과 역사적·

9 이 글의 관심 대상 시기는 대체로 1990년대 중반까지의 상황이다.
10 胡欣 等(1994), 159쪽.

사회적 조건 두 측면으로 나눠 살펴볼 필요가 있다. 먼저 제도적 기반을 살펴보자.

1979년 1월 중공 중앙은 「농업발전에 관한 몇 가지 문제에 대한 결정」[11]을 공포하고 국가의 사대기업에 대한 기본 방침을 확정하였다. 이 초안은 "인민공사, 생산대대 및 생산대의 소유권과 자주권은 반드시 보호되어야 하고, 무상으로 동원 및 점용되어서는 안 된다. 조직원의 자류지(自留地), 가정 부업 및 소규모 시장 교역은 사회주의 경제의 필요를 보완하는 존재로서, 자본주의의 꼬리라는 이유로 통제를 가할 수 없다"고 규정하였다. 또한 이 「결정」은 사대기업에 대해서 "사대기업을 더 한층 발전시켜야 하며, 사대기업의 소득이 인민공사 총소득에서 점하는 비중을 점차적으로 높여야 한다. 경제적 합리성에 기초하여 점차 농촌에서 가공하기 적합한 농산품은 사대기업이 가공하도록 해야 한다. 도시 공업 중에서 농촌에서 가공하기 적합한 생산품과 부품은 농촌에서 생산하도록 하며, 도시 지역의 공업은 이를 위해 설비 및 기술 지원과 지도를 해야 한다. 사대기업의 원재료 구매, 생산 및 판매가 순조롭게 이루어지도록 이 문제를 국민경제 계획에 편입시켜야 한다. 국가는 사대기업의 구체적인 상황을 고려하여 조세 혜택을 부여해야 한다"고 언급하고 있었다.

이어서 1979년 7월 국무원은 「사대기업 발전에 관한 몇 가지 문제에 대한 결정」[12]을 하달하였다. 이 「규정」은 사대기업 발전을 위한 더 구체적인 정책

11 이 결정은 1979년 1월에 초안이 나왔고 9월 28일 제11기 4중전회를 통과하였다. 「中共中央關于加快農業發展若干問題的決定(草案)」(1979. 1)(www.baidu.com, 2010-7-20).

12 이 결정은 1979년 7월 3일에 하달되었다. 國務院, 「關于發展社隊企業若干問題的規定(試行草案)」

조치들을 제시하고 있었다. 이 규정은 "사대기업은 반드시 사회주의 방향을 견지하고 적극적으로 사회 수요에 부합하는 상품을 생산해야 한다. 각지에서 사대기업을 발전시킬 때 반드시 현지의 자원 조건과 사회 수요에 근거해서 점차적으로 규모를 확대해야 한다. 사대기업은 경제계산을 명확히 해야 한다. 사대기업은 사회주의 집단소유제 기업이다"라고 밝히고 있다. 그리고 사대기업의 경영 범위에 대해서도 재배업과 양식업, 공업, 건축업, 운수업, 제봉, 수리, 숙박, 음식 등 구체적으로 제시하였다. 이 밖에도 이 「규정」은 저금리 대출, 감면세 같은 우대 정책도 언급하였다. 이처럼 농민의 필요와 지방정부의 지원, 그리고 제도적·정책적 지원에 힘입어 사대기업은 1970년대 말부터 1980년대 초까지 빠른 발전을 할 수 있었다.

1980년대에 진입한 뒤 중국의 농촌 정책에 큰 변화가 있었다. 1982년 제5기 전인대에서 헌법수정안이 통과되었는데, 이 수정 헌법에 근거하여 1983년부터 농촌에서는 인민공사가 해체되고 향진정부가 수립되었다. 이 밖에도 개혁개방이 심화되면서 정부는 개인으로 하여금 개체 상공업을 경영하거나 기업을 창업할 수 있도록 허용하였다. 이러한 정책적·제도적 상황 변화에 힘입어 농림어업부는 1983년 국무원에 「사대기업의 새 국면을 열기 위한 보고서 통지」[13]를 제출하였다. 이 「통지」는 "지금까지 사용해 온 사대기업이라는 용어가 기업의 발전이라는 새로운 현실을 정확하게 반영하지 못하기 때문에

(1979. 7. 3)(國務院[1979] 170號, www.baidu.com, 2010-7-20).

13 中共中央, 國務院轉發農牧漁業部和部黨組, 「關于開創社隊企業新局面的報告的通知」(1984. 3. 1)(中發[1984] 4號, www.lawyee.net, 2010-7-26). 이 보고서는 농림어업부가 1983년 12월에 국무원에 보고하였고, 중앙과 국무원은 이 건의를 전국에 하달하여 1984년 3월 1일부터 정식으로 시행되었다.

향진기업으로 개칭할 것"을 건의하였다. 그리고 국무원은 이 농림어업부의 건의를 받아들여 「국무원 4호 문건」을 전국에 하달하였고, 이를 계기로 '향진기업'이라는 용어가 정식으로 사용되게 되었다. 이 「통지」는 이전의 사기업(社企業)을 향판기업으로, 대기업(隊企業)을 촌판기업으로 개칭하는 것을 포함해서 다른 유형의 기업들도 향진기업의 범주에 포함시킬 것을 규정하였다. 「통지」는 서론에서 "향진기업은 사대(社隊)가 운영하는 기업, 일부 농민의 공동출자로 운영하는 기업, 연합소유 형태의 공업 및 농민 개인이 운영하는 기업"이라고 언급하고 있었다. 하지만 사실상 농촌 지역에 입지한 기업이지만, 국영농장을 경영하는 기업은 국유기업에 속하고, 향진기업 개념에는 포함시키지 않았다.[14] 향진기업에 대한 이러한 정의는 향진기업의 투자 주체(농촌의 지방정부, 농민, 농민과 기타 조직의 연합)를 분명하게 하기는 하였으나, 좀 더 구체적인 사항에 대해서는 내용이 명확하지 않았다. 농림어업부는 「향진기업통계규칙(鄕鎭企業統計規則)」을 내놓았는데, 여기에서 향진기업에 대한 좀 더 구체적인 특징들을 찾아낼 수 있다. 이 「규칙」은 향진기업을 "농민이 주체가 되어 운영하며 자기 손익 원칙에 입각한 경제조직"이라고 정의하였다. 또한 「규칙」은 향진기업의 4가지 필요조건을 열거하였는데, 정리하면 다음과 같다. 첫째, 안정적인(또는 상대적으로 안정적인) 생산경영 조직으로 토지, 설비 및 생산경영 활동에 종사하는 인원으로 구성된다. 둘째, 1년 중 3개월 이상 조업한다. 셋째, 독립 채산 또는 비독립 채산 단위 중에 독립적인 장부를 가진다. 넷째, 해당 지역 공상관리 부문이 발부하는 영업 허가증을 보유한다. 단, 농업기업

---

14 이근·한동훈·정영록(2005), 252~253쪽.

에 대해서는 앞의 세 가지 조건만 구비하고 영업 허가증이 없어도 향진기업으로 분류한다.[15] 이상의 정의와 제시된 필요조건에 근거해 볼 때, 향진기업은 산업에 제한이 없으며, 비단 농촌 지역에서 생산경영 활동을 하는 기업에 국한되지 않을 뿐 아니라 농촌의 공업기업에 한정되지도 않는다. 이 「규칙」에 따른다면 향진기업과 다른 기업을 구분하는 가장 본질적인 요소는 농민이 소유의 주체라는 점 정도이다.

또한 1984년 10월에는 중공 중앙이 「경제체제 개혁에 대한 결정」[16]을 내놓았는데, 이 「결정」을 통해 당이 비국공유제 경제의 존재를 인정하였다. 이에 힘입어 국공유를 제외한 다른 경제요소, 특히 개체경제가 빠른 속도로 발전하였다. 또한 이 「결정」은 1984년 이후 향진기업 중에서, 특히 개체 향진기업의 등장과 이후 급성장의 결정적인 계기가 되었다.[17]

이상에서 서술한 중앙정부 차원의 제도 변화, 즉 제도를 통한 통제와 지원 조치들을 고려해 볼 때, 사대기업 나아가서 향진기업을 전적으로 농촌에서 농민의 노력과 지방정부의 적극성에 힘입어 '자연발생적으로' 형성된 조직이라고 보는 데는 무리가 있음을 알 수 있다. 달리 말하면 향진기업의 발흥과 발전은 당과 국무원 또는 유관 부처의 결정, 규정 같은 제도적 변화 아래서 이루어졌음을 의미한다. 그렇다면 향진기업을 다른 기업과 구분할 수 있는 본질적인 차이는 산업 종류가 아니라 농민이 소유의 주체라는 점에 있다고 보는 것이 합리적인 이해이다.

15 于金(2001), 51~52쪽에서 인용.
16 中共中央, 「關于經濟體制改革的決定」(1984. 10. 20)(www.baidu.com, 2013-7-10).
17 張薦華 外(1993), 158~159쪽.

3. 향진기업 발전의 역사적·사회적 조건

향진기업은 보통 사회주의 체제개혁 사회에서 노동의 이중구조라는 특수성으로부터 기원했다고 일컬어지고 있다. 다시 말해서, 향진기업 현상을 중앙계획 경제체제가 시장화 되는 과정에서 출현한 중국 사회의 특수한 현상으로 이해한다. 이 특수한 현상에 대해 좀 더 정확하게 이해하기 위해서는 향진기업 탄생의 역사적 및 사회적 조건을 이해해야 하며, 이 작업은 향진기업의 발흥과 성장을 이해하는 출발점이 된다. 향진기업 발흥과 성장을 가능케 한 역사적·사회적 조건은 다음과 같이 몇 가지 측면으로 구분해서 살펴볼 수 있다.

1) 사회주의 토지제도의 변화

건국 이후 중국 공산당은 토지 국유화 정책을 시행했다. 헌법과 토지 관련 법률이 "도시 지역 토지는 전민소유[국유]이며, 농촌과 도시 교외 지역의 토지는 법률로 국가소유라고 규정하지 않는 경우 집단소유이고, 택지와 자류지(自留地), 자류산(自留山)은 집단소유이다"라고 규정하였다. 그러나 토지의 수용(收用)이나 토지소유권의 집단 간 양도가 정부의 통제 하에 무상으로 진행된다는 점에서 토지는 실질적으로 국유나 마찬가지이다. 물론 2004년에 나온 현행 헌법에 대한 4차 수정 헌법 13조가 "공민의 합법적 사유재산은 침해할 수 없다. 국가는 법률규정에 의해 공민의 사유재산권과 상속권을 보호한다. 국가가 공공 이익을 위해 필요할 경우 법률규정에 따라 공민의 사유재산을 수용 또는 징용할 뿐 아니라 보상할 수 있다"[18]고 규정함으로써 사유재산에 대한 국가의 무상 수용 규정이 바뀌기는 하였으나, 토지국유화의 근간은 유지되고 있다. 이처럼 향진기업, 농촌경제, 농민 및 토지 간에는 상호 밀접한 관련을 맺고 있기 때문에 향진기업을 이해하려면 중국의 사회주의 토지제도에 대한 이해가 필요하다.

1978년 개혁개방이 선언된 뒤 농촌 지역에서 농가생산책임제(農家聯産承包責任制)가 실행되었다. 이후 중국의 토지제도에는 큰 변화가 발생하였는데, 구체적으로 보면 인민공사 시기의 집단소유와 집단경영으로부터 소유권과 경영권이 분리되었다. 농가생산책임제 하에서 농가는 책임 계약에 근거해서 정해진 기간 동안 토지의 사용권과 경영권을 취득할 수 있었다. 하지만 토지의 사용권과 경영권을 획득하기 위해서는 반드시 계약에 근거해서 지방정부에 일정한 사용료를 지불하도록 되어 있었다. 이때 농민이 지불하는 토지사용료는 일종의 지대의 성격을 갖는다.

그런데 원칙적으로 국유로 되어 있는 토지의 소유권과 경영권이 분리되는 상황에서도 정부는 토지사용권의 상품화를 통제하는 조치를 함께 내놓았다. 국무원은 1982년(제1호 문건)[19]에 "농민은 사용권을 획득한 토지를 매매, 임대, 양도할 수 없을 뿐 아니라 방치할 수 없으며, 이 경우 사용권을 회수한다. 농민이 경영능력을 상실하거나 다른 산업 부문으로 이직할 경우 토지를 집단

18 2004년 3월 14일에 전인대를 통과한 현행 헌법 4차 수정 전문에 대해서는「中華人民共和國憲法」(2004年 3月 14日),『光明日報』(2004. 3. 16); 수정 부분에 대한 요약은「中華人民共和國憲法修正案」,『人民日報』(2004. 3. 16); 수정 헌법에 대한 논평은 張春生,「憲法修改對社會主義認識的深化」,『人民日報』(2004. 4. 1); 수정 헌법에 대한 국내 소개는「합법적 사유재산 보호 명시할 듯」,『동아일보』(2004. 3. 2) 참조.

19 中共中央, 國務院,「全國農村工作會議紀要」(一號文件, 1982. 1. 1)(www.baidu.com, 2013-7-11).

에 반납해야 한다"[20]고 규정함으로써 토지사용권의 상품성을 부정하였다. 이후 1984년 토지에 대한 또 한 차례의 개혁이 단행되고 나서야 토지사용권 임대 기간이 연장(최단기 15년)되었을 뿐 아니라 토지사용권의 양도도 허용되었다.[21] 이어 1986년에는 토지제도 개혁에서 또 한 차례 진화가 있었는데, 토지의 상업적 개발과 경영 기간이 비교적 긴 산림개발권의 계승을 허용하였고,[22] 1993년에는 토지 임대 기간을 더 연장(최단기 30년)하였다.[23] 이처럼 토지 임대권이 상품화 되는 과정에서 일부 황무지의 사용권과 경영권을 공개 경매하는 경우까지 나타났다.[24] 그리고 2008년에 나온 「물권법」은 "토지사용권 만료 기간이 도래할 경우 임대 기간이 자동 연장된다"고 규정함으로써 임대 기간[25]이 만료된 이후의 토지사용권의 향방에 대한 불안감을 잠정적으로 불식시켰다.[26]

---

20 農業部農業政策研究會 編(1995), 39쪽.

21 中共中央, 「關于一九八四年農村工作的通知」(1984. 1. 1)(www.baidu.com, 2013-7-11).

22 中共中央, 國務院, 「關于一九八六年農村工作的部署」(1986. 1. 1)(www.baidu.com, 2013-7-11).

23 中共中央, 國務院, 「關于当前農業和農村經濟發展的若干政策措施」(1993. 11. 5)(www.baidu.com, 2013-7-11).

24 『人民日報(海外版)』(1997. 4. 23).

25 중국의 도시 토지는 원칙적으로 국유이고, 임대 기간은 주택용지 70년, 사무용지 50년, 문화 및 상업용지 40년, 공장용지 30~40년이다. 또한 농촌 지역 토지는 집단소유로 되어 있으며, 농경지의 임대 기간은 30년, 초지 30~50년, 임업지 30~70년으로 되어 있다. 따라서 도시 주택용지뿐 아니라 임대 기간 만료 시기가 얼마 남지 않은 농지, 공장용지, 상업용지 등에 대한 물권의 장래는 사실상 불투명한 상태로 있었다.

26 중국의 「물권법」은 2007년 3월 16일 10기 전인대 5차 회의를 통과하여 2007년 10월 1일부터 시행되었다. 「물권법」은 모두 5편 19장으로 구성되었는데, 총칙, 용익물권, 소유권, 담보물권, 점유권, 부칙으로 구성되어 있다. 물권법에는 재산권과 관련된 다양한 내용들이 포함되어 있는데, 도농 주민들이 가장 깊은 관심을 가진 내용은 역시 사용권 임대 기간 만료 이후의 사용권이 어떻게 되는지에 모아졌고, 이 문제는 미해결 상태로 남아 있었다. 「물권법」은 이 문제에 대해서 기간이 만료되면 자동연장 되도록 규정함으로써 불안을 잠정적으로 불식시킬 수 있었다. 「물권법」 원문에 대해서는 「中華人民共和國物權法」(人民網, http://npc.people.com.cn/GB/ 28320/5488218.html)(이하 물권법); 「물권법」에 대한 해설은 姚紅(2007); 이 문제에 대한 국내의 연구로는 임반석(2009. 3. 30) 4절 참조.

이상과 같은 위로부터 제도의 변화와 개선 과정에서 농민은 토지사용권을 획득할 수 있었을 뿐 아니라 토지의 유동화와 상품화도 함께 촉진되었다. 그리고 이 가운데 농민 개인이나 집단이 농촌 지역 토지의 일부를 이용하여 기업 활동을 하는 경우도 생겨났으며, 그 전형이 바로 향진기업이다.

2) 인민공사 해체와 자율권 확대

1970년대 후반 문화혁명이 종결되고 개혁개방이 선언되면서 농촌 지역에 대한 개혁이 먼저 착수되었다. 그리고 농촌 개혁이 시작되면서 마오쩌둥식 사회주의의 중요한 표상이던 집단생산-통일경영 조직은 빠르게 와해되었는데, 농촌 지역에서 행정명령에 기초를 둔 집단생산 조직은 바로 인민공사였다. 하지만 문혁에 대한 반성과 집단생산의 폐해를 절감한 정부는 이전에 몇 차례 개혁을 시도한 바 있던 자율권 확대를 꾀하였는데, 이 과정에서 가장 먼저 타파되어야 할 대상이 인민공사였다. 이러한 시대적 요구에 따라 인민공사는 매우 빠른 속도로 와해되었다. 1978년 제11기 3중전회가 농촌 개혁[27]이 선행되어야 함을 인정하고 농가생산책임제를 승인하자 570만 개에 달하던 전국의 인민공사 조직은 1~2년 내에 해체되었다.

인민공사의 해체와 동시에 농민에게 토지가 주어졌다. 개혁개방과 함께 시장요소가 허용되면서 농민에게 상품 농산물을 생산할 수 있는 토지가 주어지고 1980년대 중반부터는 농지사용권의 양도도 가능해지면서 농민의 자율

27 중국 농촌 개혁에 대한 연구로는 이일영(1997); N. R. Lardy(1991); D. H. Perkins and Shahid Yusuf(1984) 등 참조.

권은 더 한층 신장되었다. 그 결과 1984년 말 인민공사의 속박 하에 있던 생산대(生産隊) 가운데 99.9%가 농가생산책임제를 채택하였는데, 이는 1984년에 인민공사가 완전히 해체되었음을 의미한다. 인민공사가 해체되자 공사소유이던 가축, 대·중형 농기구, 농기계 등은 할인가격으로 농민에게 처분되었다. 이처럼 농민이 인민공사로부터 재산권과 신분 두 측면에서 해방되자 농민의 노동의욕은 고양되었고, 이에 힘입어 1978년부터 1985년에 걸쳐 농촌경제는 급성장하였다. 농업 총생산액은 1979년부터 1986년까지 연평균 6.6% 성장하였다. 농업생산의 증가뿐 아니라 농촌 지역 중소기업[鄕鎭企業]의 발전도 괄목할 만하였는데, 향진기업은 농촌경제의 다양화를 촉진시켰다. 농민의 자율권이 확대되면서 농산물 상품화율은 1985년 63.9%에 이르고, 향진기업의 발흥과 함께 농촌의 공산품 상품화율은 1985년에 84.6%에 달하여 농촌 지역은 빠르게 시장화되었다.[28)]

많은 연구들은 보통 인민공사 내의 조직이던 사대기업을 향진기업 발전의 뿌리이자 물질적 기초라고 본다.[29)] 하지만 이러한 인식에 의존할 경우 우리는 향진기업이 왜 사대기업의 기초가 그다지 탄탄하지 않았던 장쑤와 저장 지역에서 급성장하였는지를 설명하기 어렵다. 이 문제를 좀 더 깊이 이해하기 위해서는 농촌 수공업에 대한 역사적인 탐구가 필요하겠지만, 여기에서는 중앙계획경제 시기로 거슬러 올라가 인민공사 하의 사대기업에 대한 이해를

28 임반석(2005), 170쪽 참조.

29 향진기업의 생성 문제를 이해하기 위해서는 좀 더 긴 역사적 시각에서 이 문제를 살펴보아야 한다. 다시 말해서, 중국 농촌 수공업의 발전사를 회고해 봄으로써 향진기업 발흥의 역사적 필연성을 찾아낼 수 있다. 이에 대해서는 6장 2절에서 좀 더 상세하게 설명하고, 본문에서는 사회주의 중앙계획경제 시기부터 살펴본다.

중심으로 향진기업의 기원을 추적해 본다.

사대기업은 인민공사, 생산대대가 소유하고 경영한 기업이다. 인민공사 시기 인민공사, 생산대대 및 생산대는 농촌의 행정조직이었기 때문에 사대기업은 농촌 지역에 입지하고 있었다. 그리고 중국의 광대한 농촌 지역에는 오랜 동안 수공업의 전통이 있어 왔는데, 농촌의 수공업 전통은 수공업 개조 과정을 통해 사대기업으로 흡수 또는 계승되었다.[30] 사대기업의 사업이 공업을 위주로 하고 있었기 때문에 사대공업(社隊工業)으로 불리기도 하였는데, 사대기업은 본래 1950년대 말 대약진 운동의 산물이다.

1949년 중화인민공화국 건국 당시 농촌 수공업은 어느 정도 기반이 구비되어 있었다. 당시 농촌의 상업성 및 자급자족성 수공업과 농산품가공업의 총생산액은 67억 위안 정도였는데, 이는 같은 해 공업 총생산액의 35.4%에 해당하였다. 이 사실은 건국 초기 농촌 수공업의 기반이 양호하였음을 의미하며, 농촌 수공업은 농민이 필요로 하는 공산품의 70%를 공급하고 있을 정도였다.[31] 건국 후에는 농촌 토지개혁을 통해 농촌에 경자유전(耕者有田) 정책이 구현되었는데, 이 정책을 통해 농민들은 자기의 토지를 갖게 되었을 뿐 아니라 높은 지대로부터 해방될 수 있었다. 그리고 농민의 농지소유 및 해방 과정은 농민의 생산 활동에 대한 자발성을 유인하였고 농업생산 효율은 대폭 향상되었다. 하지만 이와 동시에 농촌 과잉 노동력 문제도 피할 수 없는 문제로 부각되었다.

이러한 상황에 직면한 중앙은 1951년 12월 15일에 「농업생산 상호협력에

30 于金(2001), 44~45쪽.
31 張毅(1990), 7~8쪽.

관한 결정초안」[32]을 내놓았다. 「초안」은 농민의 조직화와 함께 농민의 부업(수공업, 가공공업, 운수업 등)을 장려하였는데, 이에 힘입어 농촌 수공업이 빠르게 발전하였다. 1952년 당시 농촌 지역에서 상업성 수공업 종사자는 467만 명으로서 전국 수공업 종사자의 63.5%에 달할 정도였다.[33] 전반적으로 볼 때 건국 후 농촌 수공업은 비교적 빠르게 발전하였으나 개별 수공업의 규모는 소규모였다. 이후 전국적으로 수공업에 대한 사회주의적 개조운동이 일어났는데, 농촌 지역에서도 수공업 협업화(手工業合作化) 작업이 전개되었다. 농업합작사(農業合作社)와 도시 수공업 합작조직 운동의 성과는 초기에 비교적 컸다. 그러나 점차 수공업을 자산계급공업으로 간주하는 관념이 퍼지고, 여기에 성과에 대한 조급증이 겹쳐 농촌 수공업의 협업화 운동은 농촌 수공업과 농촌 공업의 발전에 부정적인 영향을 주었다.

이러한 가운데 15년 내에 영국과 미국을 뛰어넘자는 구호 하에 1958년 대약진 운동이 전개되었다. 대약진 운동의 영향으로 농촌에서는 농업 생산합작사를 인민공사로 가기 위한 과도기적인 조직으로 보고 적극적으로 농촌 공업을 격려하였다. 대약진 하에서 사대기업의 수가 급증하였는데, 1958년 말 인민공사 소유의 사대공업 기업의 수는 260만 개에 달하였다. 사대기업이 이처럼 급증하게 된 통로는 이렇게 정리될 수 있다. 첫째, 농업합작사 소유의 기업을 무상으로 인민공사 소유로 전환하였다. 둘째, 조직원들로부터 무상으로 자금을 모집하였다. 셋째, 농촌 수공업 합작조직 소유의 기업을 무상으로 인민공사 소유로 전환하였다. 넷째, 농촌의 전민소유제 기업을 인민공사 소유

32 中共中央, 「關于農業生産互助合作的決定(草案)」(1951. 1. 15)(www.baidu.com, 2013-7-11).
33 張毅(1990), 8쪽.

로 전환하였다.[34] 이처럼 대약진 하에서는 사회현실과 경제법칙을 무시한 채 오직 행정명령에 근거해서 강제로 인민공사화가 추진되었는데, 이렇게 성립된 기업이 생산효율을 내기 쉽지 않았다. 이에 따라 1959년 중앙정부는 농업 생산 조직의 문제점을 인식하고 인민공사 소유의 기업을 정리하기 시작하였다. 먼저 기업 중에서 생산대대나 생산대 소유가 합당하다고 생각되는 기업은 생산대나 생산대대 소유로 전환시켰다. 대약진이 시작되고 '3년 재해'와 '문화혁명' 이 지난 뒤 개혁개방 정책이 시작된 1978년 당시 사대기업 수는 152.4만 개였는데, 이중에서 사판(社辦)기업이 31.97만 개, 대판(隊辦)기업이 120.45만 개였다. 사대기업의 종업원 수는 2,826.56만 명, 생산총액은 493.07억 위안(1970년 불변가격)이었다. 사대기업 종업원 수는 농촌 노동력 총수의 9.2%, 총생산액은 농촌 총생산액의 21.2%였다.[35]

인민공사 조직의 일부를 구성하던 사대기업은 개혁개방 정책이 시행되면서 스스로의 위상을 재정립해야 하는 상황을 맞았다. 개혁과 함께 변화가 불가피했던 사대기업의 문제들은 이렇게 정리될 수 있다.[36] 먼저, 사대기업은 '대규모와 공유'를 지향하였다[一大二公]. 즉, 사대기업은 특수한 역사적 배경에서 형성되었고 대규모를 지향하고 공유제에 대한 그릇된 이해 위에 있었기 때문에, 사회현실과 경제법칙을 무시한 채 행정명령에 의존하였다. 두 번째, 사대기업은 인민공사와 생산대대에 의존하였기 때문에 독립적인 경제계산 체계를 갖지 못했다. 사대기업이 비록 공업, 건축업 같은 비농업 생산 활동

34 于金(2001), 47쪽.
35 于金(2001), 47쪽.
36 于金(2001), 48~49쪽.

에 종사하였으나 여전히 농업생산의 일부로 간주되고 있었다. 따라서 사대기업의 종업원은 노동자도 농민도 아니었으며, 사대기업에 평등하게 참여하고 생산대에 배치되어 분배에 참여하는 수동적인 존재였다. 세 번째, 사대기업의 생산경영에는 분명한 지역적 특성이 있었다. 사대기업의 주요 산업은 공업이었고, 해당 지역에서 재료를 구하고 해당 지역에서 판매하는 형태의 경영을 하였는데, 중앙정부가 사대공업의 경영 영역을 제한하기도 하였다.[37] 넷째, 사대기업의 종업원에 대해서는 반농반공(半農半工) 형태의 노동제도를 실행하였다. 그리고 이러한 사대기업의 특징은 사대기업의 경영 성과에 그대로 반영되었다.

중국식 사회주의 이념이 지배하던 시기에 농촌 수공업은 협업화와 인민공사화 운동을 통해 최종적으로 사대기업에 흡수·계승되었다. 하지만 사대기업의 구체적인 생산경영 활동은 사회의 수요에 부응하지 못했다. 사대기업이 비록 기존의 농촌 수공업을 개편하여 운영하였으나 현대적인 기계제 대공업으로 발전하지 못한 채 농촌경제를 보완하는 부업 수준에 머물렀다. 따라서 1978년 개혁개방이 선언되고 농촌 개혁이 선행되면서 사대기업의 이러한 문제는 타파되어야 했다. 농촌 개혁과 함께 시대적 전환기를 맞은 사대기업은, 사회주의 토지제도에 변화가 발생하고 농민의 자율권이 확대되는 가운데서도 호구제(戶口制)라는 특수한 도농 간 인구 유동을 제약하는 제도가 온존하는 환경을 배경으로 하여, 점차 향진기업으로 재탄생하게 되었다.

---

37 1958년에 국가는 사대공업의 산업 범위를 직접 농업생산을 위한 서비스를 제공하는 농기계, 농기구, 비료, 농약 및 사료의 가공생산, 농민생활에 필요한 식량가공, 제봉, 제화, 전통적인 수공업 생산물과 수출품, 농산품 및 야생식물의 초급 가공 및 종합 이용으로 제한하였다.

3) 개도국으로서의 농업 대국

중국은 농업 대국이면서 동시에 개도국으로서, 적어도 1990년대 중반까지 농업생산 비중과 농업 종사자 비중이 과도하면서도 산업화와 도시화 속도가 그에 부응하지 못하였다. 또한 여기에 더해서 중국 사회에는 장기간 호구제도라는 도농 간 인구 유동을 제한하는 제도가 유지되고 있어서 산업구조와 취업구조의 부조화를 포함한 여러 가지 문제를 야기하였다.

1994년 중국의 국내 총생산액은 2조 위안이었으나 3차 산업의 비중은 매우 낮았으며, 특히 산업구조와 취업구조의 부조화 현상은 매우 뚜렷하게 나타났다. 건국 초인 1952년부터 개혁개방 초기인 1978년까지 약 26년 동안 제1차 산업은 GDP의 57.7%에서 28.1%로 감소하였다. 이에 비해서 같은 기간 동안 제1차 산업의 취업자 수는 전체 노동력의 83.5%에서 70.5%로 감소하였다. 다시 말해서, 같은 기간 동안 농업 생산액은 연평균 3.7%씩 감소하였는데, 취업자 수는 0.65%씩 감소하는데 그쳤다.[38] 또한 중국의 경지면적은 농촌 인구 규모에 비해 현저하게 부족하다. 1994년 말 전국의 경지면적은 9,491만ha로서 국토면적의 9.88%에 불과하였는데, 같은 시기 중국의 농업 종사자 수는 3.3억 명으로서 일인당 경지면적은 0.29ha에 불과하였다.[39]

이는 농촌 지역에 과도한 과잉 노동력이 존재함을 의미하는데, 1990년대 말 중국의 농촌 과잉 노동력은 약 2.4억 명 정도로 추산되었다.[40] 그러나 건국

38 于金(2001), 7쪽.

39 국제비교를 통해 살펴보면, 1990년 중반 100ha당 농업 종사자 수는 중국 477명, 인도 128명, 일본 84명, 브라질 22명, 영국 8명, 미국 1.5명으로서 중국이 훨씬 많았다. 矢野一郎 主編(1994), 190쪽.

40 張毅(1990), 16쪽.

초부터 엄격히 시행해 온 호구제도, 제2, 3차 산업 발전의 부진 등으로 인해 농촌 노동력이 제2, 3차 부문으로 적절히 이동할 수 없었다. 이에 따라 비합리적인 산업구조와 함께 산업구조와 취업구조의 부조화 현상이 형성되었다. 도시로의 인구 유동이 통제되는 상황에서 농촌 지역의 과도한 과잉 노동력의 존재, 농촌의 자본축적은 농촌 공업화의 동력이 되었으며, 이 조건을 배경으로 발전한 것이 향진기업이다.

4) 인위적인 도농 분리

건국 이후 냉전 시기 동안 중국은 '기업의 국유화, 공업의 도시화, 인구의 농촌화'라는 공업화 전략을 견지했다. 이 전략 하에서 일반적인 경제발전 법칙은 무시되고 농촌에서 도시로의 인구 이동은 인위적으로 엄격히 통제되었다. 이때 인구 이동을 통제하기 위한 세 가지 주요 수단은 호구(戶口)제도, 구량(口糧)제도, 그리고 노동취업제도였다.[41]

우선, 호구제도는 1958년 1월에 공포된 「중화인민공화국호구등기조례」[42]에서 기본적인 틀이 확립되었다. 이 「조례」로 인해 중국 공민 개개인은 출생, 사망, 결혼, 이혼 등의 경우 관계 기관에 신고해야 하는 의무를 지게 되었다. 뿐만 아니라 공민이 농촌에서 도시로 이주할 경우 반드시 도시 노동 부문의 채용증명서, 학교의 입학증명서 또는 도시 호적 등록 기관의 전입허가서를 구비한 뒤 상주 호적지의 관련 기관에서 전출 수속을 밟아야 했다. 호구제도

41 于金(2001), 8쪽.
42 「中華人民共和國戶口登記條例」(1958. 1)(www.baidu.com, 2010-10-27).

는 도시와 농촌 간의 인구 이동의 장벽이었을 뿐 아니라 농촌 지역 간의 인구 이동도 통제하였다. 이러한 배경을 지닌 호적관리제도가 급격한 도시 인구의 팽창을 막는 데 순기능을 하였음은 분명하다. 그러나 호구제도가 인구의 자유로운 이동을 막음으로써 공민의 자유 제한뿐 아니라 노동력의 합리적인 배분을 제약하고, 농촌 과잉 노동력의 상존 현상까지 불러왔다.

인구의 도시 이동을 제한한 또 다른 수단은 구량제도이다. 구량제도는 호구를 농업 호구와 비농업 호구로 구분한 뒤, 비농업 호구를 가진 주민에게만 식량과 기타 생필품을 배급하도록 한 제도를 가리킨다. 이 제도에 따르면 농업 호구에서 정식으로 비농업 호구로 전환하지 않은 농민이 도시로 이동할 경우 식량배급을 받을 수 없었다. 구량제도가 적용되는 시기 동안 식량의 유통은 철저하게 국가가 통제하였기 때문에 관련 정부기관의 허가가 없이는 도시 지역에서 장기간 생활이 불가능하였다. 따라서 농촌 호구를 가진 인구가 도시 지역으로 이주하는 데는 위험이 매우 컸다.

농촌 인구의 도시 이동을 제한한 세 번째 수단은 노동취업제도이다. 사회주의 중앙계획경제 체제 하에서 중국 도시 주민의 취업은 국가 노동 부문이 통일적으로 관리하였으며, 개별 기업 단위는 직원의 모집과 채용에 대한 결정권이 없었다. 이 제도에 따르면 농민이 도시 지역으로 임의로 이주한다고 하더라도, 취업 자체가 국가 노동 부문에 의해 관리되는 한, 도시에서의 취업은 근본적으로 어려웠다. 노동취업제도는 농민의 도시 유입을 원천적으로 막는 역할을 하였다. 이러한 의미에서 도시로의 인구 이동을 통제하는 세 가지 근간이 되는 호구제도, 구량제도, 노동취업제도는 전통시대의 신분제도처럼 도시 주민과 농촌 주민을 차별하는 사실상 '현대판 신분제도'나 마찬가지였다.

개혁개방과 함께 경제체제 개혁이 단행되고, 특히 1984년 도시 개혁이 시작되면서 공민의 거주이전에 대한 제한은 점차 완화될 상황을 맞았으나, 그 속도는 매우 느렸다. 농촌 개혁에 이어 도시기업 개혁이 진행되고, 도농 간 거주이전이 제약받는 가운데서도 농촌에서 도시로 일자리를 찾아 이동하는 농촌 호구를 가진 사람들의 수는 끊임없이 증가하였다. 또한 도시 지역의 장기거주자가 증가하면서 호적지와 거주지의 분리 현상이 만연하게 되었다. 대도시마다 300만 정도에 달하는 농민공(農民工)이라고 부르는 대량의 이주 인구가 저임 노동력을 제공함으로써 도시의 발전에 기여해 온 것은 사실이다. 그러나 농촌 호구를 가진 대량 인구의 도시 이동은 불가피하게 많은 사회경제적인 문제를 야기하였다. 농촌에 호적을 둔 도시 장기거주자는 모든 면에서 도시 호구 인구와 대비가 되지만, 대표적인 문제가 적절한 사회보장 서비스를 제공받을 수 없었을 뿐 아니라 자녀를 취학시키는 데까지 큰 제약이 뒤따랐다.

이에 따라 정부는 임시 거주 인구의 등기와 관리를 강화함과 동시에 점차 제도적인 해결책을 고민하게 되었다. 이때 잠정적인 해결책으로 등장한 것이 남인호구(藍印戶口)이다. 남인호구는 실질적으로 정부가 도시 지역의 장기거주자에게 발급하는 임시 비농업 호구로서, 정식 비농업 호구 해당자들에게 붉은 색 인장을 찍어주는 경우와 대비되는 남색 인장이 찍힌 임시 호구이다. 남인호구관리제도는 1980년대 말 안후이, 후베이, 장쑤의 일부 소도시에서 시범적으로 실시된 뒤 빠르게 전국으로 확산되었다. 다른 도시에 비해서 호구제도를 비교적 엄격하게 실행해 온 상하이시도 1996년 2월 1일부터 남인호적

관리제도를 도입하였는데,[43] 남인호구를 취득한 사람은 취업, 자녀의 취학 등에서 도시 상주 인구와 동등한 권리를 부여받았다. 그런데 남인호적관리제도는 본래 인구 유동에 대한 관리를 강화하고 농촌 인구의 도시 진입 문제를 해결하고자 도입한 제도였는데, 대도시가 유능한 인재와 투자를 유인하기 위한 수단으로 변질되었다.

이상에서 서술한 농촌 인구의 도시 이동을 제약하는 제도적 요소들은 2000년대 들어 동요하였고, 이 제도에 대한 인민들의 불만이 끊임없이 제기되었다. 2014년 국무원은 좀 더 진보된 호구제도라고 하는 「호적제도 개혁을 한층 더 추진하기 위한 의견」[44]을 내놓은 바 있다. 이 「의견」에 따르면 도시와 농촌 2급으로 구분하여 사실상 농촌 호적자와 도시 호적자를 차별하던 제도를 도시 규모에 따라 차등적으로 개방하고자 하는 내용을 담고 있다. 이에 따르면 진(鎭)과 소도시는 전면개방, 중등도시(50만~100만)는 합법적이고 안정적인 직업과 주거(임대 포함)가 있을 뿐 아니라 국가가 정한 도시 사회보험비를 일정 기간 납부한 경우에 한해서 개방, 그리고 대도시(100만~300만)는 합법적이고 안정적인 직업을 일정 기간 유지하고, 합법적이고 안정적인 주거(임대 포함)가 있으며, 도시 사회보험비를 일정한 기간 납부하였을 뿐 아니라 연속 거주 연한 등의 조건을 고려해서 합리적으로 확정한다고 되어 있다. 여기에서 보듯이 이 개혁이 이전보다 진전된 개혁 내용을 담고 있기는 하지만, 역시 매

43 상하이가 1996년에 도입한 남색 호적관리제도에 따르면, 이 제도의 적용을 받기 위한 조건은 상해시에 20만 달러 또는 200만 위안을 투자한 자, 100평방미터 이상의 주택을 구매한 자, 상해시의 단위에 전문 기술요원으로 3년 이상 고용된 자로 되어 있다. 「上海藍印戸籍管理暫行規定」(1996. 2. 1)(www.baidu.com, 2010-10-27).

44 國務院,「內地將取消農業与農業戸口區別(全文)」, 『關干進一步推戸籍制度改革的意見(全文)』(2014. 7. 24) http://www.360doc.com/content/14/0730/16/9063442_398158090.shtml

우 제한적인 개방에 머물고 있을 뿐 아니라 도시로 이미 이주해 불법적으로 거주하고 있는 이주민을 사면하는 데까지 진전되지는 못했다.[45] 이러한 개혁에도 불구하고 일부 도시 지역을 제외하고는 호구제도는 여전히 유효하다. 농촌 인구의 도시 이동을 제약하는 제도들로 인해 농민의 도시 이동은 적어도 개혁개방이 시작된 뒤 1990년대 중반까지는 비교적 강력하게 통제되었다. 이러한 환경에서 농촌의 과잉 노동력은 도시로의 이동보다는 가까운 농촌 비농업 부문에 취업하는 형태, 즉 '농지는 떠나지만 고향을 떠나지는 않고, 공장에는 가지만 도시로는 가지 않는'[46] 형태로 이 문제를 해소할 수밖에 없었다. 이 환경에서 농촌 지역에 발흥·성장한 것이 향진기업이다.

4. 향진기업의 구조적·지역적 특징

지금까지 우리는 개혁개방 이후 중국 농촌 지역에서 발흥하여 1990년대 중반까지 중국 경제 성장의 견인차 역할을 한 향진기업의 발흥과 성장을 가능케 한 제도적 기반과 역사적·사회적 환경에 대해 살펴보았다. 이제 이러한 배경 속에서 발전한 특수한 존재라고 불리는 향진기업이 갖는 몇 가지 측면의 특징에 대해 살펴볼 차례가 되었다. 이하에서는 향진기업의 구조적 특징을 크게 산업구조, 소유제, 규모, 조직 및 지역 측면으로 구분해서 살펴본다.

45 최지희 옮김(2016), 109쪽.
46 이 현상을 보통 "离土不离鄉, 進厂不進城"이라고 표현한다.

1) 산업구조 특징

1980년대 향진기업의 발전은 구조 측면에서 볼 때 국유기업의 발전과 많은 차이를 보인다.[47] 향진기업의 부문 구조[산업구조]를 보면, 1970년대 말에는 농업기업의 비중이 32.5%로 가장 컸으나 1990년대 초에는 농업기업은 1.2%로 급감하고, 전체 향진기업 생산에서 점하는 농업기업의 생산총액도 7.4%에서 1.4%로 축소되었다. 향진기업의 발전 초기에 농촌 지역 입지라는 특수성으로 인해 농산물을 재료로 하는 기업의 설립과 경영이 활발하였으나 점차 기업 수에 비해 생산액에서 점하는 비중이 작아졌다. 이는 농업기업의 규모가 영세했을 뿐 아니라 농업기업은 점차 쇠퇴하고 향진기업 내 산업 중심이 전환되었음을 의미한다.

공업기업의 수는 개혁 초 대체로 52% 수준을 유지하다가 개체기업이 헌법적 지위를 획득한 시점인 1984년에 급증하여 거의 80%를 점하기도 하였으나 1992년에 38%, 2005년에는 28%로 비중이 급감하였다. 그러나 향진기업 중 공업기업의 생산액 비중은 비교적 안정적으로 75%를 유지해 왔다. 공업기업의 수는 크게 감소하였음에도 불구하고 생산액 비중이 비교적 안정적이었다는 사실은, 공업기업이 점차 구조조정되어 규모나 경영 면에서 어느 정도 효율을 확보하였다는 의미로 이해된다.

공업기업의 수 및 생산액 추이와 선명한 대조를 보이는 것이 상업, 요식업, 서비스업이다. 이 부문은 개혁이 시작될 당시에 기업 수의 4.3%, 생산액의

47 胡欣 等(1994), 160쪽.

3.7%를 점하였고, 이후 기업 수와 생산액 모두 지속적으로 증가하여 1992년에는 기업 수와 생산액이 각각 34.9%, 6.9%, 2005년에는 47%, 12.4%로 증가하였다. 또한 운수업도 1978년에 기업 수 4.3%, 생산액 3.8%에서 1992년에는 각각 6.9%, 20.9%로 수와 생산액 모두 증가하였으나, 특히 생산액 비중이 더 빠르게 증가하였다. 2000년대 중반에는 상업, 요식업, 서비스업의 기업 수가 향진기업 수의 거의 절반에 가까웠으나 생산액 면에서는 여전히 공업기업의 비중이 75%로 가장 컸다. 이와 달리 상업, 요식업, 서비스업, 교통운수업 및 건축업의 수는 빠르게 증가하였다. 1970년대 말 향진기업 중 상업, 요식업, 서비스업은 기업체 수의 8.1%, 생산액의 3.7%에 불과하였으나 1990년대 초에는 각각 35%, 7%로 상승하였고, 2005년에는 기업 수의 47%, 생산액의 12%를 점하였다. 1992년 전국의 상업, 요식업, 서비스업 수는 726만 개, 교통운수업 436만 개, 건축업 98만 개로서 각각 전국의 34.9%, 20.9%, 4.7%였고, 2005년에는 이 수치가 각각 47.1%, 16.9%, 2.9%였다. 교통운수업은 초기에 기업 수와 생산액이 각각 4.3%, 3.8%로 작은 비중이었으나 점차 기업 수가 증가하여 1992년에는 기업 수의 21%, 생산액의 6.1%를 점하게 되었다. 대상 기간 동안 서비스업체 수의 증가가 현저하여 1978년에 기업 수의 8%에 불과하던 것이 2005년에는 무려 47%에 달하기는 하였지만, 생산총액에서 점하는 비중은 12.4% 수준에 불과하였다. 이는 서비스업의 영세성에 기인한 것으로 이해된다.

건축업은 산업의 성격상 경기 상황에 따라 기업 수와 생산액 비중 모두 불안정한 상황을 보였다(〈표 1-1〉, 〈그림 1-1〉, 〈그림 1-2〉 참조). 시기에 따라서 농업기업, 공업기업, 상업, 요식업, 서비스업 간의 기업 수와 생산액 수의 부침이 있었다. 농업기업은 개혁 개시 이후 기업 수와 생산액 모두 빠르게 감소

표 1-1 향진기업의 산업별 발전구조-기업 수 및 생산액 비중

(단위: %)

	공업		건축업		상업,요식업,서비스업		교통운수업		농업	
	기업 수	생산액	기업 수	생산액	기업 수	생산액	기업 수	생산액	기업 수	생산액
1978	52.1	78.1	3.0	7.1	8.1	3.7	4.3	3.8	32.5	7.3
1980	53.2	77.6	3.6	9.1	10.4	3.6	6.3	3.7	26.5	6.0
1982	55.0	75.5	4.0	11.8	12.5	4.4	7.0	3.4	21.5	4.7
1984	79.3	72.8	1.3	12.7	13.1	8.6	2.4	2.8	4.1	3.1
1992	38.2	75.8	4.7	9.8	34.9	6.9	20.9	6.1	1.2	1.4
2005	28.1	74.8	2.9	6.0	47.1	12.4	16.9	4.3	1.8	1.0

자료: 『全國鄕鎭企業統計提要』; 胡欣 等(1994), 158쪽 〈표 5-1〉; 中國農業出版社(2006), 155쪽에서 작성.

한 반면, 공업기업과 상업, 요식업, 서비스업은 기업 수와 생산액 모두 증가하였다. 이상의 분석에서 알 수 있듯이 향진기업은 시장 환경, 사회경제 환경, 제도 변화 과정을 통해 매우 다양한 산업을 포괄하게 되었다.

향진기업의 산업구조적 특징은 아래와 같이 정리할 수 있다.

우선, 산업별로 보면 공업이 점하는 비중이 장기간 매우 높았는데, 특히 생산액 측면에서 공업의 비중은 계속해서 70% 이상을 유지하였다. 1994년 중국의 산업 간 구성비는 21.0 : 47.3 : 31.8이었다. 향진기업의 산업구조는 중국의 전체 산업구조 변화와 비교되는데, 개혁개방이 심화되고 생활수준이 높아감에 따라 향진기업 산업구조의 중심이 제3차 산업으로 전환되었다.

다음으로, 종업원 수와 생산액 면에서 보면 교통운수업이 기업 수에서 건축업을 앞질러 꾸준히 2위 자리를 지켰으나 생산액에서는 공업, 건축업에 이어 3위였다. 이는 교통운수업의 상대적인 영세성을 의미한다. 이와는 달리 농

그림 1-1 향진기업의 산업별 기업 수 비중 변화

(단위: %)

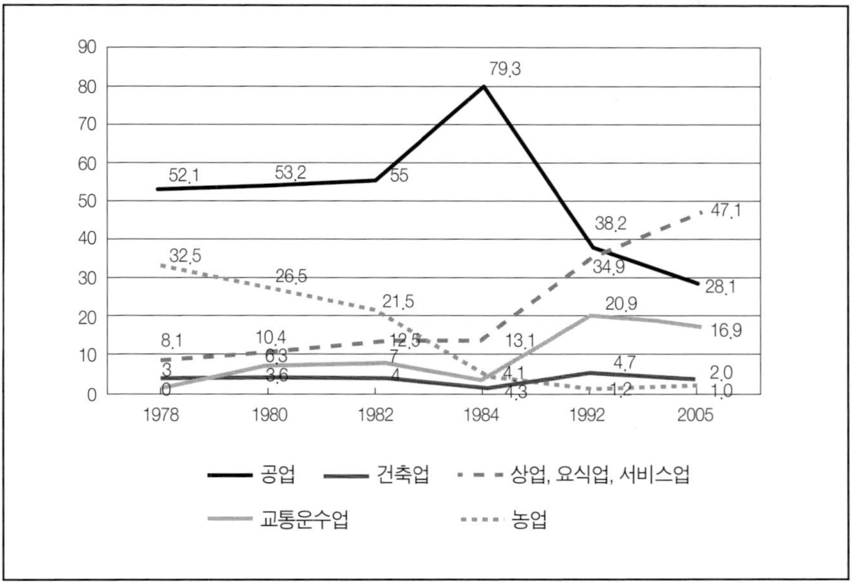

자료: 〈표 1-1〉에서 작성.

업기업은 1970년대 말 생산액의 7.3%를 점하던 것이 1990년대 초에는 1.4%로 하락하였고, 2000년대 중반에는 1.0%로 하락하였다.

세 번째, 기업 수를 중심으로 한 산업구조를 보면 1970년대 말 공업과 상업, 요식업, 서비스업은 52.1%, 8.1%로 공업이 크게 앞섰으나, 15년 뒤인 1992년에는 38.2%, 34.9%로 서로 거의 유사한 비중을 점하였다. 공업과 상업, 요식업, 서비스업 간의 기업 수 비중은 2005년에 각각 28.1%, 47.1%로 양자 간의 위상이 역전되었다. 이는 2000년대 들어서 기업 수에서 서비스업이 중심이었음을 의미한다.

그림 1-2 향진기업 부문별 생산총액 비중 변화

(단위: %)

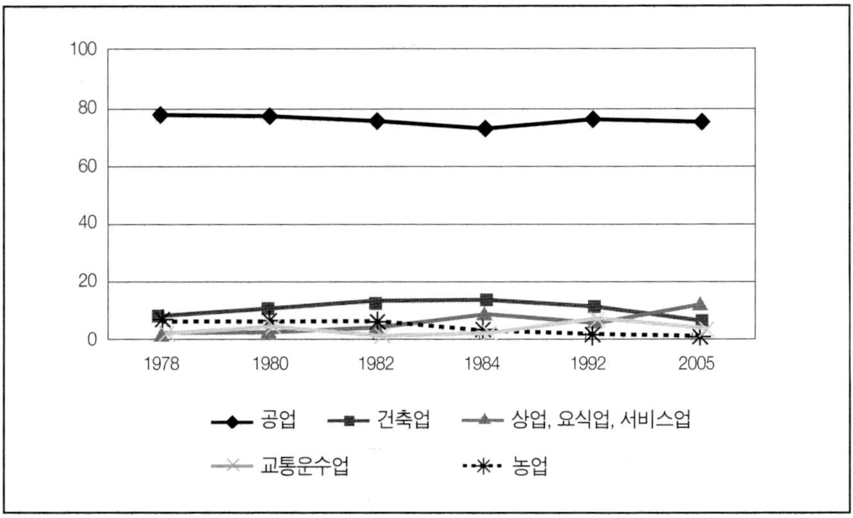

자료: 〈표 1-1〉에서 작성.

2) 소유·경영 유형 특징

다음으로는 향진기업의 소유·경영 유형상의 특징을 살펴보자.[48)]

향진기업의 소유제 유형은 일반적으로 향(진)소유, 촌소유, 개인소유 및 연합소유로 구분되며, 경영 유형으로는 향판, 촌판, 조판(組辦), 연호(聯戸), 개체로 구분된다. 향소유 향진기업은 향이나 진의 농민이 공동으로 소유하는 기업이고, 촌소유 향진기업은 촌 농민의 공동소유 기업이다. 개인소유 향진

48 于金(2001), 59~63쪽.

기업은 농민 개인이 소유하는 기업이며, 연합경영(聯營) 향진기업은 농민 개인이나 향촌 정부와 다른 주체가 공동으로 소유·운영하는 기업을 가리킨다. 여기에서 소유와 경영 유형을 함께 언급하고 있는 이유는 특별한 향진기업이 아닐 경우 대체로 소유와 경영이 분리되지 않았기 때문이다.

아래에서는 향진기업의 소유·경영 유형별 특징을 기업 수, 종업원 수, 생산총액, 영업수입 네 지표를 기준으로 살펴본다.

우선, 종업원 수를 기준으로 할 경우 1983년 이전 향진기업 통계는 연영(聯營)과 개인 소유 향진기업을 포함하지 않았기 때문에, 향진소유와 촌소유 기업이 각각 절반 정도를 담당하였다.[49] 〈표 1-2〉를 보면 1982년 이후 조판, 연호, 개체 기업이 출현하였는데, 이는 1984년부터 개체경제의 헌법적 지위가 확보되면서 개인소유 향진기업이 급성장한 데 따른 것이다. 이에 따라 종업원 수에서 점하는 비중도 매년 증가하여 1993년에는 개인소유 향진기업이 45.9%를 점하였다. 이와 반대로 향진소유 및 촌소유 기업의 종업원 수 비중은 1984년부터 계속 감소하기 시작하여 1993년에는 각각 23.34%와 23.38%를 점하는 데 그쳤다. 연영기업의 종업원 수는 1985년에 최고점인 11%를 점한 뒤 하락하여 1993년에는 6.45%가 되었다. 1994년 개인소유 향진기업의 종업원 수가 점하는 비율이 감소하여 41.49%가 되었으나 향진소유와 촌소유 향진기업의 종업원 수 비중은 각각 26.1%와 25.9%로 약간 상승하였다. 이 현상은 개혁이 심화되고 개방도가 높아지는 등 거시경제 환경이 변화하면서, 개인소유 기업이 환경 변화에 기민하게 대응했기 때문으로 이해된다. 구체적으로 향진소유

49 이하의 소유제별 종업원 수 비중 변화에 대한 설명은 于金(2001), 53~54쪽 참조.

표 1-2 향진기업의 소유·경영 유형별 구조

(단위: %)

	항목(단위)	전국	소유 · 경영 유형				
			향판	촌판	조판	연호	개체
1978	기업 수(1만 개)	152.4	21.0	79.0			
	생산액(1억 원)	493.1	57.0	43.0			
1980	기업 수(1만 개)	142.5	23.7	76.3			
	생산액(1억 원)	656.9	56.2	43.8			
1982	기업 수(1만 개)	136.2	24.8	75.2			
	생산액(1억 원)	853.1	57.7	42.3			
1984	기업 수(1만 개)	606.5	6.6	20.6	3.5	15.0	54.3
	생산액(1억 원)	1,709.9	47.8	36.0	1.9	7.4	6.9
1986	기업 수(1만 개)	1,515.3	2.8	7.2	1.4	7.2	81.4
	생산액(1억 원)	3,540.9	39.9	29.5	1.6	8.8	20.2
1992	기업 수(1만 개)	2,079.2	1.9	5.4	0.9	6.4	85.4
	생산액(1억 원)	17,975.4	36.9	30.3	0.1	5.6	27.1

자료: 『全國鄕鎭企業統計提要』; 『鄕鎭企業情況』; 胡欣 等(1994), 161쪽 〈표 5-2〉.

와 촌소유 기업의 종업원은 전년에 비해 각각 80만 명, 51만 명 증가하였으나 연영 및 개인 소유 향진기업의 종업원 수는 각각 184만 명과 963만 명 감소하였다. 1993년에 1.23억 명이던 향진기업 종업원 수는 1994년에 거시경제 환경의 변화를 반영하여 1.13억 명으로 감소하였다.[50] 각종 소유제 향진기업 종업원 수 구성 비율의 변화를 볼 때, 거시경제 환경의 변화에 영향을 받아 구체적인 구성 비율에 변화가 있기는 하였으나, 1984년 이후 개인소유 향진기업의 위상이 여전히 높았음을 알 수 있다.

50 于金(2001), 54쪽.

다음으로, 기업 수를 기준으로 할 경우 소유제별 종업원 수 비중구조와는 다른 특징이 발견된다. 1984년 이후 토지 정책이나 소유제에 대한 헌법규정의 변화 등 정책과 제도의 변화로 인해 점차 개체, 연호, 조판 기업이 연평균 100만 개씩 증가함으로써 향진기업의 소유 형태 구조에 근본적인 변화가 일어났다. 1984년 이전 향진기업은 주로 향판과 촌판 두 가지 유형이 주류였다. 1983년에 향과 촌 소유 향진기업 수 각각 전체의 25.1%와 74.9%를 점할 만큼 1984년 이전까지는 향판과 촌판 기업의 수가 대부분이었는데, 이중에서도 특히 촌판기업의 비중이 가장 컸다. 그런데 1984년 이후 개인기업 수가 급증하면서 개인기업이 기업 수에서 점하는 비중도 상승하여 1992년에 이미 기업 수의 85.4%, 1993년에는 88.9%에 이르렀고, 생산총액은 전체 향진기업의 약 27% 정도를 점하였다.[51] 1984년 당시 기업 수에서 절대적인 우위를 점하던 촌판기업의 위상이 1990년대 초까지 개체기업으로 대체되는 큰 변화가 있었다. 그러나 개인소유 기업이 기업 수에서 점하는 위상에 비해 종업원 수에서 점하는 비중이 매우 취약한 이유는 개인소유 향진기업의 영세성 때문이다. 또한 〈표 1-2〉와 〈그림 1-3〉에서 보듯이 개체기업과 연호기업 수의 급성장에도 불구하고 생산액 면에서는 향판과 촌판 기업이 여전히 우위를 점하였는데, 그 이유 역시 상대적인 규모 차이에 기인한 것으로 이해된다.

세 번째로, 생산액을 중심으로 소유제별 위상을 보자.[52] 1984년의 헌법 수정에 따른 영향으로 조판, 연호, 개체 기업은 1994년부터 통계에 나타나며, 그 이전까지는 향판과 촌판 기업의 수치만 보인다. 1994년의 경우 생산액에서 향

51 于金(2001), 54~55쪽.
52 于金(2001), 56쪽.

그림 1-3 향진기업의 소유·경영 유형별 기업 수 구성 변화

(단위: %)

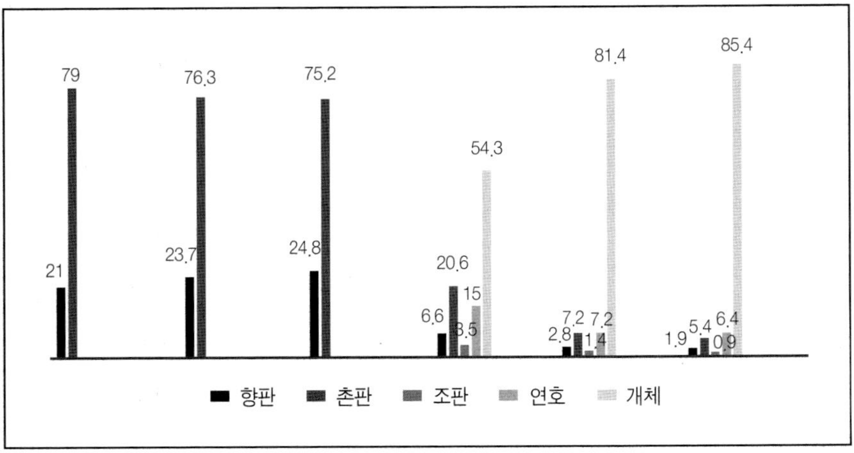

자료: 〈표 1-2〉에서 작성.

판, 촌판 기업이 점하는 비중은 비교적 커서 양자의 합계는 약 70% 이상이었다. 이는 향진기업 중 집단경제가 주도적인 위상을 점하였음을 의미한다. 〈표 1-2〉와 〈그림 1-4〉에서 보듯이 1990년대 초까지 연영과 개인소유 향진기업의 생산액 비중이 30%에 미치지 못하였으나 개인소유 기업의 생산액 비중은 1984년부터 1993년까지 꾸준히 상승하였다. 조판과 연호 기업의 생산총액 비중은 비교적 낮은 수준에서 안정적인 추세를 보인 반면, 개체기업의 생산액 비중은 급상승하였다. 이는 개인소유 향진기업의 성장 속도가 다른 소유제 기업보다 빨랐음을 의미한다. 또한 향판과 촌판 기업의 생산액 비중은 같은 기간 동안 기업 수 및 종업원 수 비중보다 훨씬 높게 나타났음을 알 수 있는데, 이는 향판, 촌판 기업의 효율이 다른 소유제 향진기업보다 높았기 때문으로 해석된다.

그림 1-4 향진기업의 소유·경영 유형별 생산액 비중 추이

(단위: %)

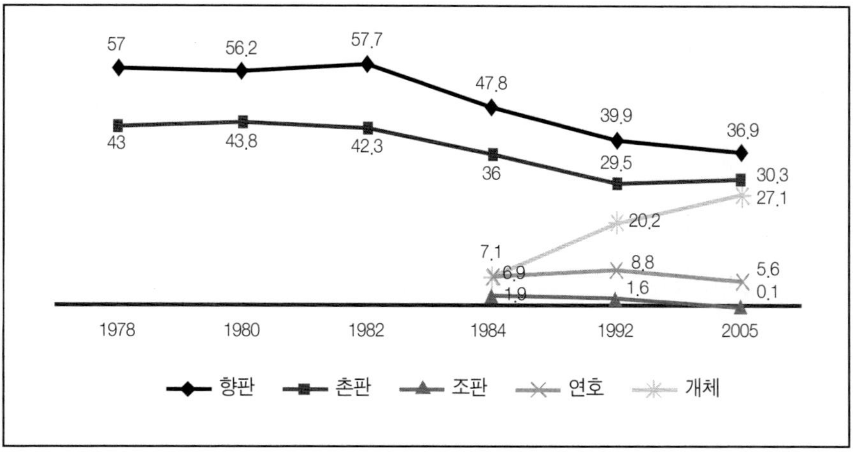

자료: 〈표 1-2〉에서 작성.

3) 규모 특징

이제 향진기업의 규모상의 특징을 살펴보자.[53]

전반적으로 볼 때 1993년 중국에는 2,453만 개 공유 형태의 향진기업이 1.23억 명을 고용하고 있었는데, 이를 기업별 고용 수로 계산해 보면 기업당 평균 5명 정도이다. 각종 산업 중 규모가 가장 큰 경우는 건축업으로서 평균 15명이었고, 그 다음은 농업으로서 10.2명이었다. 이 양자를 제외한 기타 산업은 3명, 운수업은 2명으로 가장 적었다. 이를 소유제별로 보면 향판이 66.4명, 촌판이 23.7명, 연영이 8.8명, 개체가 2.6명이었다. 산업별로 보면 건축업이 219

53 于金(2001), 63~65쪽.

명으로 고용 규모가 가장 컸고, 개인 운수기업은 1.7명으로서 가장 작았다. 특히, 향진기업 총수의 54%에 달하는 1,326만 개 기업은 종업원이 평균 3명에 불과하였는데, 이들 기업의 총고용인원은 2,526만 명으로서 전체의 20.5%였다. 그리고 이들 영세기업의 영업수입은 4,423.7억 위안으로서 전체 영업수입의 15.3%였다.

이상의 분석을 기반으로 하여 향진기업의 구조적 특징은 다음과 같이 정리할 수 있다. 첫째, 산업구조 면에서 공업이 점하는 비중이 가장 커서 1978년부터 1990년대 중반까지 꾸준히 70% 전후를 유지하였다. 둘째, 향진기업의 소유제 구조는 비교적 복잡하다. 기업 수에서는 개인기업의 비중이 가장 크고(1993년 88.9%), 그 다음은 촌판기업, 연영기업, 향판기업 순이었다. 종업원 수에서는 개체기업의 비중이 여전히 가장 크지만, 같은 기간 중 비중이 크게 하락하였다. 생산액에서는 향판기업이 34.14%로 가장 큰 비중을 점하였고, 그 다음은 촌판기업(30.13%), 개체기업(29.09%), 연영기업(6.67%)이었다. 1984년 이후 등장한 개체기업의 수는 경이적인 속도로 증가하였고, 생산액 비중도 빠르게 상승하였다. 또한 향판과 촌판 기업의 생산액 비중은 같은 기간 동안 기업 수 및 종업원 수 모두 다른 소유제 기업의 비중보다 훨씬 높았는데, 이는 향판, 촌판 기업의 효율이 다른 소유제 기업보다 높았기 때문이다. 셋째, 소유제별 산업구조를 비교해 보면 농업, 공업, 건축업에서는 집단소유 기업의 비중이 비교적 컸으나(생산액의 약 60%), 교통운수업, 상업, 요식업, 서비스업에서는 개체기업이 핵심적 위상을 점하였다(기업 수 90% 이상, 종업원 수 80% 이상, 영업수입 60% 이상). 넷째, 향진기업의 평균 규모가 매우 작아서, 1993년 기업당 평균 종업원 수는 5명에 불과하였다. 개인 운수기업의 평균 종업원 수는 1.7명으로서

표 1-3 향진기업의 기업당 종업원 수(1993년)

(단위: 명)

	농업	공업	건축업	운수업	상업, 요식업	서비스업	기타 산업	산업 전체
향판	22	68.5	219.0	44.8	11.0	15.7	16.7	66.4
촌판	8.8	28.8	61.8	15.1	8.0	11.3	8.62	3.7
연영	7.5	10.0	15.1	3.7	4.2	4.4	4.0	8.8
개체	3.9	3.2	6.9	1.7	1.9	2.0	2.8	2.6
평균	10.2	7.9	15.0	1.9	2.1	2.3	3.0	5.0

자료: 『中國鄕鎭企業年鑑』(1994); 于金(2001), 63쪽 〈표 1.5〉.

매우 영세하였다. 1990년대 초반 향진기업 수를 흔히 2,000만 개라고 설명하지만 절반 이상이 기업이라고 부르기 어려운 영세기업이었다.

4) 조직 특징

향진기업의 성장은 향촌에서 집단과 개인 관계의 변화, 그리고 개별 농민 및 사회화된 농업생산 관계의 변화를 통해 향촌사회의 공동체화를 강화하였다.[54] 이전의 향촌 조직이 이념과 정부의 강제에 의한 조직화 과정을 통해 형성되었다고 한다면, 개혁개방 이후 농민의 자발적인 유인에 힘입어 발전한 향진기업은 향촌 지역의 공동체화를 추동하였다. 향촌 지역의 이러한 새로운 집단주의 경향은 시장경제의 경쟁원칙을 실현하고 농촌 지역의 소득향상이라는 목표에도 부합하는 측면이 있었다. 하지만 건국 이후 추진된 농촌 지역

54 이하 향진기업의 조직 특징에 대한 설명은 이욱연 옮김(2003), 64~68쪽 참조.

의 집단화와 그 가장 최후 조직 형태인 인민공사는, 행정적·강제적 조직화의 결과물로서, 개인은 무시된 채 집단 이익만이 강조되는 조직이었다. 이에 비해서 향진기업을 중심으로 한 재조직화와 집단화는 개인 이익을 추구하는 자발적인 조직이라는 점에서 이전 시기의 향촌 조직과 분명히 다르다. 전자는 농민의 조직화라는 정치사회적 목적과 생산효율 제고라고 하는 경제적 목적 하에 단행된 조직화로서, 강제적이고 행정적인 수단을 동원한 현대화의 길이었으나, 노동자발성을 유인하는 데 실패하였다. 이와 달리 향진기업을 통한 집단화는 주어진 사회적·정치적 제약 하에서 농촌 지역에 자발적으로 형성된 현대화 조직으로서, 전통적인 가족문화와 농촌 사회의 집단성 특징을 동시에 지니고 있다. 하지만 향진기업의 성장은 지역에 따라 매우 다른 형태[55]를 보일 뿐만 아니라, 향진기업은 개인적 이익과 효율을 추구하는 조직으로서, 자원과 환경을 경시하고 노동자 보호를 소홀히 하는 등 현대화에 반하는 측면도 있었다.

이처럼 향진기업이 시장화가 심화된 속에서도 그 특수성을 유지할 수 있을 것인지에 대해서는 의문이 제기되기도 하였다. 상당수 향진기업이 초기에 내수시장에서 기반을 닦은 뒤 점차 해외시장을 지향하는 형태로 발전해 왔다. 만약 내수에 주력하지 않는 한 향진기업은 세계적 규모의 자본주의 시장관계의 일부에 불과하게 된다. 그렇다면 중국적 환경에서 성장한 향진기업이라는 특수한 조직이 새로운 시장 환경에서도 특성을 유지하면서 생존할 수 있을 것이냐 하는 의문이 생기게 된다. 결국 향진기업은 시장화가 심화되고

55 지역적 특성에 따라 쑤난(蘇南) 모형, 원저우(溫州) 모형, 주강(珠江) 모형 등으로 구분하기도 하는데, 이에 대한 좀 더 상세한 내용은 뒤이어 설명한다.

세계시장으로의 편입이 진행됨에 따라, 글로벌 경쟁과 치열한 국내시장 경쟁에서 생존해야 하는 운명을 지닌 특수한 생산조직이었다고 할 수 있다. 더구나 대다수의 향진기업은 규모의 영세성, 취약한 자금력, 낮은 기술력, 취약한 경영능력 등 여러 가지 한계도 지니고 있었다.[56] 그렇다면 향진기업이 집단소유, 농촌의 집단성, 가족문화 특성, 그리고 자원·환경·노동자 경시라는 특징과 문제를 그대로 유지한 채 급변하는 시장 환경에서 생존·발전할 수 있을지는 당초부터 의문이었던 것이다. 이러한 한계 때문에 장쑤, 저장, 광둥 같은 지역에서는 향진기업의 구조에 중요한 변화가 일어나기 시작하는데, 1990년대 초반 이후 향진기업을 포함한 집단기업의 사유화나 다국적 자본과의 합작이 확산되었다.

5) 지역 특징

향진기업은 소유제 구조에 따라 집단기업, 개체 및 사영기업, 혼합소유제 기업 등으로 구분된다. 또한 향진기업은 전국적으로 동일한 조건, 동일한 환경에 기초해서 한 가지 모형으로 발전하지 않고, 각 지역의 특성, 지리적 배경, 경제적 조건, 제도적 환경에 따라 다양한 모형으로 발전하였다. 향진기업

56 1990년대 중반 이후 향진기업이 맞게 된 상황 변화와 과제를 후신은 다음과 같이 정리한다. 첫째, 주로 투입증가에 의존해 온 외연적 발전에서 과학기술에 의한 내포적 발전과 외연적 발전을 동시에 수행해야 하는 상황을 맞았다. 둘째, 생산액 증가를 추구하던 상황에서 점차 상품의 질과 환경보호를 고려하여야 하는 상황에 직면하였다. 셋째, 대다수 향진기업이 주로 국내시장에 의존해 발전해 왔으나 이제 경영관리가 앞선 기업이 세계시장에 진출하고 연해 지역의 향진기업은 외향형 경제로 발전해 나가야 하는 상황을 맞았다. 넷째, 일부 향진기업은 전문화와 협업생산으로 전환하여 국내외 노동의 지역분업 네트워크 안에 편입되어야 하는 상황을 맞았다. 胡欣 等(1994), 164쪽.

의 발전 모형에 대해서 다수의 관련 연구[57]가 있으나 이중에서 페이사오퉁과 뤄한시엔(費孝通·羅涵先)의 연구, 천지위안과 샤더팡(陳吉元·夏德芳)의 연구가 가장 대표적이다. 여러 지역에서 다양한 형태로 발전한 향진기업의 발전 모형은 소유제 구조, 산업구조, 상품구조, 분배기제, 생산-교환-유통의 연결방식과 운행기제 등 크게 다섯 가지 기준에 입각해서 특징을 추출하는데, 연구자의 관점에 따라 다양한 모형을 제시하고 있다. 위진은 향진기업 발전 모형에 대한 연구 성과를 바탕으로 7가지 모형으로 일목요연하게 정리하였다. 그는 몇 가지 기준에 입각해서 크게 쑤난(蘇南) 모형, 원저우(溫州) 모형, 겅처(耿車) 모형, 핑딩(平定) 모형, 쭈강(珠江) 모형, 진강(晉江) 모형, 상하이 근교(滬郊) 모형으로 구분하였다.

앞서 서술한 몇 가지 기준을 두고 좀 더 구체적으로, 먼저 소유제 측면에서는 집단경제 중심이냐 아니면 개체경제, 사유경제 혹은 연영경제 중심이냐에 따라 구분할 수 있다. 두 번째, 조절기제 측면에서 계획이나 시장의 영향 정도에 따라 특징을 구분할 수 있다. 세 번째, 산업구조 측면에서 공업, 건축업, 운수업, 산업, 요식업의 구성뿐 아니라, 공업 내부의 구조에 대한 분석을 통해 자원개발형, 도시공업지원형, 농산물가공형 등으로 구분할 수 있다. 네 번째, 지역분포 측면에서 분산 입지, 중소도시 입지, 대도시 근교 입지 등으로 구분할 수 있다. 다섯 번째, 도시 공업과 향진기업의 관계 측면에서 도시 공업을 위한 부품 및 부분품 가공형, 농촌 확산형 공예 가공형, 도시의 자금 및 기

57 費孝通·羅涵先(1988); 陳吉元·夏德芳 主編(1988); 陳吉元·陳家驥·楊勛(1993), 558~559쪽; 張薦華·林珏 編(1995) 下編; 이보근(1994), 77~81쪽; 關口尙志·朱紹文·植草益 編(1992), 298~299쪽. 발전 모형에 대한 정리는 于金(2001), 11~14쪽 등 참조. 이 글은 위진의 정리를 따른다.

술과 농촌 토지 및 노동력 결합형, 도시 퇴출 경제형 등으로 구분할 수 있다.

첫 번째 모형은 쑤난 모형[58]으로서, 농업이 발달한 지역의 향진기업 모형인데, 장쑤성 남부 지역이 근거지이다. 이 모형은 향촌의 집단소유제를 중심으로 하며, 비교적 균형적인 노동에 따른 분배제도를 실행하고, 비농 부산물을 가공하는 공업이다. 또한 이 모형은 농촌에 입지하면서 농업을 지원하고, 소도시와 대도시의 기업 및 연구기관과 긴밀한 관계를 맺으며, 시장조절을 중심으로 하는 모형이다.

두 번째 모형은 원저우 모형으로서 시장지향형 향진기업 모형인데, 근거지는 저장성 원저우 지역이다. 가정기업 또는 여러 가정이 협력하는 연호(聯戶)기업 위주이고, 시장기제를 도입하여 분배방식의 다양화를 추구한다. 이 모형은 주로 일용잡화를 생산하고 다양한 사회 서비스를 제공한다. 생산요소의 지역 간, 산업 간 유동이 활발하며 상대적으로 소도시에 집중하고, 시장체계를 통해 생산순환 과정을 연결한다.

세 번째 모형은 겅처 모형으로서, 집단경제와 개체경제의 병진 형태인데, 개체경제가 큰 비중을 점하면서 복합소유제 구조를 보이며, 농업 발전 수준이 낮은 장쑤성 겅처진(鎭) 지역을 근거지로 한다. 이 모형은 가정을 기본으로 하는 농공결합형으로, 수공업 노동의 기초 위에서 초급 가공하는 구조인데, 도시와의 연계성이 낮다.

네 번째 모형은 핑딩 모형으로서, 자원의 개발과 이용 모형이며, 산시(山西) 핑딩현을 근거지로 한다. 이 모형은 향촌의 집단소유 기업을 주체로 하고

58 서석흥(2001. 8) 참조.

다양한 소유제 형식을 채용하며, 채굴업 및 가공업이 중심을 이룬다. 핑딩 모형은 자원의 비교우위 위에 자금과 기술을 도입·결합한 형태인데, 유통 판매는 지방계획 20%, 기업판매 80%이다.

다섯 번째는 쭈강 모형으로서, 해외지향형이면서 집단경제 및 집단경영이 중심을 이루는데, 근거지는 광둥성 쭈강 지역이다. 이 모형은 공업 위주이며 홍콩에 인접한 입지적 우위를 이용하여 외자를 도입한 모형인데, 적극적으로 외국 선진과학 기술과 설비를 도입하여 생산한 뒤 수출하는 형태로 발전하였다.

여섯 번째는 진강 모형으로서, 화교의 고향에서 주식제 경영을 중심으로 한 모형인데, 푸젠성 동남 연해의 진강 지역을 근거지로 한다. 이 모형은 국내외 자금을 광범하게 도입하여 지역화되고 전문화된 공업과 무역 결합형으로서, 도시의 기업처럼 외국의 자금, 기술, 설비, 인재를 도입하여 생산하여 대부분을 수출하는 모형이다.

끝으로, 상하이 근교 모형이 있는데, 전형적인 도시 근교형 모형이다. 이 모형은 향촌 집단소유제를 중심으로 하고 다양한 공업과 산업 부문을 포괄하는데, 기업 규모가 비교적 큰 대도시 지향 모형이다. 이 모형은 상하이 공업체계에 다양한 형식으로 직접 관련을 맺으며, 국가계획과의 관계가 비교적 강하다.

5. 맺는 말

이상에서 우리는, 주로 1970년대 후반부터 1990년대 중반까지를 대상 시기로 삼아, 향진기업 성장의 제도적 조건과 역사적·사회적 환경은 무엇이며, 체제개혁 사회의 특수한 환경에서 발흥·성장한 향진기업의 구조적인 특징, 그리고 지역에 따른 발전 모형 차이 등에 대해 살펴보았다.

향진기업의 발전은 사회주의 체제개혁 국가의 특수한 조건과 농촌경제의 상황이 결합되면서 가능하였다. 향진기업은 중앙정부가 구체적으로 의도하지 않은 의외의 성과였을 뿐 아니라 성장 속도도 정부와 전문가들의 예상을 뛰어넘는 것이었다. 또한 향진기업의 성장과 활약은 국유기업의 개혁에 자극제로 작용하기도 하였다. 그러나 본문에서 논하였듯이 향진기업의 전신인 사대기업뿐 아니라 향진기업을 전적으로 농촌에서 농민의 노력과 지방정부의 적극성에 힘입어 자연발생적으로 형성된 조직이라고 보는 데는 무리가 있다. 향진기업의 발흥과 성장은 당과 국무원 또는 유관 부처의 결정, 규정 같은 제도적 변화 위에서 이루어졌다. 또한 중국의 사회주의 토지제도, 인민공사 해체와 농민의 자율권 확대, 개도국으로서 농업 대국, 인위적인 도농 분리 제도 같은 역사적·사회적 환경을 배경으로 하고 있다. 또한 1984년 이전까지는 농업기업이 다수를 점하였으나 이후 공업이 기업 수나 생산액 면에서 우위를 점하였고, 점차 서비스업도 상당한 비중을 점하였으며, 1984년 이후부터는 집단소유 대신 개체소유가 널리 확산되었다. 그렇다면 향진기업을 다른 기업과 구분할 수 있는 본질적인 차이는 자연발생적 특성이나 산업 종류 특성, 또는 집단소유라는 소유제 특성이 아니라 농촌 지역이라는 입지적 특성,

농민소유라는 소유 주체의 특성, 그리고 대체로 아래로부터 형성된 생산조직이라는 점에서 찾아야 한다.

본문에서는 이상의 특수한 제도적, 역사적·사회적 환경에서 발흥한 향진기업의 구조적 특징에 대해서도 살펴보았다.

향진기업의 구조적 특징은 이렇게 요약된다. 첫째, 산업구조 면에서 공업이 점하는 비중이 가장 커서 1978년부터 1990년대 중반까지 향진공업의 비중이 75% 전후를 유지하였다. 개혁 초기에는 농산물을 재료로 하는 농업기업이 상당한 비중을 점하였으나 이후 빠르게 쇠퇴하였다. 개혁이 진행되면서 공업기업의 절대 수는 크게 감소하였으나 생산액에서는 꾸준히 우위를 유지하였다. 향진공업은 1990년대 중반까지 상황의 변화에 대한 적응능력의 우위로 인해 빠르게 성장을 하였고, 국민경제 성장을 이끄는 역할을 하였다.

둘째, 향진기업의 소유제 구조는 비교적 복잡하다. 개체기업은 1984년 헌법이 개체경제의 위상을 인정하기 이전까지 존재하지 않았으나 이후 등장하기 시작하여, 기업의 수가 경이적인 속도로 증가하였고, 생산액 비중도 빠르게 상승하였다. 1993년 기업 수에서는 개체기업의 비중이 88.9%로 가장 컸다. 하지만 생산액에서는 향판기업이 34.14%로 가장 큰 비중을 점하였고, 그 다음은 촌판기업, 개체기업, 연영기업이었다. 향판과 촌판 기업 같은 집단소유 기업의 효율이 다른 소유제 기업보다 높아서, 생산액, 기업 수 및 종업원 수 모두 다른 소유제 기업보다 훨씬 높았다.

셋째, 소유제별 산업구조를 비교해 보면 농업, 공업, 건축업에서는 집단소유 기업의 생산액 비중이 60% 정도로 비교적 컸으나, 교통운수업, 상업, 요식업, 서비스업에서는 개체기업이 기업 수의 90% 이상, 종업원 수 80% 이상,

영업수입에서 60% 이상을 점하는 등 핵심적 위치를 지켰다.

넷째, 향진기업의 평균 규모가 매우 작았다. 1993년 기업당 평균 종업원 수는 5명에 불과하였다. 향진기업 총수의 절반 이상을 점하는 기업의 평균 종업원 수가 3명에 불과하였고, 이들 영세기업의 영업수입은 전체의 15.3%에 불과하였다. 특히, 개인 운수기업의 평균 종업원 수는 1.7명으로서, 기업이라고 부르기 어려울 정도로 영세하였다.

향진기업은 개혁 초부터 1990년대 초반까지 빠르게 성장하였고 사실상 경제성장을 견인하였으나, 1990년대 중반 이후 국내시장 경쟁이 격화되고 세계시장 편입이 심화되면서 전환점을 맞았다. 1990년대 초반까지 향진기업의 발전이 앞에서 서술한 여러 제도적 환경과 역사적·사회적 환경에 힘입어 발흥하였다고 할 수 있는데, 그로 인해 형성된 향진기업의 구조적 특징과 조직적 특성은 1990년대 중반 이후 새로운 시장 환경에 직면하여 변화를 강요받게 되었다. 이에 따라 장쑤, 광둥을 포함한 일부 지역을 필두로 혁신이 시작되었는데, 향진기업을 포함한 집단기업의 사유화나 다국적 자본과의 제휴와 합작이 확산되었다.

사실 체제개혁기 특수한 농촌의 환경에서 형성된 향진기업이 시장화가 심화되는 가운데서 당초의 특수성을 유지하며 생존할 수 있을 것인지에 대해서는 의문이었다. 상당수 향진기업은 초기에 내수시장에서 기반을 닦은 뒤 점차 해외시장을 지향하는 형태로 성장해 왔고, 국내시장 경쟁이 심하지 않고 국유기업이 개혁의 무풍지대에 머물고 있는 동안 빠르게 발전하였다. 그러나 특수한 상황에서 성장한 향진기업이라는 생산조직이 새로운 시장 환경에서도 그 특성을 유지하면서 생존하기는 쉽지 않았다. 시장화가 심화되고 세계시장으로의 편입이 가속됨에 따라, 향진기업도 이 가운데 노출될 수밖에 없었고, 이는 향진기업의 조정 시기의 도래를 의미했다. 대다수의 향진기업은 규모의 영세성, 취약한 자금력, 낮은 기술력, 취약한 경영능력 등 다양한 한계도 지니고 있었기 때문에, 1990년대 중반을 지나면서 조정기를 맞은 것이다. 그러나 향진기업의 쇠퇴라는 비관적인 현상의 이면에는 중국 대기업과 중소기업의 발전, 외자계 기업의 활발한 진출과 경쟁이라는 긍정적인 측면이 자리 잡고 있음도 사실이다.

1990년대 중반 이후 긴 구조조정기 동안 향진기업은, 도태되거나 경영부진 상황에 처한 가운데, 혁신을 통해 경쟁력을 확보한 기업들은 중견 또는 대기업으로 성장하기도 하였다. 그러던 것이 2010년대 들어 중앙정부의 중소 도시화라는 정책 흐름에 맞춰 다시 관심 대상이 되었다. 중국 정부는 내수시장 확대, 도시화, 사회보장망 확충, 분배 문제 개선 등을 정책의 주요 근간으로 삼고 있는데, 이 네 가지 정책 근간은 모두 경제격차 해소라는 더 큰 사회경제적 목표와 맞닿아 있다. 이중에서도 특히 중소 도시화는, 비도시 지역의 문제, 농촌 지역의 과잉 노동력의 문제, 대도시 지역의 대규모 농민공 문제 등을 해소하기 위한 중요한 정책이다. 이에 따라 개혁 초부터 1990년대 중반까지 농촌, 농민, 농업의 문제를 해소하고, 인구의 급격한 대도시로의 이동을 완화시키는 데 크게 기여해 온 향진기업이 다시 관심의 대상이 되었고, 이제는 농촌 지역의 향진기업이라는 의미보다는 중소기업의 범주에서 다뤄질 시기를 맞게 된 것이다.

참고문헌

Lardy, N. R., *Agriculture in China's Modern Economic Developmen*, New York: Cambridge University, 1991.

Perkins, D. H. and Shahid Yusuf, *Rural Development in China*, Baltimore: The Johns Hopkins University Press, 1984.

김시중, 「중국 향진기업의 성장 요인과 전망」, 『경제논집』, 서울대 경제연구소, 1998. 9.

서석흥, 「중국 향진기업의 '소남모델'의 특징과 재산권 개혁」, 『중소연구』, 25(2), 2001. 8.

이근·한동훈·정영록, 『중국의 기업 산업 경제』, 서울: 박영사, 2005.

이보근, 『중국 향진기업의 현황과 발전방향』, 서울: KIEP, 1994.

이일영, 『중국의 농촌 개혁과 경제발전』, 서울: 서울대학교 출판부, 1997.

임반석, 「중국의 재산권 보호를 위한 법제도의 진화와 한계」, 『비교경제연구』, 제16권 제1호, 2009. 3. 30.

______, 「중국체제개혁에 대한 이해」, 『중국경제의 개혁과 발전』, 서울: 해남, 2005.

이욱연 옮김(汪暉 지음), 『새로운 아시아를 상상한다』, 경기: 창비, 2003.

최지희 옮김(Shambaugh, David 지음), 『중국의 미래』, 서울: 한국경제신문, 2016.

「합법적 사유재산 보호 명시할 듯」, 『동아일보』, 2004. 3. 2.

「國務院關于發展社隊企業若干問題的規定(試行草案)」(1979. 7. 3)(國務院[1979] 170號, www.baidu.com, 2010-7-20).

「中共中央, 國務院關于当前農業和農村經濟發展的若干政策措施」(1993. 11. 5)(www.baidu.com, 2013-7-11).

「中共中央, 國務院關于一九八六年農村工作的部署」(1986. 1. 1)(www.baidu.com, 2013-7-11).

「中共中央, 國務院轉發農牧漁業部和部黨組關于開創社隊企業新局面的報告的通知」(1984. 3. 1)(中發[1984] 4號, www.lawyee.net, 2010-7-26).

「中共中央關于加快農業發展若干問題的決定(草案)」(1978. 12. 22)(www.baidu.com, 2010-7-20).

「中共中央關于經濟體制改革的決定」(1984. 10. 20)(www.baidu.com, 2013-7-10).

「中共中央關于農業生產互助合作的決定」(草案)(1951. 1. 15)(www.baidu.com, 2010-10-27).

「中共中央關于農業生產互助合作的決定(草案)」(1951. 1. 15)(www.baidu.com, 2013-7-11).

「中共中央國務院全國農村工作會議紀要」(一號文件, 1982. 1. 1)(www.baidu.com, 2013-7-11).
「中共中央關于一九八四年農村工作的通知」(1984. 1. 1)(www.baidu.com, 2013-7-11).
「中華人民共和國物權法」(人民網, http://npc.people.com.cn/GB/28320/5488218.html).
「中華人民共和國憲法」(2004年 3月 14日), 『光明日報』, 2004. 3. 16.
「中華人民共和國憲法修正案」, 『人民日報』, 2004. 3. 16.
「中華人民共和國戶口登記條例」(1958. 1)(www.baidu.com, 2010-10-27).
國務院, 「內地將取消農業与非農業戶口區別(全文)」《關于進一步推進戶籍制度改革的意見(全文)》(2014. 7. 24) http://www.360doc.com/content/14/0730/16/9063442_398158090.shtml
農業部農業政策研究會 編, 『中國農村經濟體制的轉換』, 北京: 新華出版社, 1995.
費孝通·羅涵先, 『鄉鎮經濟比較模式』, 重慶: 重慶出版社, 1988.
姚紅, 『中華人民共和國物權法精解』, 北京: 人民出版社, 2007.
于金, 『鄉鎮企業發展深層問題研究』, 哈爾濱: 黑龍江人民出版社, 2001.
張毅, 『中國鄉鎮企業-苦難的歷程』, 北京: 法律出版社, 1990.
張春生, 「憲法修改對社會主義認識的深化」, 『人民日報』, 2004. 4. 1.
張蔦華 外, 『鄉鎮企業的堀起与發展模式』, 武漢: 湖北教育出版社, 1993.
中國農業出版社, 『中國鄉鎮企業年鑑』, 2006.
陳吉元·夏德芳 主編, 『鄉鎮企業模式研究』, 北京: 中國社會科學出版社, 1988.
陳吉元·陳家驥·楊勛, 『中國農村社會經濟變遷 1949-1989』, 太原: 山西經濟出版社, 1993.
胡欣 等, 『中國經濟地理』, 北京: 立信會計出版社, 1994.
張蔦華·林珏 編, 『鄉鎮企業的堀起与發展模式』, 武漢: 湖北教育出版社, 1995 下編.
關口尙志·朱紹文·植草益 編, 『中國の經濟體制改革』, 東京: 東京大學出版會, 1992.
矢野一郎 主編, 『日本國勢圖會(1994, 95年版)』, 東京: 國勢社, 1994.

제 2 장

제도 변화, 제도 혁신과 향진기업의 탄생·발전

1. 머리말
2. 제도 변화와 향진기업의 탄생과 성장
3. 제도 혁신과 향진기업의 성장·발전
   –집단소유 기업을 중심으로
4. 맺는 말

제2장

제도 변화, 제도 혁신과 향진기업의 탄생·발전

1. 머리말

향진기업은 사회주의 체제개혁 사회인 중국의 역사적·사회적 배경 속에서 형성된 매우 독특한 생산 주체로 평가받는다. 개혁은 농촌으로부터 시작되었고, 개혁과 함께 농촌에서는 토지제도에 변화가 발생하였으며, 여기에 농민의 자율권이 확대됨으로써 농업생산은 빠르게 발전하였다. 개혁이 진행되면서 농민의 생산 활동에 대한 적극성이 유인되고 농업생산의 효율이 높아졌으며, 농가소득도 향상되었다. 농촌 지역에 시장화가 진행되고 농산물의 상품화가 심화되면서 농민층 분화(diversification of peasants)의 조건이 형성되었고, 여러 개도국의 경제발전 사례에서 보듯이 농촌 지역 과잉 노동력의 이동(movement of surplus labour force) 조건도 무르익어 갔다. 그러나 중국 농촌에서는 농민의 도시로의 이동이 강력히 통제되었기 때문에, 농촌 개혁에도 불구하고 대량의 과잉 노동력이 농촌 지역에 잔존할 수밖에 없었다. 그 핵심 이유는 호구(戶口)제도를 통한 도농 이원화와 거주이전의 제한이다. 사회주의 계획경제가 시행되는 동안 중국 사회에서는 호구제도를 통해 도시와 농촌을 인위적으로 격리하였는데, 개혁개방이 시작된 뒤에도 이 제도는 유지되었다. 호구제도는 개혁개방 40년이 흐른 지금도 약간 완화된 형태로 여전히 유효하다.

이처럼 농촌 지역에 광범위하게 존재하는 과잉 노동력의 도시 이동이 제약받는 가운데, 인민공사 시기에 형성된 뒤 부실한 상태로 있던 사대기업[1]을 모태로 삼아, 농민의 집단소유 형태의 기업으로 재탄생한 것이 향진기업이다.[2] 향진기업의 성장 과정에서는 농촌 주민과 이해관계가 일치하는 향촌정부(지방정부)와 향촌 지도자의 적극적인 개입이 있었다. 개혁과 함께 농촌의 대규모 과잉 노동력은 취업기회를 찾아 농촌을 떠나려는 강한 유인을 갖게 되었으나, 차별적인 호구제도와 도시의 과잉 노동력 흡수능력 부족으로 인해 욕구를 해소하기 쉽지 않았다. 이때 점증하는 농촌의 실업압력을 완화하기 위해 향진 지도자들은 고용기회 창출, 향진정부 재정 확충 등을 위해 노력하였는데, 향진기업이 문제 해결의 열쇠였다. 향진기업이 중국 경제의 고성장을 견인하던 시기인 1990년대 중반까지 국유기업은 여전히 개혁의 외곽에 있었고, 민간기업은 아직 충분히 발전하지 못하고 있었다. 이와 달리, 여러 측면에서 상대적 유연성이 있는 향진기업이 이 틈새를 파고들어 큰 경제성과를 냈던 것이다. 다시 말해서, 향진기업은 사회주의 체제개혁기 중국 사회에서

---

1 본래 대약진의 산물인 사대기업은 인민공사, 생산대대(生産大隊)가 소유하고 경영한 소규모 기업이다. 인민공사 시기 인민공사, 생산대대 및 생산대(生産隊)는 중국 농촌의 행정조직이었기 때문에 사대기업은 농촌 지역에 입지하고 있었다. 사대기업의 사업이 공업을 위주로 하고 있었기 때문에 사대공업(社隊工業)으로 불리기도 하였다. 중국의 농촌 지역에는 오랫동안 수공업의 전통이 있었는데, 농촌의 수공업 전통은 수공업 개조 과정을 통해 사대기업으로 흡수 또는 계승되었다.

2 집단소유 향진기업은 엄격히 말해 '향촌기업'(鄕村企業) 또는 '향진집단기업'(鄕鎭集體企業)이다. 인민공사 시기의 사대기업은 관리 수준에 따라 향에서 관리하는 향판기업, 촌에서 관리하는 촌판기업으로 불렀다. 1984년부터 향진기업의 개념이 달라졌는데, 향진기업은 이미 존재하던 사대기업이나 향, 촌이 새로 설립한 기업뿐 아니라 개혁기에 새로 등장한 다양한 유형의 개체기업까지 포함하게 되었다. 구체적으로 1984년부터 공업기업과 일부 지역의 상업, 음식업이 향진기업에 포함되고, 1985년부터 대부분 지역의 상업, 음식업이 포함되었으며, 건축업과 운수업은 1986년부터 포함되었다.

아래로부터의 노력에 의해 창출된 특수한 생산조직으로서, 다른 개도국에서 찾아보기 어려운 사례이다. 이러한 점에서 향진기업의 성장은 신고전파 경제학과 신제도주의 경제학의 시각에서 명쾌하게 설명하기 어려운 측면을 지니고 있으며, 새로운 설명을 필요로 하는 존재라 할 수 있다.

이 글은 먼저 중국 향진기업의 발흥과 성장을 가능하게 한 주요 역사적·제도적 배경을 분석하되,[3] 주로 경제체제 개혁, 농민층 분화, 그리고 농업 노동력의 이동 세 측면에서 접근한다. 그리고 이러한 요소들을 분석함에 있어서, 농민과 향촌정부 및 지도자가 제도 변화(institutional change) 환경과 현실적 제약 하에서 아래로부터의 노력으로 나타난 '제도 혁신'(institutional innovation)의 산물이 향진기업이라는 시각을 견지한다. 여기에서 제도 변화는 거시적인 차원에서 중앙정부 차원의 제도 변화, 그리고 미시적 차원의 제도 혁신, 즉 농민과 지방정부 및 지도자 차원에서의 제도 창안 두 측면을 구분해서 논의를 전개한다.

2. 제도 변화와 향진기업의 탄생과 성장

향진기업은 흔히 사회주의 체제개혁 경제의 이중경제 구조라는 특수성으로부터 기원했다고 일컬어지고 있다. 다시 말해서, 향진기업은 중앙계획경제체제가 시장화 되는 과도기적 환경에서 출현한 중국 사회의 특수한 현상

3 향진기업 생성·성장의 역사적·경제적 조건과 특징에 대해서는 김시중(1998. 9); 임반석(2013. 12) 등 참조.

으로 이해된다. 이 특수한 현상에 대해 좀 더 정확하게 이해하기 위해서는 거시적 관점에서 향진기업의 탄생과 성장의 역사적·제도적 배경[4)]을 살펴보아야 하며, 특히 제도 변화라는 관점에서 추적할 때 명확하게 이해할 수 있다. 중국 향진기업의 생성·성장을 가능하게 한 배경으로는 대표적으로 경제체제 개혁, 농민층 분화, 그리고 농업 노동력 이동 세 가지를 꼽을 수 있다.

1) 경제체제 개혁[5)]

(1) 토지제도의 변화

1949년 사회주의 정권이 들어서고 1950년대 초 전후 복구가 마무리된 뒤 중국 공산당은 토지국유화 정책을 추진했다. 중국의 헌법과 토지 관련 법률은, 도시 지역 토지는 전 인민 소유(국유)이며, 농촌과 도시 교외 지역의 토지는 법률이 국가소유라고 규정하지 않는 경우 집단소유이고, 택지와 자류지, 자류산은 집단소유라고 규정하였다. 그러나 이 경우도 공공목적을 위한 토지의 수용이나 토지소유권의 집단 간 양도가 정부의 통제 하에 무상으로 진행되었기 때문에 실질적으로는 국유라고 할 수 있다. 2004년의 현행 헌법의 4차 수정[6)]에서 개인의 재산에 대한 국가의 무상 수용이 유상 수용으로 바뀌기는

4 장동식·여택동·이창열(2011. 2).

5 이 부분은 임반석(2013), 『향진기업 발전의 역사적·사회적 초기조건』을 수정·보완하였고, 본문은 이 책의 1장 3절을 요약한 것이다.

6 2004년 3월 14일에 전인대를 통과한 현행 헌법 4차 수정 전문에 대해서는 「中華人民共和國憲法」(2004年 3月 14日), 『光明日報』(2004. 3. 16); 수정 부분에 대한 요약은 「中華人民共和國憲法修正案」, 『人民日報』(2004. 3. 16); 수정 헌법에 대한 논평은 張春生(2004. 4. 1); 수정 헌법에 대한 국내 소개는 「합법적 사유재산 보호 명시할 듯」, 『동아일보』(2004. 3. 2) 참조.

하였으나, 토지에 대한 국공유 정책의 근간은 지금도 견지되고 있다. 농촌 지역에서 집단소유 형태로 탄생·성장한 향진기업은 농촌경제, 농민, 농촌 토지와 밀접한 관련을 맺고 있고, 개혁과 함께 농촌 토지제도에도 변화가 발생하였다. 따라서 향진기업의 성장 배경을 알기 위해서는 토지제도, 특히 농촌 토지제도와 그 변화를 이해해야 한다.[7]

개혁이 개시되면서 농촌 지역에서는 농가생산책임제가 도입되었고, 이후 농촌 토지제도의 변화는 인민공사 시기의 집단소유–집단경영으로부터 소유와 경영의 분리 형태로 진행되었다. 새로운 제도 하에서 농가는 계약 기간과 내용에 근거해서 토지에 대한 사용권과 경영권을 취득할 수 있었다. 이처럼 농가가 토지의 사용권 및 경영권을 얻기 위해서는 향촌정부에 일정한 사용료를 지불해야 했다.

중앙정부는 국공유 토지의 소유권과 경영권을 분리하고, 사용권의 양도를 허용하면서도 다른 한편으로는 "사용권을 획득한 토지를 매매, 임대, 양도할 수 없을 뿐 아니라 방치할 수 없으며, 이 경우 사용권을 회수한다. 농민이 경영능력을 상실하거나 다른 산업 부문으로 이직할 경우 토지를 집단에 반납해야 한다"는 토지사용권의 상품화와 모순되는 조치를 내놓기도 했다.[8] 1984년에 단행된 토지제도 개혁에서는 사용권 임대 기간을 연장함은 물론 취득한 사용권의 양도도 허용하였고, 1986년 토지제도 개혁에서는 토지의 상업적 개발과 산림개발권의 계승을 허용하였다. 또한 1993년에는 토지 임대 기간을 더

7 이 부분은 이미 1장에서 언급하였다.

8 中共中央國務院, 「全國農村工作會議紀要」(一號文件, 1982. 1. 1)(www.baidu.com, 2013-7-11); 農業部農業政策硏究會 編(1995), 39쪽.

연장(최단기 30년)하였는데, 일부 지역에서는 황무지의 사용권과 경영권의 공개 경매도 허용되었다.[9] 2008년 「물권법」에서는 토지사용권 만료 기간이 도래할 경우 임대 기간이 자동 연장될 수 있도록 함으로써 임대 기간 만료 이후 사용권에 대한 불안감을 해소시키기도 하였다.[10] 이러한 일련의 제도 변화 과정을 통해 농민에게 토지사용권의 획득과 양도권, 상업적 개발권, 사용권의 계승권이 부여되었다. 그리고 이에 힘입어 농촌 토지의 유동성이 높아지고 상품화도 함께 촉진되었는데, 사회주의 토지제도의 변화는 농촌에 집단소유 형태의 중소기업이 발전할 수 있는 공간을 마련해 주었다.

(2) 인민공사 해체와 자율권 신장

개혁은 농촌에서 먼저 시작되었다. 1978년 제11기 3중전회는 농촌 개혁[11]이 선행되어야 함을 인정하고 농가생산책임제를 승인하였으며, 이를 계기로 농민의 자율권은 확대되었다. 농촌 개혁의 일차 표적은 농촌의 집단생산-통일경영의 대표 조직인 인민공사였고, 심각한 폐해를 낳은 인민공사 조직은 단기간 내에 해체되었으며, 이에 맞춰 농민의 자율권이 신장되었다. 농촌에 시장요소가 도입되면서 농민에게 상품 농산물을 생산할 수 있는 토지가 주어지고, 1980년대 중반부터는 농지사용권의 양도도 가능해지면서 농민의 자율

9 『人民日報』(海外版)(1997. 4. 23); 于金(2001), 6쪽.

10 중국의 「물권법」은 2007년 3월 16일 10기 전인대 5차 회의를 통과하여 2007년 10월 1일부터 시행되었다. 그러나 사용권 기한 연장에도 불구하고 문제가 완전히 해소된 것은 아니다. 「물권법」 원문에 대해서는 「中華人民共和國物權法」(人民網, http://npc.people.com.cn/GB/28320/5488218.html)(이하 물권법); 물권법에 대한 해설은 姚紅(2007); 이 문제에 대한 국내의 연구로는 임반석(2009. 3. 30) 4절 참조.

11 중국 농촌 개혁에 대한 연구로는 이일영(1997); N. R. Lardy(1991); D. H. Perkins and Shahid Yusuf(1984) 등 참조.

권은 더욱 더 확대되었다. 1984년 말 인민공사 하에 있던 생산대(生産隊)[12]가 대부분 농가생산책임제를 채택하였고, 공사가 소유하던 가축, 대·중형 농기구, 농기계 등은 할인가격으로 농민에게 처분되었다. 이에 힘입어 1978년부터 1985년에 걸쳐 농촌경제는 급성장하였다. 농가생산책임제에 힘입어 농업생산이 빠르게 증가했는데, 개혁이 시작될 당시인 1978년 주요 산업별 생산액 비중은 농업 27.8%, 경공업 31.1%, 중공업 41.1%에서 1984년에는 각각 35%, 30.8%, 34.2%였다.[13] 농업 발전과 함께 농촌 지역의 비농업생산 주체인 중소기업[鄕鎭企業]의 발전도 괄목할 만하였는데, 향진기업은 농촌경제의 다양화를 촉진시켰다. 여러 측면에서 농민의 자율권이 확대되면서 농산물의 상품화율이 빠르게 높아지고, 향진기업의 발흥과 함께 농촌의 공산품 상품화율도 높아지면서 농촌 지역은 빠르게 시장화되었다.[14]

다수의 연구자들은 사대기업을 향진기업의 뿌리이자 물질적 기초라고 이해한다.[15] 이 문제를 좀 더 정확하게 이해하려면 농촌 수공업의 역사를 살펴보는 것이 순서이다. 하지만 여기에서는 논의를 중앙계획경제 시기 인민공사 예하의 사대기업에 집중해서 알아본다.

---

12 개혁 이전 인민공사 체제 하에서 농촌 지역은 인민공사–생산대대(生産大隊)–생산대(生産隊)라는 3급 구조로 조직되어 있었다. 생산대는 대략 30가구 정도로 된 집단농장을 관리하였고, 인민공사와 생산대대는 비농업 분야의 생산 주체인 사대기업을 관리하였다. 사대기업은 자력갱생 차원에서 원칙적으로 원자재, 종업원, 시장을 현지에 국한하도록 되어 있었고, 주로 농기계 및 기구, 비료, 시멘트 등의 생산, 농기계 수리, 운송, 건축 등을 담당하는 중소 규모의 지역기업이었는데, 사대기업 중 상당수가 향진기업으로 변모하였다.

13 Justin Yifu Lin, Fang Cai, and Zhou Li(2003), p. 311.

14 임반석(2005), 170쪽 참조.

15 이러한 인식에 의존할 경우 우리는 향진기업이 왜 사대기업의 기초가 그다지 탄탄하지 않았던 장쑤와 저장 지역에서 급성장하였는지를 설명하기 어렵다. 향진기업의 발흥 문제를 이해하기 위해서는 좀 더 긴 역사적 시각에서 이 문제를 살펴볼 필요가 있다. 다시 말해서, 우리는 중국 농촌 수공업의 발전사를 회고해 봄으로써 향진기업 발흥의 역사적 필연성을 찾아낼 수 있다.

인민공사 시기 인민공사, 생산대대 및 생산대는 중국 농촌의 생산조직이면서 동시에 행정조직으로서, 사대기업은 인민공사와 생산대대가 소유하고 경영한 기업이다. 당시 사대기업의 주요 내용이 공업이었기 때문에 사대공업이라고 부르기도 했다. 중국의 농촌 지역에는 수공업의 전통이 오래 되었는데, 이 수공업 전통이 사회주의식 개조 과정을 거치면서 사대기업으로 흡수되거나 계승되었다.[16)]

1949년 사회주의 정권 수립 당시 농촌 수공업은 어느 정도 기초가 구비되어 있었다. 건국 당시 농촌의 상업성 및 자급성 수공업과 농산물 가공업의 총생산액은 같은 해 공업 총생산액의 35%를 점할 만큼 농촌 수공업 기반이 양호하였고, 농민이 필요로 하는 공산품의 대부분을 공급하고 있었다.[17)] 건국 후 농촌의 토지에 대해서는 경자유전(耕者有田) 정책이 구현되었고, 농민들은 자기의 토지를 소유함은 물론 지대의 압박으로부터 해방될 수 있었다. 이에 따라 농민의 생산 활동에 대한 적극성이 유인되고 농업생산 효율은 크게 향상되었다. 이처럼 생산효율이 높아지고 농민층 분화 조건이 성숙되었지만, 농촌의 과잉 노동력 문제의 심각성도 커졌다.

농촌 과잉 노동력 문제에 직면한 중앙정부는 1951년 12월 농민의 조직화와 함께 수공업을 포함한 농민의 부업을 장려하는 결정을 내놓았는데,[18)] 이 「결정」에 힘입어 농촌 수공업이 급성장하였다. 1952년 농촌 지역에서 상업성 수공업 종사자는 전국 수공업 종사자의 절대적인 부분을 점할 정도였으나,[19)]

---

16 于金(2001), 44~45쪽.
17 張毅(1990), 7~8쪽.
18 中共中央, 「關于農業生産互助合作的決定(草案)」(1951. 1. 15).

개별 수공업의 규모는 매우 작았다. 그런데 뒤이어 수공업의 사회주의식 개조 운동인 수공업 협업화 작업이 전국적으로 확산되었는데, 농업합작사를 포함한 협업조직의 성과는 초기에 매우 성공적이었다. 그러나 점차 수공업을 자산계급의 공업으로 간주하는 관념이 널리 퍼지고 성과에 대한 조급증이 더해짐으로써, 농촌 수공업의 협업화는 농촌 수공업과 농촌 공업의 발전을 제약하였다.

건국 이전까지 농촌 지역에 널리 분포하던 수공업은 사회주의 이념이 지배하던 시기에 협업화와 인민공사 운동을 통해 최종적으로 사대기업에 흡수되고 계승되었다. 하지만 사대기업의 구체적인 생산경영 활동은 사회의 수요에 부응하지 못했다. 사대기업은 비록 기존의 농촌 수공업을 개편하여 운영하였으나 현대적인 기계제 대공업으로 발전하지 못한 채 농촌경제를 보완하는 부업으로 존속하고 있었다. 또한 이 무렵 '대약진 운동'이 시작되었는데, 대약진 운동에서 농업생산합작사는 인민공사 및 농촌 공업으로 빠르게 개편되었다. 대약진 하에서 사대기업의 수는 급증하였다. 이처럼 대약진 하에서는 사회현실과 경제법칙을 무시한 채 행정명령에 근거해서 인민공사화가 추진되었으며, 이렇게 성립된 기업은 생산효율을 기대하기 어려웠다. 이에 따라 1959년 중앙정부는 농업생산 조직의 문제점을 인식하고 인민공사 소유 기업의 정리에 나섰는데, 우선 생산대대나 생산대 소유가 합당하다고 생각되는 기업을 생산대나 생산대대 소유로 전환시켰다. 그런데 인민공사 조직의 중요한 부분을 구성하던 사대기업은 개혁개방과 함께 위기를 맞았고, 사대기업의

19 張毅(1990), 8쪽.

문제는 해결될 필요가 있었으며, 여러 위로부터의 제도 변화와 아래로부터의 제도 혁신에 힘입어 향진기업이 발흥·성장하였다.

사대기업은 사회주의 토지제도가 변화하고 농민의 자율권이 확대는 가운데서, 도농 간의 인구 유동을 제약하는 호구제도를 배경으로 삼아, 점차 향진기업으로 재탄생하였다. 이러한 의미에서 향진기업의 뿌리는 대약진에서 인민공사, 그리고 문화혁명으로 이어지는 역사 과정의 산물이자 제도 변화의 산물이라 할 수 있다. 그리고 문화혁명 시기에 농촌으로 하방(下放)된 간부, 지식인, 숙련노동자들은 인민공사와 생산대대 공업에 필요한 기술과 정보를 제공하였고, 이러한 요소들이 향진기업 성장의 밑거름이 되었다.

(3) 농촌 과잉 노동력의 상존과 이동

건국 초인 1952년부터 개혁개방 초기인 1978년까지 약 26년 동안 제1차 산업은 GDP의 57.7%에서 28.1%로 감소하였다. 이에 비해서 같은 기간 동안 제1차 산업의 취업자 수는 전체 노동력의 83.5%에서 70.5%로 감소하는 데 그쳤다. 같은 기간에 생산액은 연평균 3.7%, 취업자 수는 0.65%씩 감소한 셈이며,[20] 개혁이 시작될 무렵 70%의 인구가 농촌에 머물며 GDP의 28%를 생산하고 있었다. 또한 중국의 경지면적은 농촌 인구 규모에 비해 현저하게 부족하다. 1994년 말 전국의 경지면적은 9,491만ha로서 국토면적의 9.88%에 불과하였는데, 같은 시기 중국의 농업 종사자 수는 3.27억 명으로서 일인당 경지면적은 0.29ha였다.[21] 이는 농촌 지역에 과도한 과잉 노동력이 존재함을 의미하는

20 于金(2001), 7쪽.
21 국제비교를 통해 살펴보면, 100ha당 농업 종사자 수는 중국 477명, 인도 128명, 일본 84명, 브라질

데, 1990년대 말 중국의 농촌 과잉 노동력은 약 2.4억 명 정도로 추산되었다.[22)]

건국 초부터 엄격히 시행해 온 호구제도 등으로 인해 산업구조 변화에 상응한 농촌 노동력의 제2, 3차 부문으로의 이동이 이루어지지 못함으로써 산업구조의 비합리성, 특히 산업구조와 취업구조의 심각한 부조화가 일어났다. 노동력 이동이 통제되는 상황에서 농촌의 과잉 노동력의 존재, 농업생산 증대로 인한 농촌 지역의 자본축적, 토지제도의 변화는 농촌 공업화의 동력으로 작용하였고, 그 중심에 향진기업이었다.

(4) 인위적인 도농 이원구조

냉전 시기 중국은 '기업의 국유화, 공업의 도시화, 인구의 농촌화'라는 공업화 전략을 실행하였다. 이 전략 하에서 일반적인 경제발전 법칙은 무시되고 농촌에서 도시로의 인구 이동은 엄격히 통제되었으며, 농민은 도시민을 위한 식량공급자 역할을 강요받았다. 이때 농촌에서 도시로의 인구 이동을 통제하기 위한 세 가지 주요 수단은 호구제도, 구량제도, 그리고 노동취업제도였는데,[23)] 이중 호구제도는 현재까지도 기본이 유지되고 있다.

우선, 호구제도는 1958년 1월에 공포된 「중화인민공화국호구등기조례」[24)]에서 기본적인 틀이 확립되었다. 이 「조례」로 인해 중국 공민 개개인은 출생, 사망, 결혼, 이혼 등의 경우 관계 기관에 신고해야 했다. 뿐만 아니라 농촌에서 도시로 이주하고자 할 경우 반드시 도시 노동 부문의 채용증명서, 학

22명, 영국 8명, 미국 1.5명으로서, 중국이 훨씬 많음을 알 수 있다. 矢野一郎 主編(1994), 190쪽.

22 張毅(1990), 16쪽.

23 于金(2001), 8쪽.

24 「中華人民共和國戶口登記條例」(1958. 1)(www.baidu.com, 2010-10-27).

교의 입학증명서 또는 도시 호적 등록 기관의 전입허가서를 구비하여 상주 호적지의 관련 기관에서 전출 수속을 밟아야 했다. 건국 이후 시행된 호적관리제도가 농촌 인구의 급격한 도시 이동으로 인한 도시 인구의 팽창을 막는 데 순기능을 한 것은 사실이다. 하지만 이 제도는 농촌 지역 간의 인구 이동일 뿐 아니라 도농 간의 인구 이동의 장벽이었다. 호구제도는 도농 이원화 구조를 가능하게 한 핵심적인 제도였는데, 크게는 도시 지역과 농촌 지역을 분리하여 관리하는 사회관리 체제의 일부분이기도 하였다.

인구의 도시 이동을 제한한 또 다른 수단은 구량제도이다. 구량제도는 호적을 농업 호구와 비농업 호구로 구분한 뒤, 비농업 호구를 가진 주민에게만 식량과 생필품을 배급한 제도이다. 이 제도에 따르면 농업 호구를 가진 농민이 도시로 이동할 경우에는 식량배급을 받을 수 없었다. 구량제도가 시행되는 동안 국가가 식량의 유통을 철저하게 통제하였기 때문에 관련 정부기관의 허가 없이는 도시 지역에서 장기간 생활이 불가능했고, 설사 이주를 한다고 해도 큰 위험을 감수해야 했다.

농촌 인구의 도시 이동을 제한한 세 번째 수단은 노동취업제도이다. 계획경제 하에서 중국 도시 주민의 취업은 국가 노동 부문이 통일적으로 관리하였으며, 각 기업 단위는 직원의 모집과 채용에 대한 결정권이 없었다. 이 제도에 따르면 농민이 도시 지역으로 임의로 이주한다고 하더라도, 도시에서의 취업은 근본적으로 어려웠다.

이상과 같은 농촌 인구의 도시 이동을 제약하는 제도적 요인들은 체제개혁이 심화되면서 동요하기 시작하였으며, 호구제를 제외하고는 점차 약화 또는 폐기가 불가피했다. 호구제도는, 인민들의 불만 제기가 끊이지 않고 있음에도 불구하고, 일부 도시 지역을 제외하고는 여전히 유효하다. 이러한 환경에서 농촌의 과잉 노동력은 리스크가 큰 도시 이동보다는 가까운 농촌 공업부문에 취업해야 했는데, 향진기업에서는 반농반공 형태의 고용이 가능하였다. 체제개혁과 함께 시작된 이러한 여러 측면의 제도 변화를 배경으로 농촌지역에서 향진기업이 탄생·성장한 것이다.

2) 농민층 분화

(1) 농민층 분화의 제도적·역사적 조건

농촌 경제체제 개혁에 이어 향진기업의 발전에 영향을 미친 두 번째 중요한 요인은 농민층 분화이다. 사회주의 유물사관에 의하면, 봉건사회 후기에서 자본주의 사회로 전환되는 과정에서 상품생산이 발달함에 따라 농민층 분화가 일어난다. 농민층 분화는 구체적으로 일부 농민은 자산계급으로 상승하고 다수 농민들은 무산계급으로 전락하는 현상을 말하는데, 이를 보통 '농민층 분화의 법칙'이라고 부른다.

1978년 경제체제 개혁이 시작된 이후 1992년 사회주의 시장경제 체제의 틀이 제시될 무렵 중국 사회주의는 새로운 단계에 접어들었다. 1978년 이후 경제체제 개혁과 관련된 다양한 정책이 실행되었는데, 핵심 내용은 계획의 범위를 점차 축소시키고 시장요소를 확대시키며, 자원배분에서 시장의 기능을 발휘하도록 하는 데 있었다. 그리고 이 개혁 과정에서 농민층 분화의 발생 여부는 중요한 역사적인 의미를 지니며, 이 현상은 중국 농촌 지역 향진기업의 성장과도 밀접한 관련을 맺고 있다.

각국은 처한 역사적 조건이 다르기 때문에 농민층 분화도 상이한 형태를 보인다. 따라서 중국 농민층 분화의 특징을 명확히 파악하기 위해서는 역사적 조건에 대한 이해가 필요하다. 농민층 분화의 근본적인 원인은 자본주의와 시장이다. 하지만 한 나라가 처한 자연 환경, 역사적 배경, 제도적 환경, 사회경제적 발전 단계 같은 요인은 농민층 분화의 과정과 형태에 영향을 미치게 된다.

중국 사회주의의 역사적 특수성은 두 가지 측면에서 생각해 볼 수 있다.[25] 첫 번째 특징은 중국 사회주의는 반봉건 반식민지 상황에서 혁명을 통해 성립되었다는 점이다. 중국에서는 명말청초(明末淸初)에 이미 자본주의 맹아가 출현하였다고 하는데, 아편전쟁 이후 외국 자본의 대량 침투로 인해 자본주의의 맹아가 일부 지역에서 어느 정도 발전하기는 하였으나, 전국적인 차원에서 지배적인 위상을 점하지는 못하였다. 두 번째 특징은, 중국은 사회주의 계획경제로부터 시장경제로 전환되어 가는 과도기에 처해 있다는 점이다. 이러한 특수성을 가진 중국의 농민층 분화 문제를 이해하고자 할 때는 중국의 특수한 호구제도와 토지제도를 주목해야 한다.

1951년 7월 중국 공안부는 「도시호구관리잠정조례」[26]를 발표하였는데, 이 「조례」는 공산당 집권 이후 나온 최초의 호적관리 관련 법규였다. 그런데 이 법규는 적용 범위를 도시 지역으로 한정하고 있었다.[27] 이후 전후 복구 작업이 순조롭게 진행되고 경제가 안정을 찾아가면서 국무원은 1955년 6월에

25 于金(2001), 103~104쪽.
26 「城市戶口管理暫行條例」(1951. 7. 16)(www.baidu.com, 2010-10-27).
27 이 조례는 2004년 9월에 폐지되었다.

「국무원의 호구등기제도 수립에 관한 지시」[28]를 하달하였다. 이 「지시」는 도시와 농촌을 포함한 전국 수준에서 호구 재등기를 내용으로 하는 통일적인 호적관리제도의 수립을 목표로 하고 있었다. 호구는 농업 호구와 비농업 호구로 구분하였는데, 도시의 규모에 따라 호구를 획정하였을 뿐 아니라 호구에 근거해서 생활자료(식량, 식용유, 면화, 포 등)를 공급하는 배급제도가 실시되었다. 그러나 이 단계에서는 호적관리 작업의 핵심이 호구의 '등기'에 있었으며, 호구의 '이전'에 대한 제한은 아직 없었다. 가장 상위 법률인 1954년에 제정된 「중화인민공화국헌법」은 거주이전의 자유를 보장하고 있었다. 하지만 이 조항은 1975년 수정 헌법에서 삭제되었으며, 이후 아직까지 회복되지 않고 있다.[29]

중국 정부가 본격적으로 호적관리제도를 통해 인구 이동, 특히 농촌에서 도시로의 인구 이동을 제한하기 시작한 것은 1958년부터이다. 1958년 1월 전인대 상무위원회의 결의를 거쳐 국가주석령으로 「중화인민공화국호구등기조례」[30]를 반포하였다. 이 「조례」는 호구관리의 취지, 호구등기의 범위, 호구등기를 담당하는 기관, 호적부의 기능, 호구의 신고와 등록, 호구이전 수속 및 상주 인구와 임시 인구의 등기 등에 관한 내용을 모두 포괄하고 있었다. 이 「조례」가 반포된 지 25년이 지난 현재까지도 일부 내용이 수정되기는 하였으나, 인구 이동과 호구이전은 여전히 이 「조례」에 근거해서 제한되고 있다.

중국의 호적관리제도는 공민신분 증명, 사회치안 유지, 인구 이동 통제

---

28 國務院, 「關于建立經常戶口登記制度的指示」(1955. 6)(www.baidu.com, 2010-10-27).
29 사회주의 정권 수립 이후 중국 헌법의 변천과 핵심 내용의 변화에 대해서는 임반석(2004. 8), 제2절; 임반석(2009. 3), 제3절 참조.
30 「中華人民共和國戶口登記條例」(1958. 1)(www.baidu.com, 2010-10-27).

및 관련 부문에 대한 호적자료 제공 같은 기능을 담당한다. 이중에서 농민층 분화, 농업 노동력 이동, 나아가서는 향진기업의 발흥과 밀접한 관계가 있는 것은 세 번째 기능인 인구 이동 통제이다. 중국 정부는 이 기능의 효과를 높이기 위해 농민 호구와 비농민 호구의 구분을 기본으로 하는 관련 제도를 만들었다. 그리고 호구 이원화와 함께 인구 이동 통제 기능을 보완하기 위해 마련한 대표적인 제도가 구량제도와 노동취업제도이다.[31]

중국 공산당은 집권 후 오랫동안 도시 지역에서 식량공급제도를 시행해 왔다. 이 제도 하에서 정부는 비농업 호구에 대해서만 식량과 식용유, 육류 등을 공급하였는데, 이 상황에서는 농업 호구의 도시 이동이 자연스럽게 제한되었다. 식량공급제도의 혜택을 받을 수 없었던 농민이 도시로 이주해 삶을 영위하기는 위험이 매우 컸다. 노동취업제도는 국가의 노동 관련 부처가 도시 지역 취업을 관리하는 제도이다. 이 제도는 사실상 농업 호구를 가진 인민을 제도적으로 차별하였는데, 비농업 호구 공민의 취업을 우선적으로 고려하는 한편, 농업 호구를 가진 공민의 도시 취업은 엄격하게 통제하였다. 특히, 개혁이 상당한 성과를 이룬 현재도 호적관리제도는 도시 취업시장에 여전히 영향을 미치고 있다.

경제체제 개혁이 심화되고, 특히 도시 경제체제 개혁이 본격화되면서 공민의 거주이전에 대한 제한은 점차 완화되었고, 농촌에서 도시로 일자리를 찾아 나서는 농촌 호구를 가진 공민의 수는 끊임없이 증가하였다. 또한 농촌 호구를 가진 공민의 도시 장기 거주가 증가하면서 호적지와 거주지가 다른

31 于金(2001), 105쪽.

경우가 흔해졌다. 이때 해결책으로 등장한 것이 남인호구(藍印戶口)제도이다. 남인호구는 실질적으로 정부가 도시 지역에 장기 거주하는 자에게 발급하는 임시 비농업 호구이다. 남인호구 관리제도는 1980년대 말 안후이, 후베이, 장쑤의 일부 소도시에서 시범적으로 실시된 뒤 빠르게 확산되었다. 비교적 호구제도를 엄격하게 실행해 온 상하이도 1996년 2월 1일부터 남인호적 관리제도를 도입하였는데,[32] 남인호구를 취득한 사람은 취업, 자녀의 취학 등에서 도시 상주 인구와 동등한 권리를 부여받도록 하고 있다.

현대 중국의 농민층 분화를 결정짓는 또 하나의 역사적인 조건은 농지제도이다. 공산당이 집권한 뒤 1950년 6월에 「중화인민공화국 토지개혁법」[33]이 반포되었고, 이 법에 근거해서 토지개혁이 진행되었다. 「토지개혁법」의 목적은 지주계급의 봉건적 착취를 가능케 하는 토지소유제를 폐지하고, 농민이 토지를 소유하게 함으로써 농업생산을 향상시켜 공업화를 위한 길을 닦도록 하는 데 있었다. 「토지개혁법」에는, "지주의 토지, 농업용 가축 및 농기구의 몰수, 부농의 자경지 허용과 나머지 몰수, 사당, 묘실, 사원, 교회, 학교 및 단체가 보유한 토지와 기타 공용지 징발, 몰수 또는 징발한 토지와 기타 생산 자료에 대해서는 토지법의 규정에 따라 국가소유 부분 외에는 모두 향의 농민협회 소유로 하고, 농지가 없거나 적은 농지를 가지고 있거나 생산 자료가 부족한 농민에게 공평하게 분배한다"고 되어 있었다.

---

32 「上海藍印戶籍管理暫行規定」(1996. 2. 1)(www.baidu.com, 2010-10-27), 상하이가 1996년에 도입한 남인호적 관리제도에 따르면 이 제도의 적용을 받기 위한 조건은 상해시에 20만 달러 또는 200만 위안을 투자한 자, 100평방미터 이상의 주택을 구매한 자, 상해시의 단위에 전문 기술요원으로 3년 이상 고용된 자로 되어 있다.

33 「中華人民共和國土地改革法」(1950. 6. 28)(www.baidu.com, 2010-11-01), 1950년 6월 28일부터 실시된 토지개혁법은 1987년 11월에 효력을 상실하게 되었다.

1952년에 토지개혁이 완료된 뒤 1953년부터는 농촌을 사회주의식으로 개조한다는 명목으로 농업 집단화가 개시되었다. 집단화 정책에 따라 협력조(互助組), 농업생산합작사(農業生産合作社) 같은 협업조직이 구성되었고, 1958년부터는 인민공사화를 통한 농업 집단화가 추진되었다. 토지개혁 이후 인민공사 성립까지의 시기(1953~1957)에 농지제도의 기본 틀은 사실 '개인소유, 집단경영'이었으나, 인민공사가 조직된 뒤에는 농지제도의 틀이 '집단소유, 집단경영'으로 전환되었다. 그리고 '집단소유, 집단경영'을 내용으로 하는 토지제도는 1978년 경제체제 개혁이 시작될 때까지 지속되었다.

현재 중국의 농촌 지역에서 가장 널리 채용해 온 농지제도는 '양전제'(兩田制)이다.[34] 양전제란 농지의 집단소유와 가정생산책임제 경영이라는 기본 틀 하에서 농지를 구량전(口糧田)과 책임전(責任田)으로 구분하고, 구량전과 책임전을 상이한 기준에 따라 분배하는 제도이다. 구량전은 생산농민 자신이 소비하기 위해 재배하는 경지로서, 농가의 인구 수에 따라 분배되며, 국가에 농업세(農業稅) 부담만을 진다. 책임전은 상품전(商品田) 또는 청부전(承包田)이라고도 부른다. 책임전은 농가가 집단소유의 대표자인 촌과 계약을 체결한 뒤 경영하는 농지로서, 청부자는 대체로 세 가지 방법 중의 하나를 선택해서 계약한다. 첫 번째 방식은 구량전과 마찬가지로 농가 인구 수에 근거해서 분배받는 방식인데, 이 방법을 채용하는 지역은 많지 않다. 두 번째는 농가의 노동력 수(일반적으로 16~60세)에 따라 분배받는 방식인데, 이 방식을 채용하는 지역이 가장 많다. 세 번째는 경매를 통해 청부자를 확정하는 방법으로서, 이 방

34 양전제에 대한 설명은 于金(2001), 109~111쪽 참조.

법을 채용하고 있는 지역이 점차 증가하였다. 앞의 두 방식은 모두 호적상에 기재된 인구(또는 노동력) 수에 근거해서 청부자를 정할 뿐 경영능력 같은 요소는 고려하지 않기 때문에 농지의 이용효율을 높이는 데는 불리한 제도로 평가받는다. 책임전이 짊어지는 책임은 국가에 대한 농업세 납부 의무뿐 아니라 청부비(承包費用), 각종 유보(提留),[35] 공공식량 납부 등이다. 그런데 책임전 취득비용이 구량전 취득비용보다 대체로 높다.

1993년 11월 중앙과 국무원은 「현재 농업 및 농촌경제 발전에 관한 몇 가지 정책」[36]을 하달하였는데, 이 「정책」은 농지제도에 대한 좀 더 구체적인 내용을 규정하고 있었다. 이 「정책」의 주요 내용을 정리하면 다음과 같다. 첫째, 청부관계를 안정시키기 위해 본래의 청부계약 만기가 도래한 뒤 재계약 때는 기간을 30년까지 연장한다. 둘째, 청부계약 기간 중에 인구가 증가해도 농지는 증가하지 않으며, 인구가 감소해도 농지는 감소하지 않는다. 셋째, 토지에 대한 집단소유제를 견지하며 본래의 토지용도를 변경하지 않는다는 전제 하에서 법에 근거한 토지사용권의 유상 양도는 허용한다. 넷째, 경제가 비교적 발전되고 대다수 노동력이 이미 비농업, 소득안정 지역으로 전환된 지역의 경우 규모경영을 할 수 있다.

이상의 「정책」 조치 중 청부기한 연장과 사용권 양도는 농민층 분화를 촉진하는 데 있어서 중요한 의미를 갖는다. 그럼에도 불구하고 여전히 효력을 발휘하고 있는 호구제도로 인해 이 정책의 큰 효과를 기대하기는 어렵지만,

---

35 여기에서 말하는 '각종 목적의 유보'는 총생산량의 일부를 규정에 따라 유보해 두었다가 타인이나 자신이 사용하도록 되어 있는 부분을 가리킨다.

36 「關于當前農業及農村經濟發展的若干政策」(1993. 11)(www.baidu.com, 2010-11-01).

제한적이나마 토지제도가 변화하면서 농민층의 분화 계기가 마련되었다. 농지제도가 개혁되면서 농촌 지역에서 능력과 의지에 따라 토지청부 규모가 달라지고, 대규모 농지를 경영하는 농민이 출현하는 계기가 마련되었다. 그리고 농민층의 분화를 통해 토지에 대한 의존에서 자유로워진 잠재적인 농업노동자나 농촌 지역 기업의 노동자가 출현할 조건이 마련되었다.

(2) 농민층 분화와 향진기업

농민층 분화 과정은 분화를 촉진하는 요소와 저해하는 요소의 상호작용 또는 타협의 결과이다. 따라서 농민층 분화에 대한 바른 이해를 위해서는 촉진요인과 저해요인을 동시에 살펴보아야 하며, 이 작업을 통해 향진기업의 탄생 과정을 더 잘 이해할 수 있다.

상이한 국가 또는 동일한 국가의 상이한 역사발전 단계에서 농민층 분화가 서로 다른 형태로 나타나는 원인은 저해요소의 차이에서 비롯되는 경우가 많다.[37] 중국 사회가 사회주의 계획경제 체제로부터 시장경제 체제로 전환되는 과정에서 상품경제가 농촌에 침투함에 따라 농민층 분화가 촉진되었다. 일국의 농민층 분화를 촉진하는 요소로는 '소상품 생산'의 발전을 들 수 있는데, 1978년에 시작된 경제체제 개혁이 소상품 생산 발전의 직접적인 계기였다. 그러나 다른 측면에서 보면 농민층 분화를 저해하는 요인도 뿌리 깊었는데, 대표적인 저해요인으로는 농지제도와 호적관리제도를 지적할 수 있다. 이 요인들은 중국 농민층 분화의 속도와 형태를 좌우하는 역할을 해왔다.

37 于金(2001), 111쪽.

농촌에서 토지청부제가 실시되면서 소유권과 경영권은 어느 정도 분리되었다. 그러나 중국의 특수한 농지제도와 호적관리제도는 토지의 양도와 인구의 유동을 제약해 왔다. 중앙과 국무원이 1993년 11월에 하달한 「농업 및 농촌의 경제발전에 관한 몇 가지 정책 조치」[38]는 토지청부 기한 연장과 법에 근거한 토지사용권의 유상 양도를 허용하였는데, 이 「조치」들은 농지의 상품화를 촉진하였다. 하지만 호적관리제도가 엄격하게 적용되는 상황에서 농민은 토지의 속박에서 완전히 자유롭기는 어려웠다. 현행 토지제도와 호적관리제도 하에서 농지의 대부분이 인구 수와 노동력 수에 따라 분배되기 때문에, 농가의 경영 규모가 모두 동일하지는 않지만, 큰 차이가 나지도 않는다. 이러한 현상으로 인해 현재 중국에서 농지경영 규모는 농민층 분화를 측정하는 지표로서 기능하기는 사실상 어렵다. 이상에서 서술한 농민층 분화를 저해하는 요인들로 인해 중국의 농민층 분화는 약간 특수한 형태를 보일 수밖에 없었으며, 이러한 농민층 분화의 형태는 바로 향진기업에 응축되어 나타났다.

요약하면, 향진기업의 탄생과 성장은 농민층 분화의 전제이기도 하지만, 다른 측면에서 보면 향진기업의 발전이 농민층 분화를 가속시킴으로써, 특수한 농민층 분화 형태를 만들어 냈다. 중국의 특수한 농민층 분화 형태는 반대로 향진기업의 경영 형태와 고용 형태를 결정하는 요인으로 작용하기도 하였다. 그리고 농민층 분화와 향진기업의 특징 사이에는 중국의 특수한 토지제도와 호구제도가 가로놓여 있다. 이런 점에서 향진기업은 체제적 특성과 특수한 역사 과정의 산물이자 농민층 분화를 촉진하는 요인과 저해하는 요인

38 中共中央, 國務院, 「關于當前農業和農村經濟發展的若干政策措施」(中發[1993] 11號)(1993. 11. 5)(http://blog.sina.com.cn).

간의 타협 결과라 할 수 있다.

3) 농업 과잉 노동력의 이동

농업 과잉 노동력의 이동(movement of surplus labor)[39]은 경제체제 개혁, 농민층 분화와 함께 향진기업의 생성과 성장의 세 번째 요인이다. 세계 각국의 경제발전 과정을 보면, 자본주의적 생산방식이 발전함에 따라 공통적으로 농업 노동력 이동 현상이 출현하였다. 거시적 관점에서 볼 때 농업 노동력의 이동은 농업 부문에서 비농업 부문으로의 노동력 이동을 의미하며, 미시적 관점에서는 농업 부문에서 도시 비농업 부문으로의 직업 전환을 의미한다. 그러나 중국에서는 역사적 특수성과 제도적 요인으로 인해 농업 노동력 이동 문제가 다른 나라와 다르게 전개되었다. 따라서 중국의 노동력 이동 문제를 바르게 이해하기 위해서는 이 문제에 대한 직업, 지역, 신분 측면에서의 접근이 필요하다.[40]

농업 노동력의 직업 전환은 농업에서 공업 또는 서비스업 같은 비농업 노동력으로의 전환이고, 농업 노동력의 지역적 이동은 농촌으로부터 도시 또는

39 후진국의 공업화에 따른 노동력 이동 현상을 중심으로 개도국의 발전 모형을 수립하고자 한 대표적 연구자로는 넉시, 루이스, 토다로 등을 꼽을 수 있다. 넉시의 모형은 고전적인 성과이고, 루이스와 토다로의 모형은 후진국의 공업화에 따른 농촌 과잉 노동력의 이동 현상을 핵심어로 삼아 후진국으로부터 공업국으로의 전환을 설명하는 비교적 설득력 있는 모형이다. 이들은 공업화가 개시된 뒤 도시의 공업 부문에 실업이 존재함에도 불구하고 공업 부문으로 노동 이동이 지속적으로 이루어지는 현상을 설명하고, 또 이 현상을 중심으로 자본축적과 경제성장이 이루어지는 과정을 설명하고자 하였는데, 루이스와 토다로의 모형은 뒤에 레니스와 페이에 의해 발전되었다. 유동섭 옮김(1983); A. W. Lewis(1954, 1958, 1972, 1979); M. P. Todaro(1969); G. Ranis and J. C. Fei(1961, 1964) 등 참조. 노동력 이동 모형 또는 이중경제 모형으로도 불리는 이들의 모형이 중국의 특수한 존재인 향진기업을 설명하는 데 얼마나 유용한지에 대해서는 제5장에서 다시 논한다.

40 于金(2001), 131~132쪽 참조.

농촌에서 다른 농촌으로의 지리적 이동이다. 또한 농업 노동력의 신분 변화는 농촌 호구로부터 비농촌 호구로의 호구 성격의 변화를 의미한다. 일반적으로 농업 노동력이 농가경제로부터 이탈하는 현상은 주로 농민의 산업노동자로의 전환, 다시 말해서 농촌 과잉 노동력의 상품화 현상이다. 중국에서는 농촌에서 도시로의 인구 이동은 엄격히 통제되었고, 산업발전에 따른 농업 과잉 노동력의 이동은 원칙적으로 제한되었다. 여기에 더하여 인구 정책이 실패하면서 중국의 농촌에는 대규모 과잉 노동력이 발생하게 된 것이다.

이러한 상황에서 개혁개방을 계기로 농업 노동력의 이동 유인이 생겼고, 농업생산이 빠르게 증가하고 생산효율이 높아지면서 농업 노동력의 대규모 이동이 예상되었다. 그러나 인위적으로 도시와 농촌을 분리시키는 호적관리 제도가 유지되었기 때문에 급격한 노동력 이농이 억제되었고, 농촌 지역에 대규모 과잉 노동력이 존재하게 되었다. 농촌의 대규모 과잉 노동력 존재에 직면하여 중국 정부는 공업화, 현대화를 추진하면서 농업 노동력 이동 문제를 해소하고, 인구의 급격한 대도시 집중과 그로 인한 도시 빈민층 발생 문제를 해결하기 위해 고심할 수밖에 없었다. 이때 농촌 지역에서 향진기업이 과잉 농업 노동력을 흡수하는 기능을 발휘함으로써, 도시 지역으로의 대규모 인구 이동을 막고 농가소득을 향상시키는 역할을 하였다. 향진기업의 역할에 힘입어 개혁개방 이후 중국의 농촌 과잉 노동력은, 일부는 도시 지역으로 이동하고, 일부는 농촌 지역의 비농업 부문에 고용되었는데, 이 현상은 개도국의 일반적인 경우와 다른 독특한 형태이다.

3. 제도 혁신과 향진기업의 성장·발전 –집단소유 기업을 중심으로

향진기업의 탄생과 성장의 배경들은 제도와 제도 변화(institutional change)라는 관점에서도 이해할 수 있을 뿐 아니라 미시적 차원에서 제도 혁신(institutional innovation) 관점에서도 설명도 가능하다. 제도 혁신이라는 관점에서 향진기업을 조망할 때 여러 측면의 혁신을 발견할 수 있는데, 여기에서는 크게 소유제와 지배구조 측면, 그리고 계약 형태 측면에 집중해서 살펴보려 한다.

1) 소유제와 지배구조 측면의 제도 혁신

먼저, 소유제 형태 또는 재산권제도[41]에 대해 살펴보자. 향진기업은 중국 사회의 특수한 역사적·정치적·제도적 상황을 배경으로 탄생하고 성장하였다. 따라서 향진기업은 소유제와 지배구조 측면에서도 특수한 형태를 보이고, 규모는 중소 규모이며, 도시 공업과 달리 농촌 지역에 입지하면서 농촌의 과잉 노동력을 고용하고, 농가소득을 증대시키는 데 기여하였다. 향진기업이 중국 경제 고성장의 중추 역할을 하던 시기 동안 국유기업은 개혁 부진으로 인해 경영이 부실한 상황이었고, 내국 민간기업들은 아직 발전 초기에 있었다. 따라서 향진기업이 이 틈을 파고들어 큰 성공을 거두었으며, 점차 해외시

41 陳鴻儀(2005); 오승렬(2004. 9); 서석흥(2001. 8); 김현석(2014. 3); 임반석(2014).

장으로 진출하기도 하였다. 국공유제가 중추를 이루는 가운데 소유제가 점차 복잡해져 가는 과정에서 향진기업은 집단소유라는 특수한 소유제 구조를 갖고 있었고, 향촌정부는 주민의 고용과 재정수입 증대를 위해서 향진기업의 성장에 적극적으로 개입하였다.

그런데 다수 향진기업의 소유제 특징인 집단소유는 국유보다는 더 명확하지만 사유보다는 불명확한 소유제이다. 향진기업은 신고전파 경제학이나 신제도주의의 주장과 달리 불명확한 소유제 형태에도 불구하고 빠르게 성장하였고, 1990년대 중반까지 중국 경제 성장을 견인하는 역할을 하였다. 향진기업의 성장은 신고전파 경제학이나 신제도주의 경제학의 시각으로는 쉽게 설명하기 어려운 현상이다.

향진기업이 예상을 넘어 빠른 성장을 하자 중앙정부는 한때 향진기업을 통제하는 조치를 내놓기도 하였다. 그러나 곧 향진기업의 목표를 설정함으로써 향진기업의 영향력과 기여를 인정하였다. 정부는 농촌 지역에 입지한 향진기업으로 하여금 기업 자체의 발전이 아니라 '공업으로 농업을 보완한다'(以工補農)는 목표를 지향하도록 하였다. 각종 제도가 변화하면서 일부 농민들은 안심하고 농업생산에 참여할 수 있었고, 일부 농민은 농촌 지역에 거주하면서도 비농업에 종사하였는데, 일부는 반농반공(半農半工) 형태를 보이기도 하였다. 향촌정부 스스로도 향진기업의 성장을 지원함으로써 향촌 주민의 요구와 지방정부의 의지가 일치하였다. 이처럼 농민과 향촌정부는 주어진 환경하에서 서로 이해관계가 일치하였기 때문에 '사대기업'을 '향진기업'이라는 새로운 생산조직으로 재탄생시킬 수 있었다. 향진기업은, '토지는 떠나지만 고향은 떠나지 않으며'(離土不離鄕), '공장에는 가지만 도시로는 가지 않음'(進

廠不進城)으로써, 대부분의 개도국이 고민하는 급격한 이농으로 인한 사회 문제, 도시 문제를 해소하고, 농가소득 향상에도 기여할 수 있었다. 즉, 향진기업은 시대적 조건과 한계를 배경으로 하여 이루어진 아래로부터의 제도 혁신의 결과물인 것이다.

더욱이 중국 농촌 지역에 광범하게 존재하는 '주식합작제'(股分合作制) 향진기업은 순수한 사유제 기업이 아닐 뿐 아니라 공유제 성격인 인민공사와도 전혀 다른 면모를 보였다. 주식합작제는 '주식 지분에 근거해서 이익을 배분'(入股分紅)하는 방식과 '노동에 따라 분배'(按勞分配)하는 방식을 혼합한 형태의 소유제로서 종업원지주제나 주식제와도 다르다.

향진기업의 발전 과정을 보면, 무엇보다도 1984년 농민의 토지처분 가능 조치와 1988년 헌법 개정에서 비국유 경제에 대한 헌법의 인정 조치가 개체경제의 발흥을 유인하였고, 이에 힘입어 향진기업 중 개체기업의 수가 빠르게 증가하였음을 알 수 있다. 그럼에도 불구하고 향진기업은 소유권이 애매한 집단소유 기업이 핵심을 이루었으며, 기업의 경영과 지배구조에서 향촌정부의 역할도 매우 적극적이었다는 점에서 다른 소유제 기업과 다르다.

그런데 우리는, 개혁 후 중국 사회처럼 불완전 소유권이 상당 부분 존재하고 사유권이 분명하게 보장되지 않는 가운데서도, 향진기업이 경이적인 경제성과를 낸 사실을 신제도경제학 관점에서 어떻게 설명해야 하는가 하는 의문이 생긴다. 불명확한 소유제를 기본으로 하는 향진기업(특히, 집단소유 향진기업)이 개혁 개시 후 1990년대 중반까지 농촌의 소득 향상, 경제성장, 공업생산, 정부 재정수입 등에서 큰 기여를 하였는데, 이 현상을 신제도주의 경제학과 주류경제학의 관점에서 어떻게 이해해야 하는가 하는 문제가 발생한다.

먼저, 제도 변화 또는 제도 혁신과 경제발전의 관계에 관한 신제도경제학의 논의를 잠시 정리해 보자. 자유시장경제에서 경제효율은 개인의 이익 추구가 최대한 보장될 때 실현될 수 있다. 경제효율의 전제가 되는 경제 주체의 자유로운 사익 추구는 크게 두 가지 제약 조건에 직면한다.[42] 첫 번째 제약은 제도적 장치와 관련되어 있고, 두 번째 제약은 예산 및 시간 제약과 관련이 있다. 시장에서 경제 주체는 재산권이 명확하게 구분되고 또 보장되는지, 거래비용은 어느 수준인지, 그리고 주어진 시간과 예산 조건은 어떤지를 고려하여 의사결정을 한다. 개별 주체의 경제행위는 재산권이 분명하게 정의되고 거래비용이 크지 않을 때 유인될 수 있으며, 경제발전은 경제효율을 극대화할 경우에 달성된다. 이렇게 볼 때 개인의 경제행위를 원활하게 함으로써 경제효율을 극대화하기 위한 제도적 장치는 사유재산권의 명확화와 보장, 그리고 거래비용의 감축을 위한 제도 구축이다. 이러한 제도를 구축하는 과정이 제도 변화 과정이고 새롭고 더 효율적인 제도의 창안은 제도 혁신이다. 간단히 말해서 신제도경제학은 재산권의 보호와 보장, 그리고 재산권에 대한 정부의 개입 최소화가 경제 주체의 적극성을 유인하기 위한 조건이며, 이렇게 될 때 경제발전이 가능하다고 본다. 그런데 이미 서술한 바와 같이 향진기업의 탄생과 성장, 그리고 기여와 특수성은 우리로 하여금 제도경제학의 주장에 의문을 갖게 한다.

또한 향진기업의 성장 과정에 대한 관찰은, 신고전파의 주장에 의문을 품게 한다. 신고전파 경제학은 재산권이 완벽히 보장되고 정보획득에도 비용이

---

42 P. J. Boettke, "The Rule of Law"(www.gmu.edu/departments/economics/pboettke/law.htm), p. 3 참조.

들지 않을 뿐 아니라 시장 거래에 비용이 들지 않는 마찰 없는 교환 과정을 가정한다.[43] 하지만 이러한 가정은 현실을 설명하는 데 있어서 한계가 크다. 정보를 얻고, 계약을 집행하며 또 계약을 위반하는 기회주의적 행위를 제재하는 데는 비용이 드는데, 거래비용이 드는 경우 제도가 중요한 요소로 등장하게 된다. 제도는 효율적인 결과를 위해 고안되지만 반드시 경제효율을 보장하지는 않으며, 제도가 변화하는 가운데서도 구제도의 관성은 남아 있다.[44] 제도 중에서도 공식적인 규범은 오히려 새로운 규칙을 고안할 수 있는 교섭력을 지닌 사람들의 이익에 부합하도록 만들어지는 경향도 있다. 따라서 시장 거래에 비용이 든다면 우리는 기본 규칙 자체에 대한 분석과 참여자의 전략에 대해 분석할 필요가 있는데, 여기에서 신제도주의의 설명이 요청된다. 제도는 인간이 고안해 낸 창조물로서, 선택의 결과이면서 동시에 인간과 조직의 행위를 제약하는 역할을 할 뿐 아니라 경제효율에 중대한 영향을 미친다. 문제는 신고전파의 기본 가정과 달리 재산권의 명확한 구분과 보장이 없는 가운데서도 향진기업이 탄생·성장하였으며, 이 사실은 신고전파뿐 아니라 신제도주의 경제학으로 명쾌하게 설명되지 않는다.

중국 향진기업에서 제도 혁신의 내용을 좀 더 정확히 이해하기 위해서는 다른 유사한 사례와 비교해 볼 필요가 있다. 중국과 동유럽 개혁의 차이는 중국은 재산권제도 개혁이 지체된 상태에서 기층의 실험을 시작으로 하여 아래로부터의 재산권 개혁이 시작되었다는 점에서 찾을 수 있다. 중국에서 체제개혁은 대체로 중앙의 묵인 하에 아래로부터의 제도 혁신 실험이 안전성을

43 이병기 옮김(1997), 26쪽.
44 이러한 현상을 경로의존성(path dependency)이라고 부른다.

인정받은 뒤 이를 제도적으로 추인하는 형태로 이루어졌다. 이처럼 중국에서는 먼저 기층 수준에서 재산권 개혁, 제도 혁신이 촉발되었다. 의사결정 과정의 분산화와 미시 주체의 자율권 확대, 그리고 향촌정부와 주민의 이해관계의 일치는 기업의 관리조직에 변화를 불러 왔다. 동유럽 국가의 개혁은 거시경제 환경, 특히 재산권제도에 대한 개혁이 위로부터 아래로 일거에 단행되었다는 점이 다르다. 향진기업에서는 재산권 개혁이 구체적으로 기업의 계약형태에 대한 혁신을 통해 이루어졌다.[45](계약 형식 혁신은 뒤이어 상세히 설명한다.) 이렇게 볼 때 향진기업은 아래로부터의 노력에 의해 이루어진 제도적 돌연변이이자 제도 혁신의 결과물이라 할 만하다.[46]

다음으로, 향촌기업의 지배구조 특징을 살펴보자.[47] 향촌기업의 성장과 발전에서 향진정부는 소유권자인 주민의 대리인이자 기업에 대한 실질적인 주인 역할을 했다는 사실을 부인할 수 없다. 하지만 이러한 측면만으로 향진기업의 특징을 설명하는 데는 한계가 있으며, 향촌기업의 독특한 지배구조에 대한 이해가 결합될 때 우리는 향촌기업에 대해 좀 더 입체적으로 이해할 수 있다.

향촌기업을 둘러싼 이해관계자는 크게 노동자, 지역 주민, 경영자, 향진정부, 중앙정부, 그리고 금융기구 등 여섯으로 나눌 수 있기 때문에, 향촌기업의 지배구조는 이들 6자 간의 이해관계로 표현할 수 있다. 그런데 이들 이해당사자들 간의 목적함수 간에는 일부가 부합하면서 일부는 상충되는 비교적

---

45 H. Y. Chen(2000), preface xiii~xiv.
46 장영석 옮김(2005), 89~90쪽 참조.
47 서봉교(1998); 홍은석·김익수·김병구·한병섭(2008); 이근·한동훈·정영록(2005), 281~285쪽 등 참조.

복잡한 관계를 맺고 있었다.[48)]

향촌기업 이해관계자들의 목적함수를 정리하면 이렇다. 첫째, 기업 내 노동자들의 목적함수는 임금의 극대화라고 할 수 있다. 기업에 대한 노동자들의 지분은 대체로 애매하며, 일반적으로 노동자가 기업을 떠나면 자동적으로 사라진다. 따라서 노동자들은 근무하는 중에 최대의 임금을 얻으려 하지만, 임금 극대화는 기업의 발전을 위한 재투자, 기술개발 자금을 줄이는 효과가 있다. 둘째, 지역 주민의 목적함수는 기업이윤 지역환원의 극대화라고 할 수 있다. 하지만 주민들은 대체로 향촌기업의 이윤을 금전 형태로 직접 보상받지는 못한다. 따라서 주민들은 이윤을 지역 내 공공사업에 투자하거나 사회보장제도 지원 같은 형태의 향유 극대화, 또는 고용 극대화를 기대한다. 셋째, 기업관리자인 경영자의 목적함수는 개인적인 이익의 극대화이다. 경영자는 향진정부에 의해 임명되거나 또는 청부나 임대방식을 택한다. 따라서 경영자는 계약 조건에 따라 계약 기간 내에 이윤을 극대화하거나 기업 규모의 확대를 통한 실적 증대, 또는 기업자산을 개인적 용도로 사용하는 등의 다양한 기타 목적을 추구하려는 유인이 있다. 그리고 여기에는 대리인 문제가 상존한다. 넷째, 향진정부의 목적함수는 재정수입 극대화이다. 향진정부는 향촌기업의 발전, 기업 내부 자금보유의 확대를 지원하고자 하는 유인이 있을 뿐 아니라 개인적 승진, 사회적 지위 향상, 직업의 안정성, 상부 기관으로부터의 독립, 주민에 대한 의무 수행, 개인적 이익 추구 같은 유인도 있다. 다섯째, 중앙정부의 목적함수는 일반적인 재정수입의 극대화이다. 중앙정부는 기업으로

48 이하 내용은 이근·한동훈·정영록(2005), 281~285쪽의 내용을 중심으로 정리한 것이다.

부터 더 많은 세금을 징수하고자 한다. 여섯째, 금융기구의 목적함수는 여수신을 통해 자본이득을 증대시키는 것이다.

향촌기업의 6대 이해관계 당사자들은 각기 상이한 목적함수를 통해 기업과 관계를 맺고 있다. 그런데 향촌기업의 지배구조는 당시의 제도나 문화 환경 하에서 서로 잘 조화를 이루었다. 즉, 개혁 과도기에 향촌기업의 이러한 독특한 지배구조가 한시적이기는 하지만, 효율을 내는 데 비교적 적합했다고 할 수 있다. 그리고 다양한 이해관계자 간의 목적함수는 향진정부가 조정하고 감독하였다. 향진정부의 관할 범위와 해당 기업 수가 적기 때문에 향진정부는 상급 정부보다 향촌기업 정보를 비교적 자세히 얻을 수 있다. 향진정부와 상급 정부의 결정적인 차이점은, 향진정부는 상급 정부와 달리 향촌기업의 잔여청구권자이기 때문에, 기업의 감시, 파산, 구제 결정 등에서 대리인 문제가 발생할 가능성이 상대적으로 작다는 사실에 있다.[49] 이 점에서 향진정부의 역할은 동아시아 신흥공업경제의 경제개발에서 국가의 역할과 유사하다고 보는 경우도 있다.[50]

2) 계약 형식 측면의 제도 혁신

(1) 집단소유 향진기업의 계약 형식

미시적 차원의 제도 혁신 중에서 계약 형태를 볼 때, 향진기업에서는 다양한 계약 형태가 시도되었다.[51] 각각의 계약 형태는 지방정부와 관리자 간

49 이근·한동훈·정영록(2005), 284쪽.
50 이근·한동훈·정영록(2005), 287쪽.

이윤의 배분방법을 포함하여 기업관리자가 누릴 영업 자율권과 감당할 리스크에 차이가 있다.

집단소유 향진기업의 계약 형태에는 노동점수제(work-point system), 봉급제(wage/salary system), 집단계약책임제(集體承包責任制, collective contractual responsibility system), 개인계약책임제(個人承包責任制, personal contractual responsibility system), 개인담보계약책임제(個人抵押承包責任制, personal mortgage contractual responsibility system), 임대제(租賃, leasing), 경매제(auction), 지분합작제(share cooperative system) 등이 있다. 아래에서 향촌기업의 계약 형태가 점차적으로 어떻게 혁신되었는지를 보자.

노동점수제

노동점수제는 농촌기업(사대기업)이 인민공사, 생산대대, 생산대에 의해 집단적으로 소유되던 개혁 이전 시기에 도입되었다. 이 제도의 중요한 특징은 각 수준의 조직이 이윤분배에 대한 완전한 통제권을 갖는다는 점이다. 기업은 노동자나 관리자로 구성된 생산대에 직접 임금이나 봉급을 지급하였다. 기업이 창출한 이윤은 이 조직에 귀속되었고, 이윤배분에 관한 의사결정도 이 조직이 하였다. 노동점수제 하에서 공동체 정부와 기업관리자 간에는 공식적인 계약관계가 없었다. 기업관리자는 의사결정의 자율성을 가진 독립된 경제적 대리인이 아니었을 뿐 아니라 어떤 영업 리스크도 짊어지지 않았다. 그리고 기업관리자의 개인적인 소득은 회사의 성과가 아니라 소속 생산대의

51 陳鴻儀(2005), 3, 4, 5장 참조.

노동점수와 관련이 있었다.[52)]

임금 · 봉급제

이 제도는 마오쩌둥 사후 개혁 초기에 도입되었는데, 노동점수제의 여러 특징을 공유하고 있었다. 향진정부는 인민공사 시기와 마찬가지로 기업에 대한 통제권을 행사하고, 기업이 창출한 이윤의 배분에 대한 완전한 통제권을 갖는다. 이 제도 하에서 공동체 정부에 의해 임명된 기업관리자는 노동점수제 하의 공동체 정부와 유사한 역할을 한다. 이 제도와 노동점수제의 실질적인 차이는 노동자와 관리자가 생산대로부터 노동점수에 근거해 보수를 받는 게 아니라 기업으로부터 직접 월급이나 임금을 받는다는 점에 있다. 그러나 임금이나 봉급 수준은 보통 기업의 재무적인 성과와 독립적으로 결정된다. 따라서 기업관리자가 기업의 성과를 높이고자 하는 주요 유인은 직접적인 성과로부터 오는 경제적 이익이 아니라 정치적인 승진 가능성이다. 노동자에게 지급되는 임금은 고정급을 포함한 여러 형태로 이루어졌으나 관리자에게 지급되는 봉급은 고정 월급 형태였다. 이 제도의 도입 후기에 공동체 정부는 기업관리자나 노동자들에게 상납이윤 환급분에서 연말 보너스를 지불해야 했는데, 보너스의 규모는 보통 임의적으로 정해졌다.[53)]

집단계약책임제

이 제도는 1980년대 초반 이후 집단소유 향진기업의 지배적인 계약 형태

---

52 H. Y. Chen(2000), pp. 84~85.
53 H. Y. Chen(2000), pp. 85~86.

가 되었다. 집단계약책임제의 핵심 특징은 관리자, 관리간부, 생산노동자를 포함한 모든 근로자들이 공동체 정부와의 계약에서 집단으로 행동한다는 점에 있다. 이 제도 하에서 공동체 정부는 사업계획, 투자의사 결정, 간부의 임명과 승진, 임금, 봉급, 보너스 수준, 기업의 세후 이윤 분배에 이르는 통제권을 갖는다. 대부분의 경우 계약은 매년 이루어지며 운영 목표도 그에 따라 재조정된다. 이 제도의 도입 초기에 정부는 기업으로부터 세후 이윤 모두를 취한 뒤 그중 일부를 상여금 형태로 기업에 환급해 주었다. 집단계약책임제에서는 노동자, 특히 관리자들은 계약을 완수할 유인이 약하였고, 계약은 거의 강제되지 않았다. 이 문제는 1990년대 초 2단계 분배(two-stage distribution) 방법이 도입되면서 해소되었다. 우선 기업관리자와 노동자들은 매월 생존 수준에 필요한 정도의 기본 봉급이나 임금만 수령하였고, 연말에는 계약목표 달성 성적에 근거해서 유동적 임금-봉급(floating wages/salaries)을 지급받았다. 따라서 기업관리자가 직면하는 위험은 기껏해야 유동 급여를 상실하는 정도였다.[54)]

개인계약책임제

개인계약책임제 하에서 기업관리자는 집단의 대표가 아니라 개별 대리인으로서 공동체 정부와 계약을 한다. 이 제도에는 두 가지 형태가 있는데, 하나는 비담보 계약책임제이고, 다른 하나는 담보계약책임제이다. 이 제도에서 기업관리자의 자율권은 노동자의 해고, 간부 채용과 승진, 보너스 수준의 결정 등 집단계약책임제 이상으로 확대될 수 있었다. 그러나 이 제도 하에서도

54 H. Y. Chen(2000), pp. 88~91.

공동체 정부는 여전히 기업의 중장기 계획, 재투자 의사결정, 이윤의 분배 같은 중요한 사안에 대해서 최종 결정권을 갖는다. 또한 기업관리자는 계약 내용의 완수에 대해 전적인 책임을 진다. 대부분의 경우 기업관리자는 노동자의 임금을 정하는데, 그 자신의 급여는 공동체 정부가 정한다. 공동체 정부는 기업의 세후 이윤의 분배 비율을 결정하며, 관리자들은 납세 부분과 재투자분을 제외한 잔여이윤에 대한 통제권도 갖는다.[55)]

임대제

임대제는 1993년 이후 많은 지역에서 중소 규모 향진기업에 도입된 계약 형태이다. 이 제도 하에서 공동체 정부는 토지와 자본에 대한 실질적인 소유자로서의 지위를 유지하고 기업에 대한 소유권을 통해 통제권을 행사한다. 공동체 정부는 임차인 선택에서 중요한 영향력을 갖는다. 기업이 사용하는 자본의 이자계산은 매우 복잡한데, 일반적인 방법은 이자율과 동일하게 하는 방법이었다. 임차인은 공식 또는 비공식 경매 과정이나 개인적인 협상을 통해 결정될 수 있는데, 임차인이 결정되면 공동체 정부는 기업경영과 관련된 대부분의 통제권을 부여할 수 있다. 따라서 이 제도 하에서 관리자의 자율권은 투자 및 재투자 의사결정, 잔여이윤의 분배 그 이상으로 확대될 수 있다. 그리고 기업관리자는 매년 정해진 시기에 임대료를 지불해야 한다. 기업의 성과가 좋지 않으면 임차인인 관리자는 그의 연소득이나 개인적인 재산을 잃을 위험을 감수할 수도 있다. 임대계약은 대체로 3~5년인데, 계약 기간 동안

55 H. Y. Chen(2000), pp. 91~92.

임대료는 고정된다. 임대료는 물가지수나 이자율에 따라 임대계약을 갱신할 때 재조정될 수 있다. 임차인이 제때 임대료를 지불하는 한 기업의 잔여이윤에 대한 완전한 통제권을 갖기 때문에 이윤 극대화를 추구하는 전문적인 관리자로 행동할 유인을 갖게 된다.[56)]

경매제

경매제는 기업의 거버넌스 측면에서 볼 때 계약 형태라기보다는 공동체 정부가 집단소유였던 향진기업의 소유구조를 바꾸는 한 가지 방법이다. 이 제도는 1993년부터 소규모이면서 경영이 부실한 향진기업을 정리하기 위해 널리 채용되었다. 공동체 정부는 경매를 통해 토지에 대한 소유권은 유보한 상태에서 향진기업의 고정자본에 대한 소유권을 기업의 소유자가 될 개인에게 양도한다. 기업을 낙찰 받은 매수자는 공동체 정부에 일시에 현금가치로 지불할 수도 있고 일부만을 지불하고 나머지를 부채 형태로 떠안을 수도 있다. 매수자는 기업의 영업에 대한 모든 권한과 잔여이윤에 대한 통제권을 갖는다. 동시에 그는 모든 경영 위험도 감수해야 한다. 그가 공동체 정부에 지는 유일한 의무는 토지 임대료 지불과 정규적인 경영비 지불 정도이다. 이 제도에서 기업은 사실상 사유화되며, 기업관리자는 이윤 극대화를 추구하는 경제적 대리인이 된다.[57)]

56 H. Y. Chen(2000), pp. 97~98.
57 H. Y. Chen(2000), pp. 99~100.

(2) 주식(지분)합작제

지분합작제는 1990년대 초, 특히 1992~1994년에 유행하였는데, 논쟁의 대상이 되기도 했던 계약 형태이다. 이 제도는 집단소유 향진기업의 재산권을 명확화하기 위한 실험으로서 중앙정부의 지원 하에 이루어졌다. 많은 지역에서 각급 지방정부는 이 제도를 도입하고 확산시키기 위한 일정표를 작성할 정도였다. 집단소유 향진기업을 지분합작기업으로 전환하는 일반적인 방법은 기업의 자본을 공동체 정부, 기업, 관리자, 근로자들 소유의 지분으로 분할하는 것이다. 그리고 동시에 기업은 현금 지분을 근로자(지역에서는 주민 포함)들에게 매각함으로써 기업의 자본총액을 증가시킨다. 이 제도 하에서는 각 참여자는 정해진 지분에 따라 분배를 요구하기 때문에 잔여이윤의 분배가 쉬워지지만, 기업에 대한 통제권은 그다지 명확하지 않다. 지분합작기업은 명목상으로 이사회가 통제권을 갖는 것으로 되어 있다. 기업의 관리자는 공개채용 또는 이사회에 의해 임명되는데, 중요한 의사결정은 사실상 이사회에서 이루어진다. 한편, 공동체 정부가 지분의 대부분을 보유하기 때문에 기업관리자는 공동체 정부의 의지에 의해 임명되는 경우가 많다.[58]

새로운 형태의 계약제도가 도입되면서 기업관리자는 더 큰 자율성을 향유할 뿐 아니라 공공연히 또는 암암리에 기업에 대한 더 큰 재산권을 부여받게 되었다. 또한 기업의 경제성과에 따라 이익을 공유하기 시작하였다. 개혁초기인 1980년대 후반까지는 이윤공유 계약이 권고되었는데, 이 형태 하에서 기업관리자들은 공동체 정부와 향진기업의 성장과 운영의 동반자였다. 특히,

58 H. Y. Chen(2000), pp. 102~103.

1992년 덩샤오핑의 남방담화 이후 기업관리자의 경영에 대한 헌신을 유인하기 위해 고정지불 임대계약제가 채택되었다. 이 시기 공동체 정부 지도자들은 거액의 일시불을 대가로 향진기업의 재산권에 대한 실질적인 통제권을 포기하였다.

책임계약제와 고정지불 임대계약제를 구분 짓는 중요한 차이는 두 가지가 있다. 하나는, 계약을 체결할 때 이윤 환급 비율이 기업의 전년도 재정적 성과에 의해 결정된다는 점이다. 그러나 고정지불 임대계약 형태는 임대계약 때 임대 토지의 규모와 기업의 자본 가치에 의해 결정된다. 두 번째는, 책임제하에서는 계약 재조정 시 공동체 정부가 기업의 효율 향상의 이익을 공유할 수 있고, 기업의 이윤증가는 언제나 목표 이윤의 상향 조정을 동반한다. 이와 달리 임대계약 형태에서 임대료는 기업의 성과에 따라 변동하지 않고 일정 기간 동안 고정된다. 일반적으로 보아 계약 형태에서 중요한 점은 대리인에 대한 보상은 그의 책임완수를 향한 열의를 유인하기에 충분할 정도로 설계되어야 한다는 사실이다.

(3) 집단소유 향진기업 계약 형태의 진화와 지역차

계약 형태는 지역에 따라서 다를 뿐 아니라 주어진 지역에 복수의 형태가 공존하기도 하며, 동일한 기업 내에서도 시기에 따라 다르게 나타난다. 그리고 지방정부와 기업관리자 간의 계약구조는 효율적인 기업운영과 깊은 관련이 있다. 향진기업의 소유 형태와 관련해서는 한 지역에 상이한 구조가 공존하거나,[59] 지역 간에 차이[60]를 보인다는 조사연구가 많다. 그러나 향진기업

59 H. Jin and Y. Qian(1984); L. Putterman(1994); S. Whiting(1995).

그림 2-1 향진기업 계약구조의 변화와 진화(1984~1993)

(단위: %)

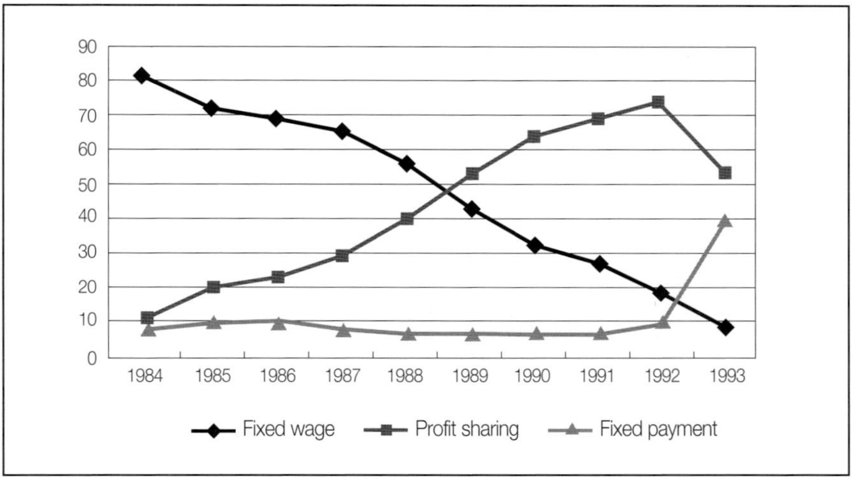

자료: H. Y. Chen(2000), p. 115 〈Figure 3.2〉.

의 계약 형태에 대한 연구에서는 유사한 연구 결과는 적다.[61] 천훙이(Chen Hongyi)의 동부와 중부 지역 64개 기업에 대한 조사에 의하면, 1980년대 중반에는 80% 이상이 고정임금제를 채택하였고 이윤공유제와 고정급 형태는 각각 10% 수준이었다. 이후 고정임금제는 빠르게 감소하고 이윤공유제는 급증하여 1988년 무렵에는 양자가 거의 유사한 수준이 되었으며, 이후 양자 간의 순위는 역전되었다. 고정임금제는 계속해서 축소되었고, 65%에 달하던 이윤공유제는 1990년대 초부터 감소하기 시작하여 50% 정도가 되었다. 고정급 형태는 개혁 초부터 1990년대 초까지 10% 이하를 점하다가 1992년 이후 급증하여

60 W. Byrd and Q. Lin, eds.(1990); Y. Liu(1992); K. Parris(1993); D. Yang(1990).
61 H. Y. Chen(2000), p. 114.

1993년에는 40%에 달할 정도가 되었다. 요약하면, 개혁 초기에는 고정임금제 형태가 중심이었는데, 점차 고정급 형태와 이윤공유 형태가 주류를 형성하게 된 반면, 고정임금 형태는 매우 작은 비중을 점하기에 이르렀다.[62]

3) 제도 혁신과 유도된 사유화

사회주의 체제개혁 경제에 대한 연구자들 중에는 재산권 또는 소유권 문제에 대해 관심을 집중하는 경우가 많았다. 제도경제학은 경제 주체의 적극성을 유인하기 위해서는 재산권 구분이 분명해야 할 뿐 아니라 재산권이 철저하게 보호되어야 한다고 말한다. 주류경제학에서는 시장이 발전하기 위해서는 생산요소가 최적으로 배분되고 계약이행을 보장하는 법제도가 구비되어야 한다고 말한다. 따라서 시장경제를 활성화시키고자 하는 정부는 효과적인 법체계를 구축해야 할 뿐 아니라 재산권을 분명히 하고 철저하게 보호해야 하며, 재산권의 처분이 자유롭도록 해야 한다. 이러한 시각에 입각하여 일부 경제학자들은 사회주의 체제개혁 경제가 성공하려면 사유화와 계획체제로부터 시장으로의 빠른 대체의 길밖에 없다고 주장하기도 한다.[63] 이들은 동유럽과 구소련 등에 대해서 성공적인 시장을 위한 전제 조건으로 빠른 가격자유화, 금융시장 창설, 국유기업의 사유화 및 상법의 제정을 제안하였는데, 이중에서도 사유화가 가장 강조되었다. 다시 말해서, 그들은 구 사회주의

62 H. Y. Chen(2000), p. 114.
63 이러한 급진적인 처방을 제시하는 대표자는 삭스인데, 그는 동유럽뿐 아니라 러시아의 개혁에 대해서도 이러한 급진적인 방안을 제안하였다. J. Sachs(1992); O. J. Blanchard, R. Dornbusch, P. Krugman, R. Layard, and L. Summers(1992) 등 참조.

경제의 개혁은 위로부터의 창조적인 제도적 파괴 과정, 즉 계획 포기, 사유화, 가격통제 폐지 등 외생적인 정책 변화(exogenous policy changes)에 의해 이루어진다고 보았다.[64]

그러나 이러한 외생적 개혁 모형에서 개혁은 강력한 중앙정부나 외부자에 의해 위로부터 강제되는 개혁 과정이다. 이러한 의미에서 그들이 말하는 재산권 혁신은 강제된 사유화(imposed privatization)라고 부를 수 있다.[65] 제퍼슨과 로스키(G. Jefferson and T. Rawski) 같은 연구자들은 이러한 외생적 개혁 모형을 시장학습제도의 변화, 기술 혁신 및 경제적 행위 간의 누적적이고 상호적인 강제 과정이라고 묘사하기도 한다.[66] 이들에 따르면 이러한 상호작용은 정부가 부분적 개혁을 추진할 때 나타난다. 중앙계획 체제 하에서 특혜를 누리는 국유기업은 기술적 능력이 우위에 있으나 많은 제도적 제약으로부터 자유롭지 못했다. 동시에 향진기업 같은 집단소유 기업은 기술에서는 열위에 있으나 제도적 제약은 약했다. 중국 정부가 진입장벽을 줄이고 각종 거래비용을 감축하기 위한 부분적 개혁을 추진하자 그 영향은 기업군에게 상이하게 작용하였다. 국유기업에게는 이용 가능한 자원을 완전히 이용할 수 있도록 일부 이윤 유보가 허용되었다. 반면에 도시의 집단소유 기업이나 향진기업들은 시장에서 국유기업의 생산물과 경쟁할 대체재를 생산하기 위해 시장에서 자원과 투입물을 획득할 수 있게 되었다. 이렇게 된 이유는 바로 자원배분에 대한 통제의 완화 때문이다.

---

64 G. Jefferson and T. Rawski(1994a), p. 1.
65 Y. Chen(2000), p. 214.
66 G. Jefferson and T. Rawski(1994a).

이와 함께 공산품 시장에서 경쟁이 심화되었고 경쟁의 격화는 미시적 수준에서 기업의 이윤획득 가능성을 낮추었고 일부 기업은 재정손실을 보기도 하였다. 거시적 수준에서는 이윤의 침식이 중앙정부뿐 아니라 지방정부의 수입증가를 제약하였다. 그런데 이윤마진이 축소된 경쟁시장의 기업들은 시장의 압력에 대응하여 재무 상황을 개선할 방안을 고안하게 된다. 그들은 기술혁신이나 비용절감 수단 같은 경제적 행위를 통해 경영구조를 재조직하기도 한다. 또한 시장의 압력에 직면한 기업들은 재무 상황을 개선시키기 위해 지대 추구 행위, 직접적 보조금을 위한 로비 또는 손실 보전을 위한 연성 대출(soft loan) 등을 추구하기도 한다. 기업들은 또한 이윤 추구 행위를 촉진할 자율권을 확대하도록 정부에 압력을 행사한다. 이들은 시장의 압력에 대응하여 여러 수단을 조합한 방법이나 새로운 방법, 즉 제도 혁신을 채택하기도 한다.

정부도 역시 재정적 압박 문제를 해결하기 위해 반응한다. 공무원들은 자율권과 경영 규제 철폐를 요구하며, 이전의 부분적 개혁으로 인한 결과를 보호해 달라는 기업들과 갈등에 직면한다. 이러한 내외적 압력 상황에서 정부 정책은 경영의 자율권을 확대하고, 시장 노출을 확대하며, 예산을 경성화하는 방향으로 변화한다. 이러한 기업과 정부의 대응은 진입장벽을 더 한층 침식하고 거래비용을 줄이는데, 그 결과 기업들은 기술개발, 절약, 개혁심화의 유인을 갖게 된다. 그리고 더 중요한 점은 이 과정이 기업 관련자들과 정부 공무원들로 하여금 개혁의 방향과 결과에 관심을 집중하도록 영향을 미친다는 점이다. 기업 관계자와 공무원들의 태도 변화는 모든 개혁 참여자들의 목표와 전략에 영향을 준다. 가치와 태도의 변화와 변화의 누적은 내생적 또는 '유도된 사유화'(induced privatization) 정책을 낳게 되는데,[67] 내생적 개혁은 아래로부터의 형태로 이루어진다.

내생적 혁신과 외생적 개혁의 차이는 개혁이 아래로부터 위로의 형태로 이루어지느냐 아니면 위로부터 아래로의 형태로 이루어지느냐에 있고, 강제된 사유화와 유도된 사유화의 차이는 재산권 개혁이 어떤 기제에 의해 이루어지느냐에 있다. 방법상으로는 강제된 사유화가 상대적으로 더 쉽다. 강제된 사유화는 개혁추진자나 전문가들이 설계한 밑그림과 수단에 의해 공공 재산이 사유화되기 때문에 정책 설계가 훨씬 단순하다. 이에 비해서 유도된 사유화는 외생적인 힘에 의해 설계·강요되지 않고 아래로부터의 내생적인 힘의 상호작용에 의해 이루어지 때문에 시간도 더 필요하고 훨씬 더 복잡한 과정을 거치게 된다.

제퍼슨-로스키는 시장의 압력에 대해 기업이 제도 혁신으로 대응한다고 봄으로써 외생적 힘을 강조한다. 이들은 부분적인 개혁의 추진이 어떻게 전반적인 기업의 성과를 향상시켰는지에 대한 종합적인 설명을 제공하지만, 기업 수준의 제도 혁신이 어떻게 일어나게 되는지에 대한 명확한 설명이 없다. 그들은 기업의 경영 자율권 확대, 이윤 추구 유인의 강화 및 재산권 개혁에 대한 태도 변화 등 양적인 변화를 제시할 뿐이다. 제퍼슨과 로스키는 그러한 양적인 움직임의 축적이 어떻게 질적인 내생적 혁신으로 변하는지에 대한 설명을 해주지 않는다.[68]

이상의 모형과 달리 천훙이[69]는 기업 계약제도의 내생적 혁신과 제퍼슨-

67 H. Y. Chen(2000), pp. 214~126.
68 H. Y. Chen(2000), pp. 217~218.
69 H. Y. Chen(2000), pp. 218~219.

로스키 모형을 결합시켜 기존 모형에 대한 설명력 강화를 시도한다. 그가 수립한 새로운 설명 모형의 기본 틀은 다음과 같이 정리된다.

첫째, 중앙정부는 진입장벽을 완화하고 산출을 늘리며 효율을 향상시킬 목적으로 거래비용을 감축할 부분적 개혁 수단을 채택한다. 둘째, 부분적 개혁은 시장경쟁을 강화하고 시장경쟁은 기업의 이윤획득 가능성을 축소시킬 뿐 아니라 정부의 재정수입을 침식한다. 셋째, 기업 형태에 따라 다른 부분적 개혁의 영향은 각자의 비교우위에 기초한 상이한 대응을 유인한다. 기업은 내생적 환경의 변화에 대응하여 경제 혁신과 제도 혁신을 포함한 전략을 택한다. 그들은 또한 더 많은 경영의 자율권을 요구함으로써 제도 혁신을 추구한다. 넷째, 각급 정부는 주어진 권한 내에서, 내생적 환경 변화에 대응해서 재정수입을 증대시킬 목적으로 기업의 이윤 추구 행위를 유인하고, 효율을 향상시키기 위해 기업의 자율권을 확대한다. 다섯째, 정부기관과 기업관리자 간의 상호작용은 기업의 계약 형태 혁신을 낳는다. 정부는 기업에 대한 간섭과 직접적인 경영감독을 줄이고, 기업관리자에게 더 많은 통제권을 부여한다. 여섯째, 계약 형태 혁신은 개혁된 기업에게 비용절약과 기술 혁신에 대한 한 단계 높은 개혁을 향한 동기를 부여한다. 일곱째, 제도적 혁신의 결과인 제고된 효율과 경제성과는 시장을 발전시킨다. 여덟째, 계약 형태 혁신의 확산은 기업 재산권 구조의 진화를 불러올 뿐 아니라 개혁 참여자들의 소유권 개혁에 대한 태도에도 영향을 준다. 그 결과 사유화에 대한 이념적 장애물이 제거되고 사회주의 체제개혁 경제의 유도된 사유화가 실현된다.

4. 맺는 말

이상에서 우리는 중국 향진기업의 탄생과 성장을 가능하게 한 역사적·제도적 배경에 대해 살펴보되, 주로 경제체제 개혁(토지제도 개혁, 자율권 확대), 농민층 분화, 농업 노동력 이동 세 측면에 초점을 맞추었다. 그리고 향진기업의 성장 배경을 추적하면서 우리는 위로부터의 제도 변화와 아래로부터의 제도 혁신이라는 관점을 견지하고자 하였다. 그 결과 향진기업은 위로부터의 느린 제도 변화와 농민과 지방정부의 아래로부터의 노력에 의해 창출된 제도 혁신의 결합물이라는 점을 확인할 수 있었다. 특수한 배경에서 발전한 향진기업은 소유제, 지배구조, 향촌정부와의 관계 및 입지 등에서 독특한 형태를 보이며, 사유제 기업보다 재산권이 불명확한 상태에서도 큰 경제성과를 이루었다. 향진기업은 농촌 과잉 노동력의 급격한 도시 이동을 억제하고, 농가소득 향상을 통해 농촌경제의 발전에 기여하였을 뿐 아니라, 체제개혁기 중국 사회에서 고성장의 견인차 역할을 하였다.

사회주의 중앙계획경제 하에서 호구제도에 의해 통제된 노동력 이동은 농촌 개혁이 시작된 뒤에도 여전히 견지됨으로써, 농업생산 효율의 향상에도 불구하고 농촌에 존재하던 대량의 과잉 노동력은 쉽게 해소될 수 없었다. 이러한 배경에서 농촌 지역에서 농촌 주민과 향촌정부에 의해 창출된 비농업생산 주체가 바로 향진기업이다. 최종적으로 향진기업은 역사적·사회적 조건 하에서, 주어진 구제도의 관성과 제도 변화 과정, 그리고 아래로부터의 제도 혁신 노력의 산물이다. 또 다른 표현으로는 강제된 사유화와 유도된 사유화 과정의 결합물이다. 따라서 향진기업은 지역의 역사적·경제적 기반에 따라

내적으로 상이한 형태, 즉 지역 편차가 존재한다는 사실을 인정하지 않을 수 없다. 다만 이 글에서는 전국적으로 공통될 만한 향진기업 생성과 성장의 배경을 분석하되, 제도 변화와 제도 혁신이라는 관점에서 추적하였다.

일반적으로 후진국에서 농업이 시장화 되어 상품생산이 이루어지면 농업생산 효율이 높아지고, 점차 농민층 분화가 일어난다. 그리고 공업화가 시작되면 농촌의 과잉 노동력이 도시 공업이나 비공식 부문으로 이동한다. 그러나 중국에서는 농촌에서 시장화의 진전, 농민의 자율권 확대, 농업 효율 향상에도 불구하고, 농업 과잉 노동력의 이동은 제한적으로만 가능했다. 전통적인 개도국 경제발전 과정을 보면, 자본주의적 생산이 도입되면서 농촌의 과잉 노동력이 도시 비농업 부분으로 이동함으로써 도시 제2, 3차 산업을 위한 염가 노동력을 제공하는 경우가 일반적이다. 그런데 중국에서는 이와 달리 변형된 형태의 노동력 이동이 발생하였다. 중국의 발전 모형이 개도국의 일반적인 발전 모형과 다른 면모를 보인다는 점에서 새로운 발전 모형이라고 불러야 한다는 주장이 제기되기도 하지만,[70] 이 점은 또 다른 토론을 필요로 한다.

70 향진기업과 중국 경제의 발전 모형에 대한 논의는 임반석(2013. 9. 30) 참조.

참고문헌

Blanchard, O. J., R. Dornbusch, P. Krugman, R. Layard, and L. Summers, *Reform in East Europe*, Cambridge, MA: MIT Press, 1992.

Boettke, P. J., "The rule of Law" (www.gmu.edu/departments/economics/pboettke/law.htm).

Byrd, W. and Q. Lin, eds., *China's Rural Industry: Structure, Development, and Reform*, London: Oxford University Press, 1990.

Chen, H. Y., *The Institutional Transition of China's Township and Village Enterprises*, Vermont: Ashgate Publishing Ltd., 2000.

Jefferson, G. and T. Rawski, "A Model of Endogenous Innovation, Competition and Property Rights Reform in Chinese Industry," Working Paper #289, PA: Department of Economics, University of Pittsburgh, 1994a.

Jin, H. and Y. Qian, "Public vs Private Ownership: Evidence from Rural China," *Quarterly Journal of Economics*, 113(3), August 1984.

Lardy, N. R., *Agriculture in China's Modern Economic Development*, New York: Cambridge University Press, 1991.

Lewis, A. W., "Economic Development with Unlimited Supplies of Labour," *The Manchester School of Economics and Social Studies*, May 1954.

______, "Unlimited Labour: Further Notes," *The Manchester School of Economics and Social Studies*, January 1958.

______, "Reflections on Unlimited Labour," in Luis Eugenio Di Marco, ed., *International Economics and Development, Essays in Honor of Raul Prebisch*, 1972.

______, "The Dual Economy Revisited," *The Manchester School of Economics and Social Studies*, Basil Blackwell, 1979.

Lin, Justin Yifu, Fang Cai, and Zhou Li, *The China Miracle-Development Strategy and Economic Reform*, Hong Kong: The Chinese University Press, 2003.

Liu, Y., "Reform from Below: The Private Economy and Local Politics in the Rural Industrialization of Wenzhou," *The China Quarterly*, 130, June 1992.

Parris, K., "Local Initiative and National Reform: the Wenzhou Model of Development," *The China Quarterly*, 1993.

Perkins, D. H. and Shahid Yusuf, *Rural Development in China*, Baltimore: The Johns Hopkins University Press, 1984.

Putterman, L., "On the Past and Future of China's Township and Village Owned Enterprises," Working Paper, Department of Economics, Providence, RI: Brown University, 1994.

Ranis, G. and J. C. Fei, "A Theory of Economic Development," *American Economic Review*, 51, September 1961.

______, *Development of the Labor-Surplus Economy: Theory and Policy*, Ill, Irwin: Homewood, 1964.

Sachs, J., "Privatization in Russia: Some Lessons from East Europe," *American Economic Review*, 80, May 1992.

Todaro, M. P., "A Model of Labour Migration and Urban Unemployment in Less Developed Countries," *American Economic Review*, 59(1), March 1969.

Whiting, S., *The Micro-foundation of Institutional Change in Reform China: Property Rights and Revenue Extraction in the Rural Industrial Sector*, Ph. D. Dissertation, Department of Political Science, Ann Arbor, MI: University of Michigan, 1995.

Yang, D., "Patterns of China's Regional Development Strategy," *The China Quarterly*, 122, June 1990.

김시중,「중국 향진기업의 성장 요인과 전망」,『경제논집』, 서울대 경제연구소, 1998. 9.

김현석,「향진기업 개혁에 관한 또 하나의 주석」,『중국연구』, 60, 2014. 3.

서봉교,「중국의 향진집체기업에 관한 연구: 지배구조를 중심으로」, 서울대학교 경제학부 석사학위논문, 1998.

서석흥,「중국 향진기업의 '소남모델'의 특징과 재산권 개혁」,『중소연구』, 25(2), 2001. 8.

오승렬,「중국 향진기업 소유권 귀속 변화의 경제적 함의 연구」,『중국학연구』, 29, 2004. 9.

유동섭 옮김,『후진국자본형성론』, 서울: 유풍출판사, 1983(Nurkse, R., *Problems of Capital Formation in Underdeveloped Countries*, New York: Oxford University Press, 1953).

이병기 옮김,『제도, 제도 변화 경제적 성과』, 서울: 자유기업센터, 1997(North, D. C.,

Institution, Institutional Change, and Economic Performance, Cambridge: Cambridge University Press, 1990).

이일영, 『중국의 농촌 개혁과 경제발전』, 서울: 서울대학교 출판부, 1997.

임반석, 「중국에서 사유재산권 보호의 이상과 현실」, 『중소연구』, 28(2), 2004. 8.

______, 「중국체제개혁에 대한 이해」, 『중국경제의 개혁과 발전』, 서울: 해남, 2005.

______, 「중국의 재산권 보호를 위한 법제조의 진화와 한계」, 『비교경제연구』, 16(1), 2009. 3. 30.

______, 「향진기업과 중국의 경제발전 모형-노동력 이동과 관련하여」, 『중국학연구』, 제65호, 2013. 9. 30.

______, 「중국에서 향진기업 발전의 조건과 구조적 특징」, 『중국학논총』, 제40집, 2013. 12. 31.

______, 「향진기업의 탄생·발전과 제도혁신」, 『중국학논총』, 43, 2014.

장동식 · 여택동 · 이창열, 「중국 향진기업의 발전과정과 향후 발전방향」, *The journal of Chinese studies*, 10, 2011. 2.

장영석 옮김(崔之元 지음), 『중국은 어디로 가고 있는가』, 경기: 창비, 2005.

「합법적 사유재산 보호 명시할 듯」, 『동아일보』, 2004. 3. 2.

홍은석 · 김익수 · 김병구 · 한병섭, 「중국 향진기업 창업 결정요인에 관한 실증분석: 지배구조를 중심으로」, 『무역학회지』, 33(4), 2008.

「關于當前農業及農村經濟發展的若干政策」(1993. 11)(www.baidu.com, 2010-11-01).

「國務院關于建立經常戶口登記制度的指示」(1955. 6)(www.baidu.com, 2010-10-27).

「上海藍印戶籍管理暫行規定」(1996. 2. 1)(www.baidu.com, 2010-10-27).

「人民日報」(海外版), 1997. 4. 23.

「中共中央關于農業生產互助合作的決定(草案)」(1951. 1. 15)(www.baidu.com, 2010-10-27).

「中共中央國務院全國農村工作會議紀要(一號文件)」(1982. 1. 1)(www.baidu.com, 2013-7-11).

「中華人民共和國物權法」(人民網, http://npc.people.com.cn/GB/28320/5488218.html).

「中華人民共和國土地改革法」(1950. 6. 28)(www.baidu.com, 2010-11-01).

「中華人民共和國憲法」(2004年 3月 14日), 『光明日報』, 2004. 3. 16.

「中華人民共和國憲法修正案」, 『人民日報』, 2004. 3. 16.

「中華人民共和國戶口登記條例」(1958. 1)(www.baidu.com, 2010-10-27).

農業部農業政策硏究會 編, 『中國農村經濟體制的轉換』, 北京: 新華出版社, 1995.

矢野一郎 主編, 『日本國勢圖會(1994, 95年版)』, 京: 國勢社, 1994.

姚紅,『中華人民共和國物權法精解』, 北京: 人民出版社, 2007.

于金,『鄕鎭企業發展深層問題研究』, 哈爾濱: 黑龍江人民出版社, 2001.

張毅,『中國鄕鎭企業-苦難的歷程』, 京: 法律出版社, 1990.

張春生,「法修改對社會主義認識的深化」,『人民日報』, 2004. 4. 1.

陳鴻儀,『中國鄕鎭企業體制改革: 市場自由化, 契約形式創新和私有化』, 武漢: 華中科技大學出版社, 2005.

제3장

향진기업의 재산권 구조와 소유제 개혁-집단소유 향진기업을 중심으로

1. 머리말

2. 향진기업의 재산권 구조와 특징

3. 향진기업 재산권 구조 개혁과 효과

4. 향진기업 발전과 향촌정부 및 지도자

5. 맺는 말

제3장

향진기업의 재산권 구조와 소유제 개혁–집단소유 향진기업을 중심으로

1. 머리말

향진기업은 사회주의 체제개혁기 중국이라는 특수한 환경의 산물이다. 향진기업은 체제개혁이 시작되면서 농지 및 농촌과 관련된 제도가 변화하고, 여기에 특수한 역사적·사회적 배경이 어우러져 발흥·발전하였다.[1] 향진기업은 거대한 국유경제가 개혁의 무풍지대에 있고, 민간기업은 아직 발전 초기에 있는 상황에서, 입지와 소유제 특성, 그리고 지방정부의 지원에 힘입어 국내시장의 요구에 유연하게 대처함은 물론, 점차 해외시장에도 진출할 수 있었다.[2] 그런데 향진기업의 소유제별 성과를 보면, 기업 수에서 개체기업이 다수를 점하기는 하였지만, 생산액, 고용, 납세 면에서는 집단소유 기업의 성과가 우수하였다. 이 현상은 개혁 이후 적어도 1990년대 중반까지 지속되었다는 점 때문에 향진기업 중에서도 집단소유 향진기업이 특별한 관심의 대상이 되기도 한다.

1 향진기업 생성발전의 역사적·경제적 조건과 특징에 대해서는 김시중(1998. 9); 임반석(2013. 12) 등 참조.

2 1994년 향진기업의 수출총액이 3,216억 위안이었는데, 이는 중국 수출총액의 1/3에 해당하였다. 『中國鄉鎮企業統計年鑑』(1995), 4쪽.

향진기업은 다른 경제 부문과 비교할 때 농촌 지역에 입지하고 중소 규모이며, 주로 농촌 주민소유라는 점 등 몇 가지 특징을 지니며, 향촌정부의 적극적인 지원 하에 성장·발전하였다고 평가된다. 이러한 배경을 비교우위로 삼아 발흥·발전한 향진기업은 1990년대 중반까지 중국 경제의 고성장을 견인한 핵심 엔진이었다고 해도 과언이 아니다. 그러나 향진기업은 1990년대 중반부터 조정기를 맞았다. 그 이유는 여러 가지로 설명되지만, 대체로 개혁개방이 심화되고 국내시장에서 경쟁이 격화되며, 중국 경제가 세계시장에 편입되면서, 이전에 누리던 여러 비교우위가 점차 단점으로 작용했기 때문으로 이해된다. 다시 말해서, 향진기업의 재산권을 포함한 몇 가지 비교우위 요소가 시대의 변화에 직면하여 거꾸로 발전의 장애로 작용하게 된 것이다.

이에 따라 1990년대 초반을 지나면서 국유기업 개혁과 함께 향진기업에 대한 좀 더 본질적인 수준의 재산권 개혁이 시도되었다. 향진기업 재산권 구조 개혁의 주요 방향은 '주식합작제[3]와 사유화'였는데, 향진기업의 소유구조와 지배구조에 큰 영향을 미칠 잠재성이 있는 개혁 조치였다. 향진기업의 재산권 구조 개혁은 향진기업 발전이 한계에 직면한 상황에서 단행되었다.

이 글은 주로 소유제 특성으로 인해 연구자들의 핵심 관심 대상이 된 집단소유 향진기업[향촌기업]을 중심으로 재산권 구조 특징과 재산권 개혁을 살펴보려 한다. 향촌기업은 1990년대 중반까지 급성장하다가 이후 빠르게 조정기를 맞는다. 1995년까지 향촌기업의 수는 거의 불변이었으나 종업원 수와 총생산액은 급증하였다. 그 이유는 집단소유 기업의 성장이 기업 수가 아니라

3 김모하(1997. 12).

규모 확대에 힘입었기 때문이다. 1990년대 후반에는 향촌기업뿐 아니라 향진기업 전체의 성장 둔화가 나타났는데, 특히 집단소유 기업의 쇠퇴가 두드러졌다.[4)] 향촌기업은 이처럼 소유제 측면에서도 특징적이지만 발전과 쇠퇴 과정에서도 매우 특수한 면모를 보여준다는 점에서 많은 관심을 받아 왔다.

우리는 집단소유 향진기업인 향촌기업의 빠른 성장과 뒤이은 조정, 그리고 조정기에 시도된 재산권 개혁을 두고 다음과 같은 의문을 갖게 된다. 첫째, "개혁개방 이후 향진기업은 왜 놀라운 성장을 이룰 수 있었으며, 왜 조정기를 맞게 되었는가?" 둘째, "향진기업의 발전을 가능케 한 재산권 구조의 특징은 무엇이고, 지방정부 및 지도자는 어떤 역할을 하였는가?" 셋째, "1990년대 중반에 시작된 향진기업의 재산권 구조 개혁, 나아가서 소유제 개혁은 어떤 효과를 보였는가?" 이중에서 이 글은 두 번째 의문과 세 번째 의문에 논의를 집중한다. 그리고 향진기업 중에서도 이 글은 특히 독특한 소유제 구조라고 평가받는 향촌기업(鄕村企業)[5)]에 초점을 맞춰, 재산권 구조와 특징, 향촌정부[6)]

4 이근·한동훈·정영록(2005), 255쪽.
5 집단소유 향진기업은 '향촌기업'(鄕村企業) 또는 '향진집단기업'(鄕鎭集體企業)을 가리킨다. 개혁 이전 인민공사 체제 하에서 농촌 지역은 인민공사-생산대대(生産大隊)-생산대(生産隊)라는 3급 구조로 조직되어 있었다. 생산대는 대략 30가구 정도로 된 집단농장을 관리하였고, 인민공사와 생산대대는 비농업 분야의 생산 주체인 사대기업(社隊企業)을 관리하였다. 사대기업은 자력갱생 차원에서 원칙적으로 원자재, 종업원, 시장을 현지에 국한하도록 되어 있었고, 주로 농기계 및 기구, 비료, 시멘트 등의 생산, 농기계 수리, 운송, 건축 등을 담당하는 중소 규모의 지역기업이었다. 그런데 개혁이 시작되면서 농촌의 조직에 큰 변화가 일어났다. 1980년대 초 인민공사 체제가 와해되면서 인민공사는 지방행정단위인 향(鄕)으로 대체되고, 생산대대는 촌(村)으로 계승되었으며, 향과 동급 행정단위이면서 비교적 인구가 밀집되고 비농업 활동이 활발한 지역은 진(鎭)으로 개편하였다. 인민공사 시기의 사대기업은 관리 수준에 따라 향에서 관리하는 향판기업, 촌에서 관리하는 촌판기업으로 불렸다. 그리고 향진기업 중에서 향, 진, 촌의 주민이 집단적으로 소유하는 기업을 '향촌기업' 또는 '향진집단기업'이라고 불렀다. 1984년부터 향진기업의 개념이 달라졌는데, 향진기업은 기존의 사대기업이나 향, 촌이 새로 설립한 기업뿐 아니라 개혁기에 새로 등장한 다양한 유형의 개체기업까지 포함하게 되었다. 구체적으로 1984년부터 공업기업과 일부 지역의 상업, 음식업이 향진기업에 포함되고, 1985년부터 대부분 지역의 상업, 음식업이 포함되었으며, 1986년부

및 지도자의 역할, 그리고 재산권 구조 개혁, 소유제 개혁의 효과에 관심을 집중한다.

2. 향진기업의 재산권 구조와 특징

1) 사회주의 공기업과 재산권

재산권 이론에는 간단히 정리하기 어려울 정도로 다양한 견해가 있다. 그럼에도 불구하고 우리는 '재산권'을 "자산의 소유와 통제에 관한 배타적이지만 제한된 권리"라고 요약할 수 있다.[7] 자산에 대한 배타적이나 제한된 권리는 기본적으로 세 가지 요소를 포함한다. 첫째, 모든 재산에 대해서 소유자가 잘 구분되어 있고, 소유자는 배타적인 소유권을 갖는다. 둘째, 재산과 관련된 잔여수익은 소유자에게 귀속된다. 셋째, 소유자는 현존 재산의 재구성과 처분(매각, 임대 또는 파괴)에 대한 통제와 결정권을 갖는다. 요약하면, 재산에 대한 배타적 권리의 요소는 명확한 소유자 구분, 잔여수익청구권(재산 관련 소득의 귀속) 및 처분권 등을 포함한다고 할 수 있다.

일찍이 노스(D. North)[8]는 경제발전에서 재산권 보장의 중요성을 강조한

터는 건축업과 운수업도 포함되었다. 김시중(1998), 490~491쪽.

6 향촌정부는 향진집단기업의 소유권을 보유하고 있는 실체로서, 향진(鄕鎭)정부와 촌(村)정부를 포함한다. Chun Chang and Yijing Wang(1994) 참조.

7 A. A. Alchian and H. Demsetz(1972); H. Demsetz(1967); E. Furubotn and S. Pejovich, eds.(1974); O. Williamson(1985) 등 참조.

8 D. North and B. Weingast(1989); 이병기 옮김(1997) 등 참조.

바 있는데, 그의 논의는 주로 시장경제와 사유재산권 범주에 한정되었다. 그에 따르면, 잘 구분되고 보장되는 재산권은, 소유자로 하여금 재산으로부터 오는 이익을 배타적으로 향유할 수 있게 하기 때문에, 재산을 효율적으로 사용하려는 강한 유인을 갖게 한다. 그래서 재산권이 불명확한 기업은 상대적으로 비효율적으로 운영되는 경향이 있고, 경제성과도 양호하지 않을 가능성이 있다.

그러나 그가 말하는 '명확한 재산권 구분'이 재산과 관련된 권리가 꼭 개인 또는 한 집단에 귀속됨을 의미하지는 않는다. 재산권의 특징 중 하나는 권리의 분할 가능성이다.[9] 재산권 이론을 기업이론에 적용할 경우 재산은 바로 기업인데, 개별 소유자가 기업을 직접 운영하는 경우는 흔하지 않다. 이때 기업의 소유자는 기업경영을 위탁할 대리인을 찾고, 이윤의 일부를 기업통제권을 행사하는 대리인들과 나눈다. 이것이 바로 자유시장경제에서 기업의 전형적인 재산권 구조이다. 재산에 대한 권리의 분할제도가 갖는 장점은 경제성장을 위해 가용자원의 소유자(주주, 주인)들을 기업가 정신으로 무장한 다른 사람(경영자, 대리인)들과 연결시켜 준다는 점에 있다. 하지만 소유자가 대리인에게 경영을 위탁하는 형태는 소유자의 재산권을 약화시킬 가능성도 안고 있다. 이를테면 기업 경영자는 소유자의 이윤 극대화가 아니라 자신의 이익을 추구할 수 있다. 현대 기업에서 주주의 권한 약화는 대리인의 의사결정 행위를 통제할 주인의 능력 감소로 나타난다. 따라서 주식의 소유가 분산되면 될수록 의사결정권을 통제하기 위한 비용은 더 커지고, 이윤이나 복지 극대화

---

9 H. Y. Chen(2000), p. 44.

라는 목표는 다른 목표로 대체되기 쉽다. 자유시장경제의 우수성을 신뢰하는 사람들은 대리인의 권한 남용 및 일탈 행위는 기업에 대한 시장의 평가, 경영 보수, 그리고 경영자 시장에서의 경쟁 등을 통해 통제할 수 있다고 보기 때문에 큰 문제로 보지 않는다.

주류경제학에서는 일반적으로 사회주의 공기업의 비효율과 실패는 잘못된 재산권 구분 때문이라고 보는데, 이 관점에 따르면 사회 구성원 모두의 소유인 사회주의 공기업의 재산권은 사실상 소유자가 없는 것이나 마찬가지이다. 그러나 전체 구성원이 소유하는 형태를 재산권이 불명확하다고 간주해야 하는지에 대한 의문은 남는다.[10] 이 의문은 구체적으로 집단소유가 왜 재산권이 불명확한 소유 형태인지, 소유자의 수가 소유권의 명확성을 판정하는 기준인지, 개인소유여야만 소유권이 명확한지 등으로 정리할 수 있다. 만약 우리가 자본주의의 꽃이라고 불리는 주식회사제도를 생각한다면 이 의문은 정당하며, 중국에서 처음 주식회사제도가 도입될 때도 마찬가지 논란이 있었다.

일부 연구자들은 사회주의 체제가 국유기업의 소유권을 전체 인민에게 귀속시킨다고 하지만, 사실은 재산권 구분이 명확하지 않다고 비판한다. 이 비판은 주식회사에도 동일하게 적용될 수 있다. 소유권이 분산된 기업에서 수많은 소유자들이 기업을 직접 경영하기는 사실상 불가능하며, 보통 대리인에게 통제권을 위임한다. 주식회사에서 다수의 주주가 기업통제권을 일부 경영자에게 위임하듯이 사회주의 공기업의 소유자들도 기업통제권을 일단 국

10 이러한 의문은 J. C. Oi(1992), p. 100 참조.

가에게 위임하는 형태를 취함으로써, '일차 주인–대리인 관계'가 형성된다. 그리고 일차 주인–대리인 관계에서 관리권을 위임받은 국가는 기업통제권을 다시 기업관리자에게 위임함으로써 '이차 주인–대리인 관계'가 형성된다. 이렇게 해서 전 인민이 국가에 재산권을 위임하고, 국가는 다시 관리자에게 관리통제권을 위임하는 '전 인민–국가–관리자'라는 이중의 주인–대리인 관계를 바탕으로 한 '이중 재산권 구조'가 형성된다. 중국의 집단소유 향진기업[鄕村企業]에도 마찬가지 이치가 적용될 수 있다. 중국의 집단소유 향진기업에서도 소유자인 주민이 향촌정부에 기업의 통제권을 위임하고, 향촌정부는 다시 기업관리자에게 기업통제권을 위임하는 '이중의 주인–대리인 관계'가 만들어진다.

이러한 이중의 주인–대리인 관계로 맺어져 있는 사회주의 기업의 이중 재산권 구조는 어떤 의미에서 재산권의 분산, 소유와 경영의 분리 측면에서 현대 기업의 재산권 구조와 유사하다. 다만 사회주의 재산권 구조가 갖는 문제는 이윤 극대화라는 목표를 벗어난 대리인의 의사결정을 통제할 소유자의 능력에 한계가 있고, 대리인을 통제할 공개된 다른 장치가 미비하기 때문에, 통제비용이 더 많이 든다는 점에 있다. 또한 강력한 권력을 가진 대리인인 국가나 지방정부가 소유자의 목표가 아니라 자신의 목표를 추구할 유인이 있을 수도 있는데, 사회주의 체제에는 국가[정부]의 일탈행위를 효과적으로 통제할 제도적 장치가 매우 취약하다. 따라서 이와 관련해서 지불해야 할 비용이 자유시장경제에서보다 훨씬 커질 가능성이 상존한다. 이러한 특수한 정부와 시장의 관계는 대부분의 개도국에서 발견되는 '정부–시장' 구도와 달리 중앙정부가 아닌 지방정부, 시장이 아니라 지방정부가 깊이 개입하는 준시장(準市

場), 다시 말해서 '지방정부–준시장[향진기업]' 구도로 설명할 수 있다. 이 특징은 다른 개도국뿐 아니라 여타 사회주의 체제개혁 경제와도 대조된다.

요컨대, 재산권과 관련된 사회주의 체제의 문제는 소유권의 분산 정도나 소유자의 수에 있지 않고, 특수한 재산권 구조에 기인한 큰 대리인 비용, 취약한 관리능력, 정부의 행위를 통제하고 소유자인 주민의 권리를 보호할 제도적 장치 부족에 있다고 보는 것이 합리적인 이해이다.

2) 향진기업의 재산권 구조와 향진정부[11)]

중국 국유기업과 향진기업의 재산권 구조도 역시 이중의 주인–대리인 관계로 설명할 수 있다. 그런데 재산권 구조가 동일한 '이중 주인–대리인 관계' 구조이면서도 국유기업은 1990년대 후반까지도 효율 향상에 실패한 반면, 집단소유 향진기업은 빠른 발전을 하였다는 사실에 주목할 필요가 있다. 이 현상을 두고 우리는 재산권의 명확성이 반드시 재산권의 개인 귀속을 의미하지는 않으며, 재산권의 다수 분산이 반드시 비효율을 낳는 것은 아니라는 가설적 명제를 얻을 수 있다. 물론 1990년대 중반 이후 향진기업의 독특한 재산권 구조가 발전의 약점으로 작용하였기 때문에 이 가설은 물론 잠정적이다. 그렇지만 개혁 이후 향진기업의 놀라운 성과는 연구자의 관심을 끌기에 충분한데, 일반적으로 지방정부와 지방 지도자들이 향진기업의 발전에 많은 기여를 했다고 평가된다. 향진기업의 재산권 구조에서 향촌정부의 위상은 매우

11 陳鴻儀(2005), 2장 참조.

독특하다는 사실은 널리 인정되고 있다.

아래에서 집단소유 향진기업의 재산권 구조와 향진정부의 위상에 대해 살펴보려 하는데, 그 이유는 여기에 우리의 의문을 풀 실마리가 있다고 보기 때문이다. 중국 농촌 지역에서 "향진정부와 지방 지도자들이 집단소유 향진기업과 어떤 관계를 맺고 있었느냐?" "그들이 향진기업에 적극적으로 개입하려는 유인은 무엇이냐?" 하는 문제는 농촌경제에서 향진기업이 어떤 특수한 존재인지를 이해하는 관건이다. 우선 지적되어야 할 점은 다른 여러 체제개혁 경제와 달리 중국에서는 지방정부가 개혁의 장애가 아니라 촉매제 역할을 하였는데, 이는 분명한 중국적 특징 중의 하나라는 사실이다.

지방정부 및 지방 지도자들과 향진기업과의 특수한 관계를 이해하기 위해서는 향촌 사회에서 지방정부와 지방 지도자의 위상을 알아야 한다.

먼저, 지방정부의 기원을 보자.[12]

개혁이 시작되기 전 인민공사는 마오쩌둥 시기 농촌 사회주의 건설의 핵심 내용이었다. 인민공사 체제의 특징은 정사합일(政社合一) 원칙이었다. 인민공사는 기층조직 관리를 담당하는 행정기능과 집단적 생산 활동인 경제기능을 통합하여 농업, 공업, 상업, 군사, 교육 등 여러 업무를 총괄하는 공동체적 조직체계로 운영되었다. 향진집단기업의 전신인 사대기업도 집단생산 단위에 소속되어 국가 및 인민공사의 경제계획에 따라 관리되었고, 단위별로 농업생산에 필요한 농기구 같은 생산요소를 공급하는 역할을 하였다. 개혁이 시작된 뒤 인민공사의 문제를 개혁하고자 중앙과 국무원은 1983년 10월「정

12 향진정부의 기원에 대해서는 김광억 외(1996). 향진기업 발전에서 지방정부의 역할에 대해서는 이근·한동훈·정영록(2005), 265~266쪽; 이정남(2000. 12, 2000. 11); 이주형(2003. 6) 등 참조.

사분리를 통한 향정부 건립 실행에 관한 통지」[13]를 내놓았다. 이 「통지」는 인민공사제도를 폐지하고 대신 향정부와 향 인민대표회의를 세웠다. 그 결과 당-정-경 일원체제가 분리되어 이념 측면은 향진 당위원회가 담당하고, 향진정부는 행정 서비스를 담당하며, 향진기업에 대한 관리 같은 경제 업무는 향진정부와 총공사가 담당하게 되었다. 하지만 이들 경제조직은 사실상 향진정부의 통제 하에 있는 기업화된 관료조직에 불과했다. 따라서 이 경제조직은 향진기업과 농민의 경제 활동을 직·간접적으로 관리할 뿐 아니라 스스로 영리 활동에 종사함으로써, 행정조직이자 경제조직인 이중적 성격을 갖게 되었다. 이처럼 한정된 자원으로 가능한 최대의 산출물을 얻어야 하는 중앙정부가 향진집단기업의 통제권을 주민들에게 직접 부여하기보다는 향진정부에 부여함으로써 더 양호한 결과를 얻을 수 있었다.[14]

개혁 이전 중국 농촌은 인민공사-생산대 시스템으로 조직되었고, 한 개의 현(縣, county)은 보통 8~15개의 공사로 구성되었다. 그런데 1980년대 초 농촌 지역에서 농가생산책임제가 확산되면서 생산대 경제는 곧바로 붕괴되었다. 1984년까지 농촌 지역에서 인민공사와 생산대는 사라지고, 향(鄕, township)과 진(鎭, village)이 그 자리를 대체했는데, 향과 진은 경제조직이 아니라 행정조직의 성격이 강했다. 향은 대개 규모나 인구 면에서 인민공사보다 작았는데, 그 이유는 작은 규모가 개별 농가를 지원하는 데 더 효율적이었기 때문이다. 또한 향 조직 아래에는 진뿐 아니라 진과 유사하지만 상대적으로 낮은 촌

13 中共中央, 國務院, 「關于實行政社分開, 建立鄕政府的通知」(1983. 10. 12) http://jintian.cidianwang.com/10-12/198313253.htm

14 이근 외(2005), 266쪽.

(村)조직이 있는데, 진과 촌은 경제 수준이 아니라 일반적으로 인구 규모에 의해 구분된다. 중국 북부 지역에서 진은 큰 자연 촌락과 일치하는 경우가 흔했던 반면, 인구가 많은 남방 지역에서 진은 인접한 소규모 자연 촌락을 인위적으로 조합한 경우가 많았다.[15)]

농촌 지역의 행정조직은 현-향-진-농가의 4단계 조직인데, 이중에서 현과 향은 정부 권위를 행사하는 최하위 행정조직이며, 진과 농가는 주민의 자치조직의 성격이 짙다. 그리고 향촌에 입지한 기업의 재산권 구조에서 이중적 대리인 성격을 지닌 지방정부나 지방 지도자는 행정조직과 자치조직의 중간에 위치한다. 향에는 두 종류의 공직자가 존재하는데, 하나는 향 지도자와 주민 대표로서, 이들은 향정부 간부로 선출되어 모든 행정 사무를 담당한다. 향의 또 다른 공직자로는 공산당 간부가 있다.[16)] 향에 관한 실질적인 통제권은 향 지도자들이 아니라 향의 당 서기에게 있는데, 그 이유는 지도자들 대부분이 향 당서기가 지도하는 당 위원회 구성원이기 때문이다. 향의 공산당 간부 대부분은 당 위원회가 지명하며, 향의 당 서기는 상위 당조직이 임명하고, 향정부 공직자들은 향정부 급여 기금에서 공식적인 보수를 받는다.

1987년에 나온 「촌민위원회조직법」[17)]에 의하면 촌민위원회는 행정 촌의 권위 있는 공식 조직이다. 촌민위원회는 공식 정부 행정조직이라기보다 촌민의 자치조직이다. 농업에 기반을 둔 향촌 지역에서 촌민위원회의 권력과 영향력은 산업화된 지역보다 상대적으로 약하며, 하급 당조직이 실질적인 권위

---

15 H. Y. Chen(2000), p. 25.
16 H. Y. Chen(2000), pp. 25~26.
17 「村民委員會組織法」(1987)(www.baidu.com, 2011-11-11).

를 갖는다.[18] 촌에서 지도자와 당 서기라는 두 핵심 직위를 다양한 관련 조직에서 분점하는 경우도 없지 않으나 한 사람이 장악하는 경우가 일반적이다.[19] 촌 지도자들은 향정부 공직자와 달리 대부분 농민 신분을 유지하는 주민으로서, 정부로부터 공식 보수는 받지 않고 향정부나 촌민위원회로부터 약간의 보조금을 받는다. 그리고 진정부 간부가 향정부의 상위 직위로 승진하면 정식 국가 간부가 될 수 있으나, 그 반대의 경우는 매우 드물다. 이러한 이유 때문에 향촌 지도자들은 정부의 대리인이면서 동시에 지역 주민의 대리인이라는 특수한 위상을 갖는다. 지방 공동체가 다른 공동체나 상위 행정조직과 갈등을 빚을 경우 향촌 지도자들은 공동체의 이익을 대변하고 협상한다.

개혁이 진전되면서 지방조직에 더 많은 경제적 자율권이 부여되었다. 이에 따라 많은 지방 지도자들은 향과 진에 입지한 기업의 발전에 관심을 갖게 되었고, 외부로부터 지역의 이익을 보호할 동기도 갖게 되었다. 이렇게 볼 때 지방 지도자들의 개인적인 이해관계는 공동체의 이해관계와 분리되기 어려움을 알 수 있는데, 이 상황은 향진기업의 재산권 구조 및 지배구조에도 그대로 투영되었다. 따라서 공동체의 대리인으로서 향진 지도자들은 농촌 노동력에게 고용 기회를 제공하고 재정을 확충할 뿐 아니라 경제성과를 높이는 데 지대한 관심을 가질 수밖에 없었다.

엄밀히 말해서 개혁 이후 향진정부는 적어도 세 가지 복합적 위상을 가지고 있었다.[20] 먼저, 향진정부는 국가의 정책집행자로서 국가의 이익에 기여

18 H. Y. Chen(2000), p. 26.
19 W. Pan(1996).

해야 하는 입장이었고, 다음으로는 향촌 사회라는 공동체의 이익을 보호하고 확대해야 하는 입장이고, 이와 동시에 향진정부는 또한 자신의 이익을 추구해야 했다. 첫 번째 위상은 정치 측면의 위상, 두 번째 입장은 행정 측면의 위상, 세 번째 입장은 경제 측면의 위상이라고 할 수 있는데, 향진정부의 이러한 삼중의 위상은 경우에 따라 서로 상충하기도 하였다.

개혁 이전 중국은 전체 인구의 80%가 농민이었고 농촌 노동력의 40%가 일인당 4무(畝)[21] 이하의 소규모 토지를 경작하였다. 농촌에 과잉 노동력이 존재하고 있음에도 불구하고 호구제도를 통한 노동력 이동의 엄격한 통제는 농촌 노동력의 도시 이동을 제한하였다. 다량의 농촌 인구는 고용 기회를 찾아 이동할 권리를 박탈당했고, 도시 지역과 공업 부문으로부터 배제되었다. 그런데 개혁과 함께 인민공사가 폐지되면서 집단적 생산방식이 빠르게 가족농업을 대체하였는데, 이 개혁 조치는 농업생산에서 농가의 자율권을 강화시켰다. 자율권 확대는 농가의 노동 의욕을 자극하였는데, 그 결과는 농업생산의 대폭적인 증가와 지방의 세수 증가로 나타났다. 그러나 농촌 개혁은 농민의 노동의욕 자극, 농업 생산성 향상, 농업생산 급증 같은 긍정적인 효과뿐 만이 아니라 농촌 지역의 심각한 실업 문제를 유발하기도 했다. 농촌의 대규모 과잉 노동력은 취업 기회를 찾아 농촌을 떠나려는 강한 유인을 갖고 있었으나, 차별적인 호구제도와 국유 부문의 잉여 노동력 흡수능력 부족으로 인해 욕구를 해소할 수 없었다. 이때 점증하는 농촌의 실업압력을 완화하기 위해 향진 지도자들은 고용 기회를 창출해야 했는데, 바로 향진기업이 문제 해결

20 이근·한동훈·정영록(2005), 275~281쪽 참조.
21 1무는 666.67m^2이며, 평수로는 약 202평 정도이다. 따라서 4무는 810평이자 약 0.27ha에 해당한다.

의 열쇠였다.

향진기업이 발흥하던 개혁 초기에 중앙정부는 자원 및 상품 시장에서 향진기업과 국유기업의 경쟁을 우려하여[22] 향진기업을 차별하였다. 그러나 향진기업은 이러한 조건 속에서도 향촌정부와 지도자들의 지원에 힘입어 빠르게 성장할 수 있었다. 향진기업이 급성장하면서 농촌 과잉 노동력 문제 해소에 상당한 기여를 하게 되자, 중앙정부가 향진기업의 중요성을 인정하였고,[23] 1980년대에는 향진기업 발전을 지원하기 위한 중앙정부 차원의 각종 결정과 정책을 내놓았다. 시간이 흐르면서 취업 기회 창출이라는 향진 지도자들의 책무는 점차 주민소득 향상과 생활수준 제고라는 목표로 전환되었는데, 이 새로운 목표는 지방 지도자들의 우선적 목표로 자리 잡았다. 이처럼 향진 지도자들의 이해관계는 향진기업 발전과 여러 측면에서 부합하였는데, 그들은 향진기업을 자신의 기업처럼 인식하였다. 이미 지적한대로 향진 지도자들에게 고용 이외의 중요한 목표는 경제적 목표였다. 경제적 목표는 경제성장을 의미하는데, 경제성장은 구체적으로 지역 주민의 소득 수준 향상 및 정부의 재정확충과 직결되었다. 각급 정부는 성장목표를 달성하기 위해서 그들의 권한 내에서 성장목표를 정했다. 향진 지도자들에게 정해진 목표의 달성은 자신의 정치적 이미지 및 승진 등 정치적 성공과도 연관되어 있었다.

향진 지도자들에게는 경제적 목표뿐 아니라 비경제적 목표도 있었다.[24] 지역에 따라 구체적인 목표는 달랐으나, 비경제적 목표에는 대체로 세 가지

22 『中國鄉鎮企業年鑑(1978-1987)』, 1쪽.
23 H. Y. Chen(2000), p. 30.
24 S. Rozelle(1994); S. Whiting(1995).

가 있었다. 첫째는, 정치적 통제와 당 건설 및 범죄율 같은 사회적 이슈 관리, 둘째는 의무교육 완수율과 지방 인프라 건설 같은 문화 및 공공 사업, 셋째는 가족계획 구현 등이다. 그리고 비경제적인 목표는 경제적 목표와 마찬가지 의미가 있었음에도 불구하고, 지방 지도자들은 흔히 비경제적 목표의 완수보다 경제적 목표 달성을 우선시하였다. 왜냐하면 비경제적 목표를 달성하기 위해서는 경제적 성과가 뒷받침되어야 했기 때문이다.

이 밖에도 지방 지도자들로 하여금 향진기업의 발전을 이끌 수밖에 없도록 한 또 다른 요인도 있다. 이 요인은 크게 재정체제 개혁,[25] 간부 평가 시스템,[26] 그리고 지도자의 개인적 이득 등 세 가지로 정리할 수 있다.

먼저, 재정체제 개혁은 향진 지도자들로 하여금 향진기업을 적극적으로 지원하게 하였다. 재정체계 개혁이란 중앙이 모두 거둬들이고 배분하는 전통적인 통수통지(統收統支) 재정운영 방식으로부터 지방재정책임제로의 전환을 가리킨다. 재정체계 개혁과 함께 자기자금 조달의 의무를 짊어진 지도자들은 성과기준에 도달하기 위해 자금을 조달해야 했으며, 자기자금 조달 의무는 향정부로 하여금 중요한 조세수입원인 향진기업에 대한 의존도를 높였다.

향정부의 재원은 크게 두 가지로 나뉜다. 향정부는 현정부와 다년간의 재정계약을 놓고 협상을 하였고, 합법적인 범위 내에서 조세를 징수하여 상급정부에 상납하였다. 이때 현정부는 향정부에게 다음 연도를 위해 일정한 비율의 '예산 내 예산 자금' 유보를 허용하였다. 이렇게 해서 조세수입의 일정부분이 향정부에 유보되었다. 또한 현정부는 향정부에 연간 예산 기금을 허

25 J. C. Oi(1992); S. Whiting(1995) 참조.
26 S. Whiting(1995) 참조.

용하였는데, 이 자금이 모아져 향정부의 '예산 내 수입'을 구성하였다. 또 다른 수입원은 '예산 외 수입'으로 불리는 수입과 자체조달 자금이다. 이중 자체조달 자금의 대부분은 기업에서 나오는데, 구체적으로는 향진기업의 유보이윤과 행정수입이다. 진소유 기업은 이윤을 진정부에 상납하는 반면, 향소유 기업은 이윤을 촌민위원회가 사용할 수 있다. 또한 농촌기업은 향소유든 진소유든 아니면 개체소유든 모두 비용을 납부하도록 하였는데, 이 부분이 지방정부의 자체 자금이 된다.

향진정부와 주민은 사실상 향진기업에 대해 소득권을 보유한 존재라고 볼 수 있다. 이는 향진집단기업이 창출한 이윤은 향진정부와 주민이 공유한다는 의미이다. 하지만 향진정부와 주민이 공유하는 기업의 이윤에 대한 권한은 지역 주민이 향진집단기업의 성과를 금전 형태로 보상받는다기보다는 사회 간접투자 형태로 보상을 받는다는 뜻이다. 따라서 지역 주민들의 기업 이윤에 대한 권한은 이익의 규모나 세후 이익의 처분에 대한 권한이 아니라는 점에서 단순한 소득권일 뿐 잔여청구권(residual claim)은 아니다.[27]

1992년 이후 일부 지역에서 향진기업의 조직 형태로 '임대제'가 도입되었는데, 이후 기업 임대료도 향정부의 자체조달 자금의 중요한 재원이 되었다.[28] 자체조달 자금과 달리 주로 공동 사업단위에서 나오는 '예산 외 수입'은 일반적으로 직접세나 간접세로 분류되지 않았다. 주로 장애인을 고용한 사회복지 공장과 일부 도시 학교에 합병된 학교가 운영하는 공장은 공동 사업단위의 핵심이다. 1990년대 초 이후 향정부의 총수입에서 점하는 예산 외

27 이근·한동훈·정영록(2005), 273쪽.
28 H. Y. Chen(2000), p. 33.

수입의 비율이 증가하였다.[29] 진기업은 진정부 수입의 가장 중요한 재원으로서, 기업은 이윤 여부에 상관없이 정부에 다양한 비용을 납부하였고, 또 세후 이윤의 일정 부분을 진 지도자를 위한 보조금이나 공공관계 비용 지출에 사용하도록 진정부에 상납하였다. 모든 향 지도자와 간부들은 정부로부터 급여를 받는데, 이 급여는 정부 수입에서 나온다. 또한 지방 지도자들은 지역 인프라 구축, 농업생산 지원, 지역의 문화 및 복지 시설 확충 같은 다른 사업을 위해 필요한 자금 이상의 자금을 필요로 하였기 때문에 향진기업은 중요한 자금원이었다.

두 번째, 간부 평가 시스템이 향진 지도자들로 하여금 향진기업 발전에 적극적으로 나서게 하였다. 간부 평가 시스템은 지방 지도자들이 향촌경제뿐 아니라 사회적·정치적 환경도 책임지도록 설계되었다. 간부 평가 시스템은 지방 지도자들의 행위에 강력한 영향을 미쳤고, 간부로 하여금 지역에 입지한 기업의 성장을 촉진함으로써 수입을 극대화할 유인으로 작용하였다. 이들의 성과는 승진 기회, 재임 기간 등과 연계되어 있기 때문에 향 지도자들은 평가기준[考核指標]에 매우 민감하였는데, 특히 직위 유지와 승진은 향 지도자들의 주요 관심사였다.[30] 이 밖에도 교육, 공공질서 및 농업 자본 건설 같은 공공재의 공급도 간부의 성과를 평가하는 중요한 요소이다. 향 지도자의 모든 성과는 총점으로 반영된다. 향 지도자들은 국가 급여대장에 근거해서 기본급을 받았고, 간부 평가 결과는 상여금에 영향을 미쳤는데, 상여금은 소득의 가장 큰 부분이다.[31] 이처럼 지방 지도자들의 성과는 그들의 소득과 승진 양 측

29 H. Y. Chen(2000), p. 34.
30 S. Whiting(1995) 참조.

면과 연계되어 있었다. 이렇게 볼 때 향 지도자의 성과에 영향을 미치는 직접적이고 중요한 요소는 향진기업의 성장일 수밖에 없다.

진 지도자들은 향 지도자들과는 다른 평가 시스템을 적용받았다.[32] 이들은 정식 공무원이 아니며 향정부로부터 급여를 받지도 않기 때문에, 평가기준은 정치적 승진보다는 주로 소득과 연계되었다. 향정부가 설정한 진 지도자들의 평가기준에는 문명건설(文明建設) 같은 세밀한 내용이 포함되었는데, 문명건설 사업은 가족계획, 불법행위 통제, 취학연령 아동의 취학, 그리고 진 지도자들과 당원들의 당 훈련 참여 등으로 구성된다.[33] 진 지도자들에 대한 보조 기금 총액은 매년 경제성과에 근거해서 향정부의 동의를 받는다. 이 기금의 일정 부분이 진 지도자들을 위한 기초보조(基本補貼) 기금이 되는데, 보조 기금의 규모는 진의 규모와 지도자의 직위에 따라 결정된다. 그리고 이 기금의 나머지 부분이 성과와 연계된 장려 기금(獎勵基金)이다. 보조 기금은 주로 두 가지 재원에서 나오는데, 하나는 진기업의 이윤이고 다른 하나는 주민으로부터 징수한 여러 가지 비용이다. 따라서 진기업의 이윤이 많을수록 보조 기금도 증가할 뿐 아니라 지도자와 주민 간의 갈등도 줄어든다. 이처럼 기업의 존재와 성장이 매우 중요하였기 때문에, 지방 지도자들은 기업보다는 농민으로부터 각종 잡비와 벌금을 장수하고자 했는데, 이 점이 농민의 부담을 가중시키는 경우가 많았다. 진 지도자들 중에는 우수한 성과에 힘입어 향정부의 정식 공무원으로 승진할 기회를 얻는 경우도 있었다. 이러한 평가 시

31 S. Whiting(1995) 참조.

32 예를 들어서 총점의 80% 이하를 받은 진 지도자들은 장려금이 없었고, 100% 이상을 받으면 향정부로부터 초과 장려금을 받았다. H. Y. Chen(2000), p. 39.

33 H. Y. Chen(2000), p. 39.

스템 때문에 지방 지도자들은 다른 지방보다 상대적으로 더 우수한 성과를 내기 위해 혁신적으로 행동할 유인을 갖는다. 그러나 지방 지도자들의 성과에 대한 집착은 다른 한편으로 통계 조작이나 과장 같은 결과를 낳음으로써 통계의 신뢰를 떨어뜨리는 요인이기도 하였다.

세 번째로, 개인적인 이득도 지방 지도자들이 향진기업 성장을 적극적으로 지원하게 한 요인이다. 지방 지도자에 대한 보상은 상당 부분 향진기업의 성장에 의해 결정된다. 그러나 이 부분은 지방 지도자들의 소득의 기본적이고 공식적인 부분에 불과하다. 그들에게는 이 밖에도 향진기업의 성장에 따라 생기는 다양한 부수입과 개인적 이득도 있다.[34] 그중 첫 번째가 지방정부 수입에 기초한 특별 복지 프로그램으로서, 주택의 특혜 배분 같은 것들이 대표적이다. 두 번째 특혜는 여행이다. 많은 지방 지도자들은 향정부나 진의 비용으로 비즈니스 여행, 산업시찰, 연구 방문 같은 명목으로 국내외를 여행할 수 있다. 세 번째 혜택은 향진기업이 생산한 소비재에 대한 특가 또는 무료향유 기회이다. 끝으로, 무료 식사, 고가 선물, 향진기업이나 기업관리자로부터 빌린 사치품의 사용, 조세 특혜의 대가로 받는 현금, 토지나 신용 특권 같은 것을 들 수 있는데, 이 부분은 줄곧 비판의 대상이었다.

3) 지방정부의 대리인: 기업관리자

이상에서 우리는 향진정부와 지도자가 향진기업의 경제성과에 중요한

---

34 H. Y. Chen(2000), p. 41.

기여를 했으리라는 점에 초점을 맞춰 논의를 전개해 왔다. 그런데 향진정부와 지방 지도자들이 향진기업 성장에 깊은 관심을 갖는 요인에는 내적 유인 외에도 감독체계라는 외적 요인도 있다. 향진정부는 주민의 감독뿐 아니라 중앙정부와 상급 정부의 통제 하에 있었는데, 이 이중의 감독체계는 향진정부로 하여금 향진기업을 적극적으로 지원하게 하였다. 그런데 향진기업의 성과에 긍정적인 영향을 미쳤을 것으로 예상되는 특수한 재산권 및 지배구조를 이해하는 데 있어서는 '기업관리자'라는 또 다른 실체에 대한 설명이 필요하다. 향진기업의 발전은 향진정부의 특수한 위상뿐 아니라 향진정부와 관련을 맺고 있는 향진기업 관리자의 독특한 역할 측면에서도 이해할 수 있기 때문이다. 주민의 대리인인 지방정부로부터 기업에 대한 관리통제권을 위임받은 기업관리자는 기업의 재산권 및 지배구조에서 특수한 위상을 점한다.

지방정부가 향진기업 발전을 이끌 유인이 충분하고, 현실적으로 향진기업을 지원할만한 자원을 보유하고 있으며, 자원을 충분히 활용하여 향진기업 발전을 지원했음에도 불구하고, 사실 향진기업 운영이 지방정부가 추구할 유일한 목표는 아니다.[35] 지방정부는 향진기업 운영 이상의 의무를 지고 있는데, 그것은 바로 행정사무, 공공재 공급, 정치적 안정과 공공질서 유지, 다른 경제 부문의 성장 등이다. 지방 지도자들은 다양한 의무를 지고 있기 때문에 향진기업 운영으로부터 어느 정도 거리를 두려는 유인도 동시에 갖는다. 1980년대에 접어들면서 향진기업이 수나 규모 면에서 빠르게 성장하면서 지방 지도자들이 기업의 운영과 관리에 전념하기도 사실 어려웠다. 이에 따라 지방

35 H. Y. Chen(2000), p. 76.

지도자들은 기업의 운영과 감독을 책임질 전문 관리인이 필요했는데, 이들이 '기업관리자'이다.

지방정부 또는 지방 지도자들은 지역 주민으로부터 위임받은 기업통제권을 다시 기업관리자에게 위임하게 되었다. 이 과정을 통해서 향진기업의 재산권 및 지배구조에는 지역 주민과 지방정부 간의 '일차 주인-대리인 관계'에 이어 지방정부와 관리자 간의 '이차 주인-대리인 관계'가 형성되었다. 지방정부로부터 통제권을 위임받은 관리자들은 향진기업의 운영에 가장 구체적이고 직접적인 역할을 하였다. 1980년대 후반까지 향진기업 관리자의 주요 공급원은 하급 공동체 정부의 간부, 집단소유 향진기업의 전직 임원, 국유기업 근무 경력이 있는 주민, 그리고 기타 비즈니스 경력이나 특별한 기능을 가진 농민 등이었다.[36] 다시 말해서, 향진기업의 관리자는 다양한 전문 분야에서 경력을 쌓은 유능한 농촌 주민에서 나왔다.[37]

향진기업 소유자는 사업의 방향과 틀을 결정하고, 관리자의 선택·선출 방법을 결정하며, 세후 이윤의 소유자-기업 간의 분배율을 결정할 수 있을 뿐 아니라, 합병, 재배치, 조업중단, 폐쇄, 파산신청 등 다양한 결정권을 갖고 있다. 왜냐하면 기업의 자산은 법률적으로 향진정부나 상급 정부가 아니라 향진 주민에게 속하기 때문이다. 그러나 집단소유 기업은 소유권이 분산되어 있기 때문에 모든 법적 소유자의 직접적인 통제 하에 운영될 수 없었으며, 주민들은 기업에 대한 실질적인 통제권을 향진정부에게 위임할 수밖에 없었다.

36 W. Byrd and Q. Lin, eds.(1990), pp. 180, 198.
37 조사에 의하면 향진기업 관리자들은 일반 농촌 주민들보다 교육 수준이 높고 경험이 많으며, 당원으로서 지방정부에 의해 임명된 남성이 대부분이었다. H. Y. Chen(2000), pp. 77~79.

이렇게 볼 때 집단소유 향진기업과 국유기업의 재산권 구조는 소유권이 다수에게 분산되고 통제권이 정부에게 위임된다는 점이 유사하다.

다른 측면에서 보면, 소유제가 국공유라는 점에서 집단소유 향진기업과 국유기업은 유사하지만, 양자의 재산권 구조에는 차이점도 있다. 집단소유 향진기업의 재산권 구조는 지방정부가 통제권을 가진 공적 대리인이라는 점, 소유권이 소수에게 분산된다는 점에서 국유기업과 다르다. 이 차이는 향진기업 대리인의 책임이 국유기업보다 더 명확할 뿐 아니라 대리인 비용을 상대적으로 더 절약할 수 있게 한다. 일반적으로 지방정부는 중앙정부보다 이윤극대화 목표 이외의 목표에 크게 관심을 갖지 않으며, 정치적 명령이나 이념적 통제에 덜 민감하다. 고용 기회의 제공이라는 과제에 있어서 지방 지도자들은 주민들로부터 더 직접적인 압력을 받기는 하지만, 법적인 범위 내에서 중앙정부와 달리 전체 인민이 아니라 해당 지역 노동자들에게 의무를 진다. 이 점은 향진기업의 운영과 관련해서 소유자의 목표와 대리인의 목표가 일치하는 부분이다. 이러한 요인 때문에 향진기업이 성장하면서 연해 농촌 지역은 완전고용을 이루었고 일부 지역에서는 노동력 부족 현상이 발생하기도 했다.[38]

향진기업의 재산권 구조가 국유기업과 다른 또 다른 부분은 재산권이 작은 집단에 분산되어 있다는 점이다. 향진정부는 상급 기관의 직접적인 감독과 규제 하에 있고, 이들의 성과는 직접 소유자들에 의해 관찰된다. 그리고 이러한 제도적 장치는 소유자들이 지방 지도자들의 행위를 감독할 효과적인 수

38 H. Y. Chen(2000), p. 51.

단을 제공한다. 향진기업의 성과는 지방 지도자를 평가하는 중요한 기준이며, 상급 기관의 직접적인 감독과 규제는 지방 지도자들이 이윤을 배분할 때 권력 남용을 방지하는 데 도움이 된다. 지방 지도자들의 성과는 현재의 지위나 미래의 승진에 직접적인 영향을 미치고, 지역 주민은 지방 지도자들의 성과가 불만족스러울 경우 교체할 수 있다. 이처럼 상급 기관에 의한 위로부터의 감독과 소유자인 주민의 아래로부터의 감독이라는 이중의 감독기제는 지방 지도자들로 하여금 주민의 이익을 먼저 생각하지 않을 수 없게 하였다. 지방정부가 기업관리자에게 통제권을 재위임하는 경우가 흔하기는 하지만, 그렇다고 해도 지방정부와 지방 지도자들의 향진기업 성장에 대한 관심은 크게 달라지지 않는다. 이 점이 바로 개혁 이후 국유기업보다 향진기업의 활동이 왕성했고 경제성과도 우수했던 사실을 설명해 주는 중요한 요소 중 하나이다.

집단소유 향진기업의 소유권자인 향촌 주민은 법적인 주인이고, 공적 기업가인 지방정부 지도자들은 실질적인 주인이며, 통제권을 재위임 받은 경영자는 기업관리자로서의 역할을 한다. 이들 삼자 간에는 '주민-지방정부'라는 일차 주인-대리인 관계와 '지방정부-관리자'라는 이차 주인-대리인 관계로 얽혀 있으며, 재산권 구조 측면에서는 이중 재산권 구조(two-tier property right)를 보인다. 법적 주인인 향촌 주민은 지방정부에 대해서 잔여수익청구권을 포함한 기업 통제권을 위임한다. 지방정부는 주민들에게 공공재와 서비스를 공급하고, 농산물을 지원하며, 복지를 제공할 뿐 아니라 재투자를 수행한다. 기업의 실질적 소유자인 지방정부는 기업관리자로부터 이윤, 임대료나 기타 비용, 조세 등의 형태로 수입을 얻는다. 또한 지방정부는 운영계약을 통해 기업관

그림 3-1 향진기업의 이중 재산권 구조

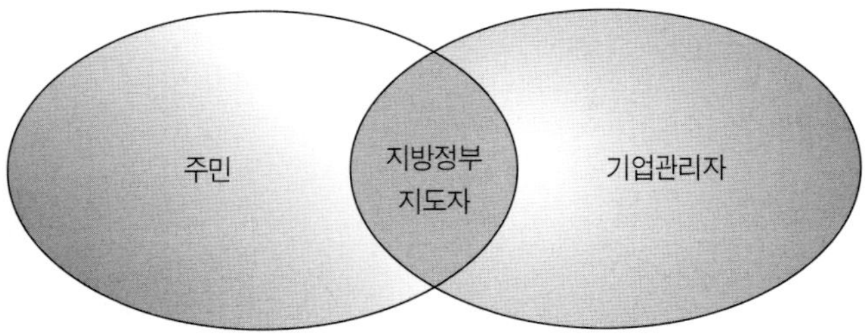

리자에게 기업관리권과 경제적 보상을 허용한다. 그리고 기업관리자는 직접 기업을 운영하면서 주민들에게 고용과 소득을 제공한다. 향진기업의 재산권 및 지배 구조를 둘러싼 주민–지방정부–기업관리자 간의 관계 가운데서 지방정부, 좀 더 구체적으로 지방정부 지도자들은 '주민의 대리인'이면서 다시 그 권한의 일부를 기업관리자에게 위임한다. 여기에서 지방정부 지도자들은 사실상 '정부의 대리인'이면서도 기업관리자의 주인인 좀 복잡한 위상을 점한다. 향진기업을 둘러싼 주민–지방정부 지도자–기업관리자 간의 관계를 시각적으로 정리한 것이 〈그림 3-1〉이다.

이제 이상의 논의를 정리해 보자. 개혁이 시작된 뒤 향진기업이 보여준 큰 성과는 관찰자들의 관심을 끌기에 충분하였는데, 특히 지방정부와 지도자의 특수한 역할이 주목된다. 향진기업은 개혁 초기부터 중기까지 경이적인 성장을 이루었고, 적어도 1990년대 중반까지는 중국 경제 성장을 이끄는 중요한 엔진이었다. 그리고 이러한 기여를 인정받아 비국유 부분이 사회주의 경제를 구성하는 요소라는 법제도의 진화를 이끌어내기도 하였다. 그렇다면 집단소유 향진기업의 재산권 구조는 사회주의 체제의 비효율을 극복할 수 있는 어떤 요소를 지니고 있지 않을까 하는 의문이 든다. 향진기업의 조직구조에 대한 여러 연구들은, 집단소유 향진기업이 명목상 주민소유로 되어 있고, 지방 지도자들의 직접적인 통제 하에 있다는 점을 밝혔다. 이러한 연구 결과들은 집단소유 향진기업의 재산권 및 지배구조 문제에 대한 논란을 야기하기도 했다.

제도경제학에 따르면 명확한 재산권 구분은 시장 기제가 잘 기능하고 경제번영을 이루기 위한 선행 조건이다. 이 주장에 따르면 사회주의 체제개혁사회가 개혁과 발전에 성공하기 위해서는 재산권 구분을 명확히 해야 한다. 급진적 개혁을 옹호하는 학자들은 중앙계획경제로부터 분권화된 자유시장경제로의 이행이 성공하려면 빠른 사유화가 중요하다고 조언한다. 그런데 향진기업은 사유화와는 다른 특수한 재산권 및 지배구조를 가지고 있음에도 불구하고 양호한 경제성과를 연출했다.

이처럼 향진기업의 발전을 이해하는 데 있어서 지방정부와 지도자의 역할과 위상은 매우 독특한데,[39] 단순화시켜서 말한다면 지방정부와 지방 지도자들은 향진기업의 실질적인 소유자 역할을 하였다고 볼 수 있다. 향진기업 성장에서 보여준 지방정부의 위상과 역할은 경제발전 모형을 논하는 데 있어서 중국의 사례를 다른 나라와 구분하게 해주는 요소가 될 수 있다. 중국 농촌 지역에서 특수한 지방정부의 역할은 자본주의 개도국뿐 아니라 다른 사회주

---

39 향진기업의 발전 과정에서 지방정부의 역할에 초점을 맞춘 연구는 W. Byrd and Q. Lin(1990); J. C. Oi(1992, 1996); W. Pan(1996); J. Che and Y. Qian(1998) 등 참조.

의 체제개혁 경제와도 대조된다. 그런데 이러한 설명에도 불구하고 적어도 "1990년대 초반까지 집단소유 향진기업의 성과가 어떻게 재산권 측면에서 더 양호한 사기업을 앞설 수 있었느냐?"하는 의문은 여전히 남는다.[40)]

3. 향진기업 재산권 구조 개혁과 효과

1) 재산권 구조와 소유제 개혁

개혁개방이 선언된 뒤 중국 경제의 성과는 중국 내외의 예상을 뛰어넘었다. 이러한 가운데 중국 사회는 1980년대 말 과열로 인한 급격한 물가상승과 부정부패가 화근이 되어 사회적 혼란을 겪었고, 2년 동안 심각한 경기침체를 경험하였다. 그러나 1992년 덩샤오핑의 남순강화를 전기로 10월의 공산당 대회는 '계획 있는 상품경제' 단계로부터 '사회주의 시장경제' 시대를 내걸면서 이전의 소극적인 개혁으로부터 적극적인 개혁으로의 전환을 선언하였다. 이

40 1990년대 초까지 왜 사기업의 성과가 향진기업을 앞서지 못했는지를 살펴보기 위해서는 집단소유 향진기업에서 논의의 초점인 지방 지도자의 역할에 대한 이해가 필요하다. 많은 연구들은 지방 지도자들이 향진기업 발전에 중요한 기여를 했다고 주장한다. 그러나 이러한 설명만으로 집단소유 향진기업의 사기업을 능가하는 경제성과를 잘 설명하기는 어렵다. 집단소유 향진기업과 국유기업의 성과를 비교할 때 우리는 국유기업이 개혁되지 못한 채 경영의 유연성을 발휘하지 못하는 상황에서 향진기업의 경영이 상대적으로 우위에 있었다고 이해한다. 마찬가지로 1990년대 초까지 사기업은 대부분 소규모였고, 여러 요인으로 인해 국내시장에서조차 경쟁력을 확보하지 못한 반면, 집단소유 향진기업은 자금, 토지, 관리기술, 인력, 에너지 등 여러 측면에서 지방정부의 지원을 받을 수 있었다. 이러한 점이 경쟁력이 되어 집단소유 향진기업으로 하여금 양호한 성과를 낼 수 있게 하였다고 보는 편이 더 합리적이다. 향진기업 재산권 구조에서 지방 지도자들의 특별한 위상에 초점을 맞춘 연구로는 W. Byrd and Q. Lin(1990); C. Chang and Y. Wang(1994); V. Nee(1992); J. C. Oi(1992) 등 참조.

는 곧 개혁의 심화를 의미했는데, 이를 계기로 장기간 경영부실 상태에 있던 국유기업을 포함하여 비교우위의 한계에 직면한 향진기업의 재산권 구조 개혁,[41] 나아가서는 소유제 개혁도 시도되었다.

당시 농촌 개혁은 이미 거의 마무된 상태였기 때문에 중앙정부의 개혁 심화의 주 대상은 기업 개혁이었다. 기업 개혁은 크게 국유기업 개혁과 향진기업 개혁으로 나눌 수 있다.[42] 개혁이 선언된 뒤 국유기업을 개혁하기 위한 다양한 개혁 조치들이 시도되었으나 경영방식에 대한 개혁 조치들이 대부분 있었으며, 이 조치들 대부분은 이렇다 할 성과를 보지 못했다. 중앙정부가 시도한 국유기업 개혁 조치로는 이윤유보, 이윤계약, 경영책임제 등을 들 수 있는데, 주요 개혁 방향은 경영 자율권 확대와 소유-경영 분리였고, 본질 수준의 개혁인 재산권 구조 또는 소유제에 대한 개혁은 거의 시도되지 않았다. 국유기업 개혁은 "큰 것은 쥐고 작은 것은 놓는다"(抓大放小)는 개혁 방침 아래 진행되었기 때문에 다수가 중앙정부 소유로 된 중대형 기업 개혁은 형식적인 수준에 머물 수밖에 없었다. 그러다가 개혁 심화 단계에 접어들어서 소유제, 재산권 구조와 관련된 주식회사제(股份制)가 관심의 대상으로 떠올랐다. 하지만 여전히 이념적 관성이 온존하는 가운데 자본주의적인 제도로 인식되던 '주식회사제'를 직접 내세우는 데는 정치적인 부담이 있었다. 이에 따라 주식회사화라는 용어 대신 국유기업을 현대적인 기업으로 전환한다는 의미에서 회사화(공사화, 公司化)라는 용어를 사용하였을 뿐 아니라 국가가 대주주 위상을 견지하고자 했다. 회사화라는 이름 하에 추진된 주식회사제 도입은 경영

41 향진기업 재산권 개혁에 대해서는 이근·한동훈·정영록(2005), 298~304쪽; 정환우(2004) 등 참조.
42 이근(1996. 9), 1, 6, 7장; 堀口正(2004), 56~57쪽.

의 자율성 확대와 소유-경영의 분리 효과를 노린 것이다.

기업 개혁의 또 다른 대상은 개혁개방 이후 고성장의 엔진 역할을 해 온 향진기업이었다. 이미 보았듯이, 국유기업 개혁이 부진한 가운데 향진기업이 빠르게 성장하였고, 향진기업의 성장은 중국 경제의 고성장을 이끌었다. 그런데 1990년대 중반이 지나면서 향진기업의 성장이 점차 정체되었는데, 이에 따라 기업개혁 단계에서 향진기업도 개혁에서 예외일 수 없었다. 시장화가 심화되면서 향진기업의 성장에 순기능을 했던 요소들이 발전의 걸림돌로 작용했는데, 특히 집단소유 향진기업[향촌기업]의 성장세 둔화가 두드러졌다. 향촌기업이 당면한 내외적 문제 가운데서 가장 큰 문제는 불분명한 재산권 구조였다. 이에 따라 향진기업 개혁이 시도되었는데, 개혁은 처음에 주식제합작제(股份合作制), 주식제 등을 중심으로 한 재산권 구조 개혁 단계로부터 점차 소유권 매각 같은 사유화 방향, 그리고 다른 한편으로는 지방정부의 지나친 간섭 배제 두 방향으로 진행되었다.

향진기업을 소유제 측면에서 보면 집단소유 기업 외에도 몇 가지 다른 소유 형태 기업도 공존한다. 향진기업의 성장 과정을 살펴보면, 1984년부터 개체기업 수가 급증한 사실을 확인할 수 있는데, 그 이유는 이전에 개체호나 사영기업이 없었기 때문만이 아니라 통계방식이 달라진 데도 원인이 있었다.[43] 개혁 초 집단농장이 해체되면서 일부 집단기업의 자산이 개인에게 분배 또는 매각되는 과정에서 사대기업이 사기업으로 전환된 경우가 있었다. 그러나 농촌 개혁 초기에 사기업은 향진기업 통계에서 제외되었기 때문에, 1984년을 기

43 김시중(1998), 498~499쪽.

점으로 이전에는 향진기업의 수가 과소평가되고 이후 통계에서는 과대평가된 측면이 있다.[44] 하지만 1980년대 중반 헌법이 비국공유 경제를 인정하면서 개체호를 포함한 사영기업의 증가가 탄력을 받았다는 사실이 중요하다. 1990년대 중반을 지나면서 주식합작제의 도입과 지방정부의 지나친 간접 배제를 핵심 방향으로 삼은 개혁이 빠르게 확산되었는데, 이 현상은 특히 향진기업 발전이 가장 활발한 장쑤, 산둥, 저장 지역에서 두드러졌다.[45] 그 이유는 중국 경제의 고성장을 이끈 주역이던 향진기업의 성장이 이 무렵 한계에 도달하였기 때문이다.

경영책임제에서 더 진전된 재산권 방식은 임대제라고 할 수 있다.[46] 임대제는 1993년 이후 주로 중소형 기업에 대해 실시되었는데, 향진정부가 토지와 자본에 대한 소유권을 보유한 상태에서 이를 기업에 빌려주거나 개인에게 임대하는 방식을 취하였다. 이 제도 하에서 경영자는 경영에 관한 통제권을 거의 인정받고, 임대비용 이외의 잔여수익에 대한 처분권도 보장받았는데, 임대 기간은 보통 6년이다. 하지만 임대제는 기업의 자산을 계산하기 어렵다는 점, 재산권 문제를 완벽하게 해결할 수 없었다는 점 때문에 한계가 있었다.

향촌기업의 재산권을 더 확실하게 한다는 차원에서 가장 먼저 도입된 방식은 주식합작제이다. 이 제도는 1980년대 중반 이후 산둥성 일부 지역의 기업에서 자금 부족 문제를 해결할 방안으로 도입된 뒤 재산권 개혁의 중요한 방안으로 확산되었다. 농업부가 1992년 12월에 반포한 「향진기업 주식합작제

44 김시중(1998), 498쪽.
45 김시중(1998), 507~508쪽.
46 이근·한동훈·정영록(2005), 298~301쪽.

개선에 관한 통지」[47]와 「향진기업 재산권 구조 개혁에 대한 의견」[48]에 의하면, 주식합작제 기업은 주주총회, 이사회 같은 기구를 갖추고 주식 수에 따른 권리와 의무를 갖는 등 주식회사와 유사한 성격을 갖고 있었다. 주식합작제는 대체로 향촌정부와 종업원의 주주화를 핵심으로 한다. 주식합작제는 일종의 협동조합형 주식회사로서 지역에 따라 매우 다양한 형태를 보인다. 주식합작제 기업의 주식은 향촌집단주, 기업주(기업집단주와 종업원 배분주), 개인주(종업원 현금주, 사회 개인주), 국가주, 사회법인주 등으로 분류된다. 주식합작제가 일반 주식제와 다른 점은 향촌집단주나 기업단체주를 개인 지분에 따라 분할 또는 거래할 수 없다는 점이다. 이처럼 국유기업 개혁과 함께 1990년대 중반 이후 단행된 주식합작제와 지방정부의 간섭을 배제하기 위한 향진기업 개혁은, 다른 관점에서 기업의 재산권 구조와 지배구조의 변화를 의미했다.

주식합작제 실시 과정에는 이해당사자 사이의 주식배분과 관련한 여러 문제가 있었다. 첫 번째 문제는 향진정부 지분 처리 문제로, 향진정부 보유분을 '초과배당 무의결주'로 바꾸어 줌으로써, 향진정부의 경영간섭을 배제하는 방법, 향진정부 보유분을 직원들에게 분할해 주는 방법, 향진정부 보유분을 일반에게 경매하는 방법 등이다.[49] 둘째는 주식보유 규모가 다른 직원들에 대한 분배방식의 문제이다. 세 번째는 집단소유제라는 의미에 맞는 농민 주식 배분 여부 문제이다. 넷째는 청부경영 방식의 문제이다. 그러나 주식합

---

47 中華人民共和國農業部, 「關于推行和完善鄉鎮企業股份合作制的通知」(1992. 12) http:// xuewen.cnki.net/CJFD-XQKJ199304015.html

48 中華人民共和國農業部,「鄉鎮企業産權制度改革意見(摘要)」(1994. 4. 1) https:// wenku.baidu.com/view/cc7b630830126edb6f1aff00bed5b9f3f90f72fc.html

49 이근(1996).

작제는 보급의 용이성은 있었으나 외부 자금의 도입을 금지하였기 때문에, 기업의 성장에는 장애가 될 수도 있었다. 또한 여러 형태의 집단주식이 있기 때문에 재산권의 모호성 문제는 해결되지 않은 채 있었다. 이에 따라 주식합작제 대신에 회사제(유한책임공사와 주식유한공사)가 점차 새로운 개혁 형식으로 부상하였다. 사실상 종업원주를 설정하지 않은 기업이 많았고, 주식합작기업으로 개조한 기업도 2차 개조 과정에서 경영자에게 주식을 집중하여 유한책임공사로 전환하기도 하였다. 나아가서 경영자에게 주식을 더 집중하고 국가주, 집단주 등을 철폐함으로써 실질적인 사기업으로 전환하는 사례도 있었다.[50]

향촌기업에 대한 주식합작제와 주식제 같은 수단을 통한 재산권 개혁이 진전되면서 1990년대 중반부터는 사유화가 빠르게 진행되었다. 다시 말해서, 향진기업 개혁의 중점은 초기의 재산권 개혁으로부터 좀 더 본질적인 수준인 소유제 개혁으로 점차 전환되었다. 사유화 또는 민영화 작업을 보면, 향진기업이 집단기업 중심으로 발달한 장쑤성에서는 1998년에 이미 전체의 1/3 이상이 매각을 통해 사기업으로 전환되었다.[51] 전국의 향진기업 중에서 집단기업의 비중은 1991년에서 1998년까지 기업 수로는 7.6%에서 5.3%로, 종업원 수로는 49.6%에서 38.5%로, 생산액으로는 66.5%에서 44.8%로 급락하였다. 개혁과 함께 전체 향진기업 중에서 집단기업의 비중이 급락하였을 뿐 아니라 계속 집단소유 형식으로 남은 주식제 기업과 주식합작제 기업의 자본금 구성에서도 집단자본금의 비중이 지속적으로 감소했다. 집단기업의 사유화는 중앙정

50 서석흥(2001).
51 서석흥(2001).

부와 상관없이 향진정부 차원에서 자발적으로 진행되었다.[52] 시장경쟁 압력이 강할수록 기업의 수익성은 악화되고, 이는 다시 향진재정에 부담이 되기 때문에, 향진정부의 향촌기업 사유화 동기는 더 강해질 수밖에 없었다. 향촌기업 사유화의 특징 중 하나는 대부분의 기업이 내부자, 특히 경영자에게 매각되었다는 사실이다. 이러한 내부자 위주의 사유화는 국유기업의 사유화가 내부자인 경영자에 대한 지분매각을 통해 이뤄지는 현상과 매우 유사하다. 그런데 사유화의 큰 문제 중 하나는 지분매각 가격의 산정인데, 주로 장부가격으로 재평가가 이뤄졌고, 무형자산은 평가에서 배제되었다. 그렇기 때문에 자산재평가 이후에도 대부분의 기업에서 기준가치에 비해 대폭 할인된 가격으로 지분이 매각되었는데, 심지어 80% 이상 할인된 가격으로 매각되는 사례도 있었다. 지분의 저가매각을 통한 집단자산의 유실은 국유기업 사유화 과정에서 내부자에 대한 지분 저가매각으로 인한 자산 유실 현상과 매우 유사하다.[53]

2) 재산권 구조 개혁을 보는 시각

1990년대 중반부터 시작된 향진기업의 재산권 구조에 대한 개혁을 보는 몇 가지 시각이 있다. 왕전(王振)[54]은 1980년부터 1997년까지 거시자료를 기초로 총요소생산성(Total Factor Productivity: TFP)[55]을 분석하였다. 이에 따르면 1993

52 이근·한동훈·정영록(2005), 301쪽.
53 이근·한동훈·정영록(2005), 303쪽.
54 王振(1999).
55 일반적으로 생산은 노동과 자본의 결합을 통해 이루어지는데, 이를 수식으로 표시한 것이 생산

년 이후 총요소생산성 증가율이 하락하였는데, 그 원인으로는 낮은 기술진보율과 규모경제 및 경영관리의 부진, 그리고 재산권 구조 개혁에 따른 설비 갱신 및 기술도입 억제 등이 지적되었다. 이 연구는 1990년대 초 전후 시기를 대상으로 산업별 자료를 이용하였다. 그런데 이와 달리 리와 로잘(Li and Rozelle)[56]은 기업 수준의 자료를 이용해서 향진기업의 재산권 구조 개혁을 분석하였다. 이들은 장쑤와 저장의 15개 현 168개 기업의 1994~1997년의 통계를 분석한 결과, 향진기업의 재산권 구조 개혁은 기술 면에서 효과가 있었으나 경영효율 개선에는 시간이 필요하다는 의견을 제시하였다. 이처럼 향진기업의 재산권 구조 개혁에 대한 평가는 관찰자에 따라 다르다.

다음으로, 개혁의 또 다른 목표인 지방정부의 지나친 간섭 배제의 성과를 보자. 향진기업의 재산권 구조 개혁은 지방정부의 비호 하에서 발전해 온 향진기업이 지방정부와의 관계를 변경 또는 결별하는 과정으로 이해할 수 있다. 지방정부가 지원하고 견인하는 형태의 지방정부-향진기업의 관계[57]는 재산권 구조 개혁 이전까지 법·제도의 미비, 시장의 미발달, 입지상의 불리

함수이다. 이 관계는 $Y=F(L, K)$(L: 노동, K: 자본, Y: 생산량)로 단순화하여 나타낸다. 생산성은 보통 노동자 일인당 또는 노동자 1시간당 산출량으로 측정하는 노동생산성을 의미한다. 생산성이라는 개념은 투입요소를 이용하여 효율성을 나타내는 척도로 사용하는데, 실제로 자본생산성, 노동생산성, 에너지생산성, 설비생산성 등의 개념이 사용된다. 이 개념들은 한 가지 투입요소만으로 효율성을 파악하도록 되어 있지만, 어떤 한 재화의 생산은 노동, 설비, 원재료, 에너지 같은 여러 요소의 투입과 적절한 관리에 의해서 이루어진다. 따라서 전반적인 생산성 증대 효과는 개별 요인만으로 설명하기가 어렵다. 생산의 전반적인 효율성을 측정하기 위해서는 전체 투입요소를 고려한 효율 측정이 필요한데, 이것이 총요소생산성이다. 총요소생산성에는 노동, 자본 등 단일 요소 생산성 측정에 포함되지 않는 기술, 노사, 경영체제, 법·제도 등이 반영되기 때문에 총요소생산성 증가는 기술 혁신을 의미하기도 한다. 총요소생산성은 흔히 생산요소를 중간투입물, 자본, 노동으로 구체화하여 다음과 같은 생산함수로 정의한다. $Y=AF(\Sigma xi, K, L)$(Y: 총생산, Σxi: 중간투입물, K: 자본투입, L: 노동투입, A: 힉스중립형 기술진보 계수).

56 H. Li and S. Rozelle(2000).

57 이 관계를 지방조합주의(Local State Corporatism)라고 부르기도 한다. J. C. Oi(1992).

같은 조건을 보완함으로써 향진기업의 성장에 순기능을 한 측면이 있었다.[58] 지방정부는 기업경영자의 선임과 노무관리, 재정지원 및 은행융자 담보, 인프라 건설, 법과 세제 측면의 조언을 하였을 뿐 아니라 기업으로부터 상납이윤을 취득함으로써 안정적인 재정수입을 확보할 수 있었다. 이처럼 향진기업과 지방정부의 이해관계가 부합하였기 때문에 향진기업과 지방정부 간의 관계는 매우 밀접하였고, 이 점이 잠정적이기는 하지만 향진기업 발전에 순기능을 할 수 있었다. 그러나 다른 측면에서 보면 이러한 특수한 관계는 기업의 자생력을 제약하여, 날로 경쟁이 격화되는 시장 환경에 대한 적응력을 약화시키는 요인이기도 하였다. 그리고 그 결과는 1990년대 중반부터 향진기업 성과의 부진으로 나타났다. 국내외 시장 환경의 변화에 직면하여 시작된 개혁조치는 향진기업의 재산권 구조를 바꾸고, 기업과 지방정부의 관계를 재설정하고자 하였는데, 이와 함께 향진기업은 시장에서 생존능력을 시험받게 된 것이다.

3) 재산권 구조와 소유제 개혁의 성과

향진기업의 재산권 구조 개혁의 성과를 보기에 앞서, 먼저 향진기업 중에서도 우리의 주요 관심 대상인 집단소유 향진기업이 전체 향진기업에서 점하는 위상을 기업 수, 고용 및 생산액 비중 세 측면에서 비교해 보자.

〈표 3-1〉에서 보듯이 향진기업 중에서 개체기업 수는 꾸준히 증가하여 가

58 J. C. Oi(1992).

표 3-1 소유제별 구성과 성과(1984~1994)

(단위: %)

		향판	촌판	연호	개체
기업 수	1984	6.6	24.1	15.0	54.3
	1987	2.4	6.6	6.8	84.2
	1990	2.1	5.8	5.3	86.8
	1994	2.3	6.5	4.2	87.0
종업원 수	1984	36.1	40.4	10.0	13.5
	1987	27.2	26.4	10.5	35.9
	1990	25.2	24.4	8.8	41.6
	1994	26.1	25.9	6.4	41.5
총생산액	1984	47.6	38.0	7.5	6.9
	1987	38.4	29.5	9.0	23.1
	1990	35.8	29.5	7.6	27.1
	1994	35.0	32.6	5.8	26.7

자료: 『中國統計年鑑』(1993, 1994, 1995); H. Y. Chen(2000), p. 8 〈Table 1.3〉.

장 큰 비중을 점하게 되었다. 그러나 개체기업은 집단소유 기업에 비해 고용능력이 부족할 뿐 아니라 총생산액도 집단기업의 30% 이하 수준에 머물렀다.[59] 기업 수를 제외하면 향진기업 중에서 향판, 촌판 같은 집단소유 향진기업이 내용 면에서 향진기업의 중추였다. 그런데 이 사실은 현대 제도경제학의 주장과 어울리지 않는 것처럼 보인다. 제도경제학은 재산권 구분이 명확하고 재산권이 잘 보장되면 경제 주체의 경제 활동에 대한 적극성을 유인할 수 있다고 말한다. 그런데 〈표 3-2〉는 이와 다른 결과를 보여준다. 왜냐하면 집단소유 기업이 소유제 측면에서 국유와 다르다고 하지만, 여전히 공유로서

59 H. Y. Chen(2000), p. 7.

개체기업보다 재산권이 불명확하기 때문이다. 일부 연구자들은 집단소유 향진기업을 반사유(半私有, semiprivate) 또는 감춰진 사유(hidden private)라고 규정함으로써[60] 사유의 성격 측면을 강조하고자 한다. 그럼에도 불구하고 표에서 보듯이 중국에서는 적어도 1990년대까지 집단소유 향진기업의 성과가 개체나 연호 기업보다 양호하였다.

그 이유를 설명함에 있어서 일부 연구자들은 향진기업의 생성·성장 과정에서 보여준 지방정부의 적극적인 역할을 강조한다. 또 어떤 연구자들은 시장자유화를 위한 부분적인 개혁 시도가 기업을 시장경쟁에 노출시켰고, 경쟁은 기업의 효율 향상에 대한 유인이 되었다고 이해한다.[61] 또 다른 연구자들은 정부의 조세체계에 대한 개혁 노력이 공무원들의 기업가적 행위를 만들어 냈다고 본다. 이들은 재정수입을 확보하고 확대하려는 공무원들의 행위가 향진기업의 발전을 장려하여 결국 기업의 성과를 향상시켰다고 보며,[62] 이러한 의미에서 지방정부의 공무원을 '공적 기업가'(public entrepreneur)라고 부르기도 한다.[63] 이 점에서 중앙정부와 지방정부의 유인 기제에 차이가 있다.

이상의 설명에 나름대로의 설득력이 있기는 하지만, 아래와 같은 설명이 더 합리적이다. 개혁이 시작된 뒤 농촌 지역에서는 정부와 시장이 모두 불완전하였는데, 국유경제는 개혁의 무풍지대에 있었고 사기업은 초보 단계에 있었다. 이러한 상황에서 집단소유 기업은 국유보다 우수한 조직 형태였다. 그리고 향진기업 성장과 향촌정부는 사실상 밀접한 관계를 맺고 있었으며, 향

60 Y. Liu(1992); Y. Peng(1992) 등 참조.
61 G. Jefferson and T. Rawski(1994); J. McMillan(1994); B. Naughton(1994b).
62 W. Byrd and Q. Lin(1990); J. C. Oi(1992), pp. 99~126; J. C. Oi(1996).
63 H. Y. Chen(2000), p. 10.

표 3-2 향진기업의 성장 추이

	기업 수		총고용		총생산액(경상가격)	
	만 개	향촌기업	만 명	향촌기업	억 원	향촌기업
1978	152.4	152.4	2,826.6	2,826.6	493.1	493.1
1980	142.4	142.5	2,999.7	2,999.7	656.9	656.9
1983	134.6	134.6	3,234.6	3,234.6	1,016.8	1,016.8
1984	606.5	186.4	5,208.1	3,982.2	1,709.9	1,465.9
1985	1,222.5	185.0	6,979.0	4,327.1	2,728.4	2,049.5
1986	1,515.3	172.8	7,939.1	4,541.3	3,540.9	2,516.5
1988	1,888.2	159.1	9,545.5	4,893.9	6,495.7	4,362.7
1989	1,868.6	153.6	9,366.8	4,730.2	7,428.4	4,855.6
1990	1,850.4	145.4	9,264.8	4,592.4	8,461.6	5,429.2
1991	1,908.9	144.2	9,609.1	4,767.0	11,621.7	7,719.8
1992	2,079.3	152.0	10,581.1	5,148.8	17,975.4	12,099.8
1993	2,452.9	168.5	12,345.3	5,767.7	31,540.7	20,360.3
1994	2,494.5	165.1	12,018.2	5,898.8	42,585.5	28,866.0
1995	2,202.7	161.8	12,862.1	6,060.5	68,915.2	41,711.3
1996	2,336.3	154.7	13,508.3	5,952.8	-	-

자료: 김시중(1998), 498쪽 〈표 1〉.

촌정부는 지역의 이익뿐 아니라 자신의 이익을 위해서라도 향진기업의 성장을 적극적으로 지원하였다.

이제 대상 시기를 1996년까지로 확장하여 재산권 구조 개혁을 전후한 시기 집단소유 향진기업[향판, 촌판]과 다른 소유 형태 기업의 성과를 대비해 보자.

〈표 3-2〉를 보면 향진기업은 특히 1978년 이후 1988년까지 고성장을 지속하였음을 알 수 있다. 10년 동안 기업 수는 152만 개에서 1,888만 개로 증가하

였는데, 이중 집단소유인 향촌기업은 152만 개에서 159만 개가 되었다. 종업원 수는 2,827만 명에서 9,545만 명으로 증가하였는데, 이중 향촌기업은 2,826만 명에서 4,894만 명으로 증가하였다. 생산총액은 493억 원에서 6,496억 원으로 증가하였는데, 이중 향촌기업은 493억 원에서 4,363억 원으로 증가하였다. 다시 말해서, 향진기업은 1978년에서 1988년까지 10년 동안 고용이 연평균 12.9%씩 증가하여 모두 3.4배 증가하였고, 총생산액은 연평균 29.4%씩 증가하여 13.2배 증가하였다. 향촌기업에 국한해 보더라도 고용은 연평균 5.6%, 생산은 연평균 24.4% 증가하였다.

이처럼 급성장하던 향진기업은 1989년에 잠시 정체 및 조정기를 맞는다. 1989~1991년 조정기 동안 향진기업은 기업 수, 고용인 수, 생산액 모든 측면에서 전반적으로 위축되었다. 이 시기 동안 향진기업들은 희소자원을 확보하기 위해 각종 불법행위를 하고, 환경오염 같은 사회적 비용을 발생시키는 주범으로 몰리기도 하였다. 이에 따라 일부 기업이 폐쇄되었을 뿐 아니라 긴축된 자금의 일부를 국유기업에 우선 할당하는 사태도 있었다. 이처럼 향진기업의 경영상황이 부진하면서 성장과 고용창출에 문제가 발생하자, 약 2년 동안 시행하던 향진기업 억제 정책이 1991년 들어 약화 또는 소멸되었다.[64] 향진기업에 대한 재산권 개혁이 본격화되면서, 향진기업의 중요한 의무 중 한 축이던 주민고용 의무도 기대하기 어려워졌다. 특히, 1992년 남순강화를 계기로 개혁과 개방은 이전과 다른 적극적인 개혁 단계로 진입하였는데, 1989년 텐안먼 사태 이후 높은 성장세를 회복한 경제는 곧바로 과열을 우려하는 상황까지

64 김시중(1998), 499~500쪽.

치달았다.

이처럼 전반적인 경기회복 분위기에 발맞춰 향진기업도 다시 성장세를 회복하여 1993년까지 기업 수, 고용인 수, 생산액 모두 연평균 10% 이상 성장하였다. 그러나 경기과열을 우려한 중앙정부는 1994년부터 연착륙을 위한 각종 조치를 내놓고 거시조절을 시작하였다. 거시통제 조치가 이어지면서 향진기업의 성장세도 주춤하였는데, 〈표 3-2〉에서 보듯이 기업 수는 1993년을 기점으로 분명한 감소 추세를 보였고, 고용도 대체로 정체 추세를 보였다.

이후 1996년에는 향진기업의 기업 수 2,336만 개, 종업원 수 1.35억 명, 총생산액은 6.89조 위안이었는데, 이중에서 향촌기업은 전체의 6.6%인 154.7만 개(향판 40.6만, 촌판 114.3만)였고, 고용인 수는 전체의 44.1%인 5,953만 명(향판 2,959만, 촌판 2,994만), 총생산액은 전체의 60.5%인 4.17조 위안이었다. 1996년을 기준으로 볼 때 집단소유 향진기업은 기업 수에서는 6.6%에 불과하지만 고용 44.1%, 생산 60.5%를 점할 만큼 고용과 생산 면에서는 향진기업을 대표하는 존재였다. 이는 향촌기업의 성장이 기업 수의 증가에 힘입었다기보다는 기업 규모에 의한 것임을 의미한다.[65] 전체 중국 경제나 농촌경제에서 점하는 향진기업의 위상을 보면, 1996년 총취업자 수의 19.6%, 농업 취업자의 37.6%, 농촌 노동력의 29.8%를 차지하였다. 또한 향진기업의 부가가치총액은 1.46조 위안으로 GDP의 약 25%(1995년)였고, 공업 총생산액의 27.7%(1996년)였고, 조세납부총액은 1,592억 위안으로 총조세수입의 31%(1994년)를 점하였다.[66] 이처럼 중국 경제와 농촌경제에서 점하는 향진기업의 위상은 매우 컸는데, 이 시기

65 이근·한동훈·정영록(2005), 255쪽.
66 김시중(1998), 500쪽.

표 3-3 지역별 향진기업과 주식제 기업의 영업이익률

(단위: %)

		1993	1994	1995	1997	1998	1999	2000
전국	향진기업	6.3	5.8	5.7	5.4	5.1	5.2	5.4
	주식제기업	-	-	-	6.4	5.8	6.0	5.9
동부	향진기업	6.2	5.8	5.5	5.1	5.0	5.0	5.3
	주식제기업	-	-	-	6.3	5.7	5.8	5.9
중부	향진기업	8.2	6.7	6.9	6.7	6.2	6.4	5.9
	주식제기업	-	-	-	6.8	6.2	6.3	6.2
서부	향진기업	4.5	3.5	3.4	2.7	3.0	3.1	4.6
	주식제기업	-	-	-	5.7	5.6	5.5	5.5

주: 1) 주식제 기업은 주식제, 주식합작제 포함. 빈 곳은 자료 없음.
2) 영업이익률은 이윤총액/영업수입으로 계산.
자료: 『中國鄉鎭企業年鑑』, 『中國農業年鑑』 각년호; 堀口正(2004), 58쪽.

향진기업의 핵심 부분은 향촌기업이었다.

끝으로, 1990년대 초반부터 2000년까지를 대상 기간으로 삼아 향진기업의 성과와 다른 소유제 기업, 특히 주식제 기업의 성과를 비교함으로써, 1994년 이후 본격화된 향진기업에 대한 재산권 구조 개혁의 성과를 확인해 보자.

먼저, 1993년부터 2000년까지 향진기업과 주식제 기업의 영업이익률을 전국, 동부, 중부, 서부 지역으로 구분해서 작성한 것이 〈표 3-3〉이다. 표를 보면 1993년 이후 향진기업의 영업이익률은 전국적으로 하락하는 경향을 보였다. 그러나 이 추세는 1998년을 기점으로 바뀌었는데, 이 경향은 동부에서 서부까지 거의 같았다. 또한 주식제 기업의 영업이익률은 1997년 이후 향진기업에 비해 1~0.5포인트 높았으며, 이 경향은 다른 지역도 마찬가지였다. 다시 말해서, 1990년대 중후반 주식제 기업의 영업이익률이 향진기업보다 양호하였다.

하지만 이후 몇 년 동안 주식제 기업의 영업이익률은 향진기업과 달리 회복되지 못하고 정체하였는데, 그 이유는 경쟁 격화와 공급 과잉 등으로 추측된다.[67)]

이상의 분석에 근거하여 1994년 이후 향진기업의 재산권 구조 개혁의 효과를 정리해 보자.[68)]

먼저, 거시적 차원에서 기업의 영업이익률이 평준화되었다. 하지만 이 사실은 미시적 수준에서도 동일하게 적용되지는 않는다. 왜냐하면 영업이익률이 하락 또는 평준화된 원인은 재산권 개혁만이 아니라 원자재 가격의 상승과 주력 기업의 경영상황 악화 등에 기인한 측면도 있기 때문이다. 다음으로, 재산권 개혁에 따라 기업이 지방정부에 납부하는 기업관리비, 상납이윤, 급여, 납세의 비율은 하락하였으나, 다른 한편으로 원자재비가 상승하면서 생산비가 증가하였다. 또한 기업의 불안정한 재무상황은 특별히 개선되지 않았는데, 이 사실 때문에 재산권 구조 개혁 후에도 향진기업이 계속 지방정부의 간섭에서 자유로울 수 없었다. 끝으로, 기업의 상납이윤이 관리비에서 점하는 비율이 약간 하락하였는데도 불구하고 매상고에 대한 재정수입의 비율은 하락하지 않았다. 이는 향진기업의 재산권 구조 개혁이 적어도 재정수입 안정화에 마이너스 역할을 하지는 않았음을 의미한다.

요컨대, 재산권 구조 개혁 이후 향진기업의 기업관리비, 상납이윤, 급여, 납세 비율이 하락하여 기업의 부담이 어느 정도 줄기는 하였으나, 원자재비 상승으로 생산비가 증가하였고, 기업의 재무상황은 특별히 개선되지 않았다.

---

67 堀口正(2004), 57쪽.
68 堀口正(2004), 71~72쪽의 설명에 기초하여 작성.

또한 재산권 구조 개혁은 영업이익률 하락요인 중의 하나 일 수 있으며, 기업관리비에서 점하는 상납이윤의 비율은 약간 하락하였다. 조정기를 맞아 1990년대 중반부터 시작된 재산권 구조 개혁에도 불구하고 향진기업의 경영상황에는 큰 변화가 없었고, 지방정부의 간섭은 개선되지 않았다.

4. 향진기업 발전과 향촌정부 및 지도자

1) 향촌정부 및 지도자의 비교우위

(1) 설립과 재산권 보호

집단소유 향진기업, 즉 향촌기업의 설립에서 향진정부는 주도적인 역할을 하였다.[69] 향진기업의 설립에는 다음과 같은 몇 가지 방식이 있었다.[70] 첫째, 기존 기업의 공장용지와 고정자산을 분할하여 설립하는 방식이 있고, 두 번째는 기존 공장의 이윤 일부를 출자해서 설립하는 경우가 있다. 셋째, 향진정부의 재정에서 자금을 출자하거나 정부가 주도하여 자금을 모집해서 설립하는 방식이 있고, 넷째는 사업내용이나 생산품목의 전부 혹은 일부를 변경하고, 기업명칭도 바꾸어 설립하는 방식이다. 그리고 다섯 번째는 조업정지 기업을 흡수·합병하는 방식이 있다. 이 각각의 방법을 보면, 향진정부의 개입이나 중재의 여지가 많으며, 현실적으로 향진정부는 향촌기업 설립에서 중요

69 이주형(2003); 이상근(1999) 등 참조.
70 서석홍(1995).

한 역할을 했다.

사회주의 중앙계획경제 하에서 공산당 정부는 매우 강력한 재산권자였다. 물론 전통적으로 중국에서 정부는 권위주의적이었는데, 공산당 지배 하에서 그 강도는 훨씬 강했다. 무산계급의 독재를 위해 마오쩌둥은 공산당이 사회 모든 부문에 개입할 수 있는 정치체제를 만들어 냈다. 개혁개방 이후에도 여전히 개인의 창업과 사기업 활동에 대한 정치적·행정적 장애와 차별이 온존했으며, 이 영향은 1980년대 후반까지 유지되었다.[71] 지방 공동체 정부는 주어진 정치체제 조건 하에서 지역의 모든 부분에 강한 권력을 갖으며, 사기업은 정부 정책과 사회에 의해 다양한 차별을 받았다.

그런데 사기업과 달리 집단소유 기업은 정치적 차별로부터 기업을 효과적으로 보호할 수 있었는데, 그 중심에 지방정부가 있었다. 지방정부의 통제하에 있는 집단소유 향진기업의 소유권은 이념과 법, 상급 정부나 다른 집단에 의해 침해당할 때 지방정부의 적극적인 보호행동이 뒤따랐고, 그리고 외부자와의 갈등 발생 시 지방정부의 개인보다 유리한 위상(권력) 등에 힘입어 이익이 보호될 수 있었다.[72] 이러한 이유 때문에 사실상 개인소유 향진기업들이 집단소유 기업으로 위장하려는 유인이 있었다.[73] 현실 속에서 향정부, 특히 주민위원회는 개인과 임대계약을 체결하였는데, 전형적인 임대계약은 집단소유 기업 경영권 임대, 토지임대 같은 형태로 이루어졌다. 집단소유 기업의 이름을 건 사기업은 재산권 변화 없이도 공동체 정부로부터 어느 정도

71 Q. Lin(1990).
72 H. Y. Chen(2000), p. 56.
73 Y. Liu(1992); Y. Peng(1992).

보호를 받을 수 있었다. 이와 대조적으로 일부 지방정부는 지역 내 집단기업을 보호하기 위해 집단기업의 경영권 임대를 꺼리는 경우도 있었다.[74)]

(2) 자원 접근

시장이 자원을 배분하고 생산물을 효과적으로 분배하지 못하던 개혁 초기에 지방 지도자들은 향진기업의 창업, 자금원 발굴, 노동의 유동화, 토지배분에서 사기업보다 더 효과적이었다.[75)] 이처럼 자원 접근(access to resources) 면에서 지방 지도자들의 비교우위는 시장의 불완전성에 기인하였는데, 그들은 토지, 자금, 기술과 인적자본, 그리고 자연자원 및 에너지 같은 다른 자원에 대한 접근에서도 비교우위에 있었다.[76)]

먼저, 토지자원에 대한 접근의 용이성이다. 중국의 농촌 토지는 집단소유 자원인데, 1990년대 초까지는 공식적인 토지시장이 없었다. 토지의 사용권은 농촌 공동체에 귀속되었으나 토지의 양도 및 처분권은 없었다. 하지만 농지 배분권은 지방정부의 손에 있었기 때문에 공공기관이나 개인을 막론하고 토지가 필요한 단위는 지방정부로부터 토지사용권 허가를 얻어야 했다.[77)] 향 지도자들은 토지가 그들의 통제 하에 있기 때문에 토지에 대한 접근이 가장 쉬웠다. 만약 촌민위원회가 새로운 촌기업을 창업하고자 한다면 토지를 경작해 온 농가는 일반적으로 보상 없이 다른 곳으로 이주해야 했다. 상급 정부가 집단기업을 만들기 위해 그들의 통제권 밖에 있는 토지에 관심을 갖게 될 때

---

74 H. Y. Chen(2000), pp. 56~57.
75 W. Byrd and Q. Lin, eds.(1990); A. J. Ody(1992); J. C. Oi(1996); C. Wong(1992).
76 H. Y. Chen(2000), pp. 57~65.
77 O. Kirsch, J. Worz, and J. Engel,(1994); Q. Lin(1990).

는 토지에 대한 통제권을 쥔 공동체와 협상해야 했다. 사기업가들은 당연히 토지 접근에서 많은 제한에 직면해야 했다.

두 번째로, 자금 접근의 용이성이다.[78] 새로 시작한 기업은 대체로 창업 자금뿐 아니라 확장 자금을 구하는 데 많은 어려움을 겪는다. 중국 농촌의 지방정부는 원시적인 금융시장과 미발전 상태의 은행제도에도 불구하고 자본 형성과 기업발전에 필요한 자금을 성공적으로 유동화할 수 있었다. 농촌 및 농업 개혁으로 농촌 지역에 축적된 자금은 농민들 개인에 의해 설립된 개체기업이나 농민들의 연합인 연호기업에 투자되기도 했지만, 농촌신용합작사나 농업은행의 저축을 통해 향진기업에 대출되기도 하였다. 그리고 자금 조달에는 향진정부와 지도자들이 직·간접적으로 개입하였다. 향진정부는 각종 합작기금회, 저축회, 신용합작사 등을 조직하여 현금자본을 흡수하여 향진기업에 대출될 수 있게 하였다.[79] 지방 지도자들의 자금 접근 통로는 공유재산에 대한 직접적인 통제권, 지방 재력가들에 대한 영향력, 그리고 기업의 탈세 방조 등이다.

인민공사 시기 공사나 사대기업의 초기 투자는 토지, 건물, 장비, 도구, 집단 적립금 같은 은 집단소유 자원이었는데, 이 자원들은 사실상 지방 지도자들의 직접적인 통제 하에 있었다. 인민공사가 농가생산책임제로 대체된 뒤에는 공사나 사대기업의 공유재산이 향이나 진으로 이전되었다. 이처럼 지방 지도자들은 공유재산에 대한 통제권은 갖고 있었고, 사기업가들에게는 이 권한이 차단되어 있었다.

---

78 김모하(1998. 12); 이말남(1999. 6).
79 이근·한동훈·정영록(2005), 289쪽.

그런데 향진기업이 빠르게 성장하면서 자금 수요가 급증하여 사용 가능한 공유재산이나 자금의 범위를 뛰어 넘었다. 이때 많은 기업들은 자금의 상당한 부분을 은행의 대출이나 농촌신용합작사에 의존할 수밖에 없었다. 조사에 따르면 적어도 1980년대 전반기까지 향진기업 자금의 큰 비중이 이러한 통로를 통해 조달되었는데, 대출이 유보이윤보다 훨씬 큰 비중을 점할 정도였다.[80] 그리고 이 현상은 또 다른 조사 결과에서도 확인된다.[81] 기업투자 자금의 주요 원천은 기업의 유보이윤과 대출인데, 대출이 유보이윤을 초과할 만큼 많았다(〈표 3-4〉 참조). 중요한 사실은 향진기업 자금원의 중추를 이루는 대출에서 지방정부가 지방 신용조직의 대출 의사결정에 상당한 영향력을 갖고 있다는 점이다. 더욱이 지방 신용조직의 지도자들은 지방 지도자들의 이전 동료이거나 현재 친구인 경우가 많았다.

향진 신용기구 지도자들과 향촌정부 지도자들의 조직적이고 사적인 관계 외에도 신용기구들이 집단소유 향진기업을 선호할 또 다른 이유가 있다. 국유은행 지점과 신용합작사는 상환에 대한 부분적인 책임을 지도록 되어 있기 때문에 대출 시 공식 또는 비공식적인 보증인을 요구했다. 이때 지방정부는 향진기업의 대출 보증인이 되었는데, 지방정부는 공유재산 통제권을 갖고 있기 때문에 믿을 만한 보증인이었다. 지방정부는 한 기업에서 채무상환에 문제가 발생할 경우 다른 건실한 기업에게 대신 상환하도록 할 수도 있었는데, 이러한 구조는 채무상환 불이행으로 인한 위험을 효과적으로 감소시킬 수 있었다.[82]

80 周其人·胡庄君(1987).
81 H. Y. Chen(2000), p. 61.

표 3-4 향진기업의 투자와 재원(1989~1993)

(단위: 백만 위안)

	1989	1990	1991	1992	1993
총투자	23.31	32.87	47.79	96.29	294.99
기업당 투자	0.42	0.60	0.87	1.75	5.36
재원					
기업	25.6	21.8	31.0	29.0	18.7
정부	9.1	7.0	5.1	5.9	7.3
대출	51.2	56.3	54.2	37.3	40.6
기금	7.0	6.9	4.4	5.2	4.1
외국	0	0	0	14.7	14.3
기타	7.1	7.9	4.7	7.7	15.0

주: 자료는 해당 연도의 64개 향진기업의 자료임. 재원항목에서 기업은 유보이윤, 정부는 지방정부의 직접투자, 기금은 은행이나 신용합작사 대출, 향진 주민, 기업 노동자 또는 사적인 차입 등에 의한 자금 포함. 기타는 국유 또는 집단 합작기업 파트너의 투자를 의미함.
자료: H. Y. Chen(2000), p. 61 〈Table 2.4〉.

이 밖에 국가보조 기금도 향진기업의 자금원 중의 하나였는데, 이 자금은 중앙정부가 공여하는 투자 자금이 아니라 중앙정부의 향진기업 우대 정책의 일환으로 면세나 감세를 통해 형성된 자금이다. 지방 지도자들은 재정수입 문제와 관련해서 탈세를 담합할 유인을 갖고 있었다. 향진기업 우대 정책을 시행한 중앙정부가 다른 한편으로 조세수입 누출을 막기 위한 정책을 실행하기는 하였으나, 지방 지도자들은 공동체의 이익을 위해 중앙정부의 정책을 남용하였다.[83] 기업회계 조작도 널리 이용되는 탈세 수단이었는데, 탈세를 통해 형성된 자금은 기업과 향촌정부가 분배하거나 기업의 투자 자금으로 남

82 H. Y. Chen(2000), p. 62.
83 S. Whiting(1995), p. 202.

겨두었다. 또한 판매가격이나 생산액을 낮춰 기재하거나 생산비를 부풀림으로써 세전(稅前) 이윤을 낮춰 과세할 수입을 축소하는 것은 가장 널리 사용되는 방법이었다. 지방 지도자들은 기업으로 하여금 대출금 상환을 면하거나 세전 이윤에서 비용 명목으로 기업 기금을 공제하기도 했다. 이처럼 지방정부는 향진기업을 직접적인 자금투자, 신용기관에 대한 영향력 행사, 외부 투자가 유인, 탈세 묵인 및 지원 등 다양한 수단을 통해 지원하였다.

세 번째, 기술과 인적자본에 대한 접근의 용이성이다. 특히, 개도국의 농촌발전에서 기술과 인적자본은 희소한 자원에 속하며, 중앙계획경제에서도 마찬가지이다. 개혁 전 중국에서 각종 연구개발기관과 고등교육기관은 국유부문과 도시 지역에 집중되어 있었다. 국유기업은 사실상 대부분의 과학자, 전문가, 기술자, 디자이너, 숙련노동자들을 독점적으로 고용하였다. 따라서 시장의 수요에 부응할 기술이나 인적자본은 유동되지 못했다. 향진기업이 발전하던 초기부터 1990년대 초까지 응용할 수 있는 기술이나 생산디자인 부족, 경험 있는 엔지니어, 기술자 및 경영 간부의 부족은 향진기업 발전의 장애요소였으며, 기술과 인적자본의 이용 가능성은 향진기업의 발전 여부를 결정하는 핵심 요소였다.[84] 국유기업이 있는 대도시 인근의 농촌 지역은 기술과 인적자본 접근의 상대적인 용이성으로 인해 대도시에서 멀리 떨어진 내륙 지역보다 향진공업이 훨씬 빠르게 발전할 수 있었다.

다수의 향진기업은 필요한 기술이나 제품디자인을 국유 부문에서 구할 수 있었다. 향진기업이 국유기업으로부터 기술이나 제품디자인을 구하는 통

84 D. Yang(1990).

로는 공식적인 통로 두 가지, 비공식적인 통로 한 가지가 있었다. 향진기업이 기술과 생산디자인을 얻는 첫 번째 통로는 국유기업과 도급계약을 체결하고 부품이나 부분품을 생산하는 하청의 길이다.[85] 국유기업과 향진기업 간의 도급계약은 대체로 지방정부가 주선하였다. 두 번째 공식적인 통로는 국유공업기업, 연구기관 및 고등교육기관과 다양한 형태의 경제적·기술적 협력관계 구축이다.[86] 세 번째 통로는 가장 널리 이용되는 방식으로서 사적인 관계를 통해 국유단위로부터 기술, 제품디자인, 기술자문 서비스를 구하는 비공식적인 길이다. 하지만 향진기업의 발전은 기술보다는 유능한 관리자를 구할 수 있는지 여부에 의존하는 측면이 강했는데, 지방정부는 인적자본 조건에서 사기업가보다 우위에 있다. 지방 지도자들은 교육 수준이 높거나 훈련되었으며, 일반 농민들보다 경험이 많다. 또한 지방정부는 능력 있는 인재의 모집과 채용, 그리고 전문가 양성에서 더 유리한 입장에 있다.

네 번째, 기타 자원에 대한 접근의 용이성이다. 지방정부는 토지, 자금, 기술 외에도 자연자원, 에너지 같은 다른 자원에 대한 접근에서 유리한 입장에 있었다. 집단소유 향진기업은 국유기업과의 협력관계를 통해 계획범주에 있는 자원에 용이하게 접근할 수 있었다. 그러나 계획에 의해 배분되는 자원은 1988년 이후 급감하였다.

(3) 불확실성과 리스크 흡수

집단소유 향진기업의 발전에서 기본적인 제약요인은 자본투자와 기업운

85 B. Naughton(1994a).
86 G. Jefferson and T. Rawski(1994).

영에서 직면하는 불확실성과 리스크이다. 불확실성과 리스크에는 경제적 환경뿐 아니라 정치적 환경도 포함된다.

향진기업의 창업에서 정치적 불확실성과 리스크는 재산권의 명확성과 보호 부족에 기인한다. 향진기업 발전 초기에 사기업가가 창업을 하거나 새로운 프로젝트를 시작하고자 할 때 정부의 개인자본에 대한 임의적인 수용은 쉽지 않았고 주요 이슈였다. 이러한 조건 때문에 사기업가들은 그들의 수입을 장기투자보다는 차라리 소비하고자 하였다. 이러한 장애는 금융자본과 대출에 대한 접근상의 어려움과 함께 사기업이 소규모일 수밖에 없는 배경이 되었다. 연구자들은 개체 향진기업의 규모 문제를 집단기업보다 효율이 낮기 때문으로 이해하였다.[87] 여기에 더해서 정치적 불확실성과 리스크는 개체 향진기업의 경영과 관리의 시야를 좁혔다. 이에 비해서 집단소유 향진기업의 집단소유제와 지방정부와의 밀접한 관련성은 정치적 불확실성과 리스크로부터 효과적으로 재산권을 보호하는 데 도움이 되었다.[88]

사회주의 체제개혁기 경제에서 창업이나 새로운 프로젝트의 개시는 많은 리스크에 직면해야 했다. 불합리한 가격 등락, 예상치 못한 정부 정책으로 인한 비즈니스 환경 변화, 재량권 없는 엄격한 계약집행 등은 투자실패를 불러온다. 특히, 농촌 지역의 기업가들이 직면하는 주요 난관 중의 하나는 자금조달이다. 개체 향진기업의 실패는 개인 저축을 기업투자에 제공한 친척, 이웃, 친구 등 여러 가계를 어려움에 처하게 한다. 이 부분에서 집단소유 향진기업은 지방정부의 지원에 힘입어 이 리스크들을 효과적으로 해소할 수 있다.

87 Q. Lin(1990).
88 H. Y. Chen(2000), p. 62.

지방정부가 집단소유 향진기업에 대한 대출보증인이 되었기 때문에 상환책임도 역시 지방정부가 졌다.

또 다른 리스크는 예기치 않은 정부 정책의 변화나 시장 시스템의 미발달로 인한 비즈니스 환경의 왜곡에서 온다. 개혁개방과 함께 중앙정부는 자유시장가격과 함께 통제가격, 인도가격 같은 수단을 병행하였기 때문에 가격이 등락이 잦았고, 이는 경영실패를 부를 수 있었다. 향진 사기업가들은 이러한 리스크를 스스로 감당해야 했으나, 이들과 달리 집단소유 향진기업은 상납이윤이나 다른 재정적 의무 등 정부와의 재협상을 통해 리스크를 효과적으로 흡수할 수 있었다.

2) 향촌정부의 회사화

앞서 우리는 개혁 과도기 집단소유 향진기업이 성장하는 데 있어서 지방정부와 지도자의 비교우위를 살펴보았다. 이러한 조건들이 지방정부와 지도자들로 하여금 향진기업 성장에 적극적으로 나서게 했고, 사실 향진기업은 지방정부와 지도자들의 다양한 형태의 지원에 힘입어 빠르게 성장할 수 있었다. 그런데 향촌정부 및 지도자와 향진기업의 이러한 특수한 관계는 지방정부의 회사화(公司化) 경향을 불어 왔다. 지방정부의 회사화는, 지방정부가 관할 행정구역 내에서 자신의 이익 극대화를 목표로 하고, 각종 행정자원에 대한 통제와 지배권을 자본으로 사용하여, 상업행위와 초경제적인 강제수단을 경영수단으로 삼으며, 주민을 염가 노동력으로 활용하고, 관료를 기업의 관리자로 삼는 마치 회사제도와 유사한 현상을 의미한다.[89]

지방정부의 회사화 현상은 아래 몇 가지 형식으로 표현되었다. 첫째, 기업처럼 정부의 이익과 규모 확장 추구, 즉 규모 극대화 추구이다. 회사제도 하에서 기업은 이윤 극대화 추구가 핵심목표이지만, 정부는 사회관리와 공공서비스 제공이 본업이다. 따라서 원칙적으로 정부는 사회공익 서비스의 제공자이자 수호자여야 한다. 그러나 지방정부는 자신을 시장 속의 기업처럼 경제성장을 추구하는 경제 주체로서, 규모를 확대하기 위해 투자기아(投資飢餓)와 확장충동에서 자유롭지 못했다. 이러한 이유 때문에 당 대회와 정부의 전환기에는 매번 강력한 경제 확장 열풍이 불었는데, 속도 경쟁, 항목 경쟁, 프로젝트 경쟁이 격화되곤 했다.

두 번째는 회사의 이윤 추구처럼 지방정부의 재정수입 증가 추구, 즉 수입 극대화 추구이다. 지방정부는 큰 기업과 마찬가지로 규모 확장을 추구함과 동시에 이윤실현 목표를 추구하기도 하는데, 여기서 말하는 이윤은 바로 지방정부의 재정수입이다. 개혁개방이 시작된 뒤 지방재정책임제가 도입되었는데, 지방재정책임제는 지방정부가 재정수입을 스스로 책임지도록 하는 제도이다. 이러한 제도적 환경에서 지방정부는 세수총액의 극대화를 추구해야 했으며, 이때 향진기업의 성장은 바로 재정수입 극대화를 실현할 수 있는 핵심적 사업이었다. 지방정부의 세수 극대화는 지방정부의 경제권력 확대를 의미하기도 한다. 세수 극대화는 다른 측면에서 사실상 정부 지도자의 정치적 성공, 주요 관료들의 개인적 이익과도 관련이 있기 때문에, 세수 극대화 유인은 클 수밖에 없었다. 공무원의 보수와 복지는 공공재정의 규정에 근거해

89 宮希魁(2012. 5上), 39~40쪽 참조.

서 집행된다. 그러나 규모 극대화와 이익 극대화를 추구하는 지방정부와 지도자들은 기업처럼 여러 명목으로 공무원의 보수를 인상하고 복지 서비스를 확대할 유인을 갖게 된다.

세 번째는, 지역사회를 관리하는 데 있어서 회사 관리방식을 따르는 행태이다. 여러 나라에서 필요에 따라 정부의 행정에 시장요소가 도입되는 경우가 있지만, 정부의 역할은 원칙적으로 공익을 추구하고 주민을 위한 공공 서비스를 제공하는 데 있다. 그러나 자신의 이익을 추구할 유인을 가진 지방정부는 사회를 관리하는 데 있어서도 기업을 관리하는 방식을 선호하게 된다. 예를 들어서 공공사업의 투자, 경영, 수익관리를 시장에 맡기거나, 공원, 공공교통, 도로, 주차장 경영, 그리고 토지, 교량, 오수처리, 상수도, 가스, 난방 등의 사업을 시장화할 경우 공익이 침해될 수 있다. 지방정부가 행정에 기업관리 방식을 도입하면, 공공사업의 시장화, 지방 지도자의 기업관리자화, 그리고 과도한 장려(경쟁)제도 도입으로 인한 문제가 발생하게 된다.

네 번째는, 지역 간의 관계를 기업 간의 경쟁과 같은 인식으로 처리하는 행태이다. 정상적인 지방정부 간의 관계라면 상호 공익을 위해 행정적 협력을 하겠지만, 회사화된 지방정부 간에는 상업적 경쟁관계에 놓이게 된다. 상업적 경쟁관계에 있는 지방정부는 성장률, 투자유치, 도입항목, 가격 책정, 우대 및 특혜 정책 등 여러 측면에서 과도한 경쟁을 함으로써 국가 이익을 침해할 수 있다.

지방정부의 회사화는 개혁개방 이후 시장화 초기인 과도기에 향진기업 발전을 위한 비교우위 조건이기도 했지만, 여러 가지 문제를 야기하기도 했다.[90] 거시적으로는 국가 이익을 침해하고 시장질서를 교란시키며, 자원의 낭비와 환경파괴를 야기하며, 미시적으로는 공익, 즉 주민의 민생복지를 저해한다. 물론 지방정부 및 지도자와 향진기업 간의 특수한 관계, 그리고 지방정부의 회사화 현상은 시장화 수준이 심화되고 대외적인 개방도가 높아져 감에 따라 비교열위 조건으로 바뀔 수밖에 없는 운명이었다.

5. 맺는 말

집단소유 향진기업은 소유권이 분산된 관계로 법적 소유자인 주민의 직접적인 통제 하에 운영될 수 없었고, 실질적인 기업통제권이 향촌정부에 위임되는 경우가 일반적이었다. 이것이 집단소유 향진기업의 재산권 구조에서 일차적 주인-대리인 관계이며, 이 점에서 집단소유 향진기업과 국유기업의 재산권 구조가 유사하다. 향촌정부는 향진기업의 성장이 주민 고용, 재정수입, 지도자의 정치경제적 성공의 중요한 부분이기 때문에 향진기업의 발전에 적극적이었으며, 이러한 이유 때문에 지방정부는 자신의 이익 극대화를 추구하는 회사처럼 행동하는 '지방정부의 회사화' 현상을 불러오기도 했다. 그러나 향촌정부의 사무는 향진기업을 지원하는 일 외에도 많았기 때문에, 주민으로부터 위임받은 기업통제권을 다시 기업관리자에게 위임함으로써 이차적 주인-대리인 관계가 형성되었다. 이러한 특수한 이중의 주인-대리인 관계로 되어 있는 집단소유 향진기업의 이중적 재산권 구조 가운데서 향촌정부는 주

90 宮希魁(2012), 40~41쪽 참조.

민의 대리인이자 기업관리자의 주인으로서 위상을 점한다. 그리고 개혁 이후 향진기업의 빠른 성장은 개혁의 외곽에 있던 국유기업이나 초보 수준이던 사기업과 다른 이러한 특수한 재산권 구조와 향촌정부의 독특한 역할에 힘입었다.

중국 향진기업의 특수한 재산권 구조에서 지방정부의 역할은 개도국 발전 모형 측면에서도 여타 개도국의 경우와 대비된다. 많은 개도국의 발전은 보통 '정부-시장'이라는 기본 구도에서 정부가 계획을 세우고 정책을 구현하는 역할을 하였다. 그런데 중국에서는 사회주의 중앙계획의 관성이 온존하는 상황에서 지방정부와 지역 기업이 개도국의 중앙정부보다 더 밀접한 관계를 맺었는데, 개혁개방 이후 1990년대 중반까지 중국 경제의 고성장은 사실상 지방의 적극적인 역할에 힘입은 측면이 많다. 이 모형은 '정부-시장' 구도와 달리 중앙정부가 아닌 지방정부, 시장이 아니라 '지방정부-준시장[향진기업]' 구도로 설명할 수 있으며, 이 점은 다른 개도국이나 사회주의 체제개혁 경제와도 다르다.

많은 연구들은 '이중 주인-대리인 관계'의 중간에 위치한 지방정부 또는 지방 지도자들의 독특한 역할이 향진기업 성장에 중요한 기여를 했다고 보며, 이 글도 기본적으로 이러한 견해에 동의하면서 논의를 전개하였다. 그러나 이러한 설명만으로 사기업의 성과를 능가하는 향진기업의 경제성과를 설득력 있게 설명해 내기는 어렵다. 집단소유 향진기업과 국유기업의 성과를 비교할 때 우리는 국유기업이 개혁의 사각지대에서 경영의 유연성을 발휘하지 못하는 상황에서 여러 측면에서 상대적으로 비교우위가 있던 향진기업이 시장의 요구에 잘 부응할 수 있었다고 이해할 수 있다. 집단소유 향진기업의 사기업을 뛰어 넘는 성과도 마찬가지 이치로 설명할 수 있다. 1990년대 초까지 중국의 사기업은 대부분 소규모였고, 여러 요인으로 인해 내국시장에서조차 분명한 경쟁력을 확보하지 못하는 상황이었다. 이처럼 국유기업이 개혁으로부터 절연되어 있고, 사기업 역시 충분히 발전하지 못한 상황에서, 재산권 구조와 지배구조 측면에서 상대적으로 유연한 조건을 갖춘 향촌기업이 자연스럽게 더 양호한 성과를 낼 수 있었다.

1990년대 중반 중국 사회는 개혁이 심화되고 개방도가 높아지는 적극적인 개혁개방 시대로 전환되었다. 당시 국유기업 개혁은 부진하고 향진기업의 비교우위 효과는 감소하는 상황이었다. 이에 따라 국공유 기업 전반에 대한 강도 높은 개혁이 요구되었는데, 향진기업도 예외일 수 없었다. 이 단계 개혁의 초점은 이전 같은 경영방식에 대한 개혁보다 소유권 개혁에 맞춰졌다. 기업에 대한 개혁의 방향은 국유기업은 주식제 도입, 향진기업은 주식합작제 확산과 지방정부의 지나친 간섭 축소로 모아졌다.

이 시기에 단행된 개혁 조치 이후의 상황은 이렇게 정리된다. 먼저, 거시적 차원에서 기업의 영업이익률이 평준화되었다. 다음으로, 재산권 구조 개혁에 따라 기업 관리비, 상납이윤, 급여, 납세의 비율이 하락하기는 하였으나, 원자재 비용이 상승하면서 전반적인 생산비용은 증가하였다. 셋째, 기업의 상납이윤이 기업 관리비에서 점하는 비율이 약간 하락하였는데도 불구하고 매상고에서 점하는 재정수입의 비율은 하락하지 않았다. 또한 재산권 구조 개혁 후 당시까지 향진기업의 중요한 의무 중의 하나였던 현지인 고용의무를 포기함으로써 경영부담을 어느 정도 줄일 수 있었다. 그렇다고 해서 향촌정부의 기업에 대한 강한 간섭이 해소되지는 않았고, 여전히 과제로 남았다.

정리하자면, 향진기업의 재산권 구조 개혁의 효과는 기대에 미치지 못했고, 지방정부의 간섭도 크게 줄어들지 않았으며, 개혁개방이 심화되면서 이전의 비교우위는 점차 발전의 장애로 작용하였다. 향진기업의 악화된 재정상황은 향진기업으로 하여금 계속 향촌정부에 의존할 수밖에 없게 하였다. 지방재정은 중앙재정으로부터 독립되어 있고 지방재정책임제가 정착되었기 때문에, 지방정부 입장에서는 기업 재산권 명확화보다 재정 안정화가 더 중요할 수밖에 없었다. 이 점에서 볼 때 향진기업 재산권 구조 개혁은 재정 안정화라는 목적을 강화하는 계기에 불과하였다. 이에 따라 향촌기업에 대한 재산권 개혁 이후 1990년대 중반부터는 개혁의 초점이 소유제 개혁으로 바뀌었는데, 내용은 사실상 사유화였다.

본문에서 지적했듯이 향촌정부 및 지도자의 특수한 역할만으로 집단소유 향진기업의 발전을 만족스럽게 설명해 내기는 어렵지만, 성장의 중요한 요인이라는 점은 인정된다. 지방정부는 지역 주민의 감독뿐 아니라 중앙정부와 상급 정부의 통제 하에 있었으며, 이러한 이중의 감독 기제는 지방정부로 하여금 지역에 입지한 향진기업의 발전에 적극적으로 개입하도록 하였다. 그런데 향촌정부의 '과도기적' 역할은 시장과 정부가 모두 불완전한 특수한 상황에서 형성되고 기능한 것이다. 이 사실은 다른 측면에서 보면, 향진기업 성장 과정에서 보여준 지방정부와 지도자의 특수한 역할은 시장 기제가 정착하면서 자연스럽게 감소할 가능성을 예고하는 것이기도 하다.

참고문헌

Alchian, A. A. and H. Demsetz, "Production, Information Costs, and Economic Organization," *American Economic Review*, 62, 1972.

Brada, J., "Privatization Is Transition-Or Is It?" *Journal of Economic Perspective*, 10(2), 1996.

Byrd, W. and Q. Lin, eds., *China's Rural Industry: Structure, Development, and Reform*, London: Oxford University Press, 1990.

Chang, C. and Y. Wang, "The Nature of the Township-Village Enterprises," *Journal of Comparative Economics*, 19(3), December 1994.

Che, J. and Y. Qian, "Institutional Environment, Community Government, and Corporate Governance: Understanding China's Township-Village Enterprises," *Journal of Law, Economics, and Organization*, 14(1), April 1998.

Chen, H. Y., *The Institutional Transition of China's Township and Village Enterprises*, U.S.A., Vermont: Ashgate Publishing Ltd., 2000.

Demsetz, H., "Towards a Theory of Property Rights," *American Economic Review*, 57(2), May 1967.

Furubotn, E. and S. Pejovich, eds., *The Economics of Property Rights*, Cambridge, MA: Ballinger Publishing Co., 1974.

Jefferson, G. and T. Rawski, "Enterprise Reform in Chinese Industry," *Journal of Economic Perspective*, 8(2), 1994.

Kirsch, O., J. Worz, and J. Engel, *Agrarian Reform in China: Back to the Family Responsibility System*, Saarbrucken, Germany: Verlag Fur Entwicklungspolitic Breitenbach GmbH, 1994.

Li, H. and S. Rozelle, "Saving or Stripping Rural Industry: an analysis of privatization and efficiency in China," *Agriculture Economics*, 23, 2000.

Lin, Q., "Private Enterprises: Their Emergence, Rapid Growth, and Problems," in W. Byrd and Q. Lin, eds., *China's Rural Industry: Structure, Development, and Reform*, London: Oxford University Press, 1990.

Liu, Y., "Reform from Below: The Private Economy and Local Politics in the Rural Industrialization of Wenzhou," *The China Quarterly*, 130, June 1992.

McMillan, J., "China's Nonconformist Reform," Policy Paper #11, Institute on Global Conflict and Cooperation, University of California, San Diego, La Jolla, CA, 1994.

Naughton, B., "Implications of the State Monopoly over Industry and Its Relaxation," *Modern China*, 14, January 1992.

______, "What is Distinctive about China's Economic Transition? State Enterprises Reform and Overall System Transformation," *Journal of Comparative Economics*, 18(3), June 1994a.

______, "Chinese Institutional Innovation and Privatization from Below," China's Reforms: Structural and Welfare Aspects, AEA Papers and Proceedings, *American Economic Review*, 84(2), May 1994b.

Nee, V., "Organizational Dynamics of Market Transition: Hybrid Forms, Property Rights, and Mixed Economy in China," *Administrative Science Quarterly*, 37, March 1992.

North, D. and B. Weingast, "Constitutions and Commitment: The Evolution of Institutions Governing Public Choice in Seventeenth Century England," *Journal of Economic History*, 49, December 1989.

Ody, A. J., "Rural Enterprises Development in China,1986-1990," *The World Bank Discussion Paper*, No.162, Washington D.C.: The World Bank, 1992.

Oi, J. C., "Fiscal Reform and the Economic Foundations of Local State Corporatism in China," *World Politics*, 45, October 1992.

______, *Rural China Takes Off: Incentives for Industrialization*, Berkeley, CA: University of California, 1996.

Pan, W., *The Politics of Marketization in Rural China: The Coalition between Grassroots Authorities and Rural Industries*, Unpublished Ph.D. Dissertation, Department of Political Science, Berkeley, CA: University of California, 1996.

Peng, Y., "Wage Determination in Rural and Urban China: a Comparison of Public and Private Industrial Sector," *American Sociological Review*, 57, 1992.

Rozelle, S., "Decision Making in China's Rural Economy: the Linkage Between Village Leaders and Farm Households," *The China Quarterly*, March 1994.

Whiting, S., *The Micro-foundation of Institutional Change in Reform China: Property Rights and Revenue Extraction in the Rural Industrial Sector*, Ph.D. Dissertation, Department of Political Science, Ann Arbor, MI: University of Michigan, 1995.

Williamson, O., *The Economic Institutions of Capitalism*, New York: The Free Press, 1985.

Winiecki, J., "Why Economic Reform Fail in the Soviet System," *Economic Inquiry*, 28, April 1990.

Wong, C., "Fiscal Reform and Local Industrialization: the Problematic Sequencing of Reform in Post-Mao China," *Modern China*, 18, 1992.

Yang, D., "Patterns of China's Regional Development Strategy," *The China Quarterly*, 122, June 1990.

김광억 외, 「현대 중국의 경제구조 변화와 소성진 사회문화체제의 재편성에 관한 학제적 연구」, 1996년도 해외지역연구 학술회의 자료, 중국연구회, 1996.

김모하, 「중국 향진기업의 주식합작제 개혁방향」, 『경제학논집』, 6(2), 1997. 12.

김시중, 「중국 향진기업의 성장 요인과 전망」, 『경제논집』, 서울대 경제연구소, 1998. 9.

서석흥, 「중국 향촌기업의 운영실태와 성장의 특징에 관한 연구」, 『중국문제연구』, 경성대학교 중국문제연구소, 1995.

______, 「중국 향진기업 소남모델의 특징과 재산권 개혁」, 『중소연구』, 25(2), 2001.

이 근, 「중국의 국유기업 및 향진기업 개혁과 사유화」, 『경제논집』, 35(2, 3), 서울대 경제연구소, 1996. 9.

이근·한동훈·정영록, 『중국의 기업 산업 경제』, 서울: 박영사, 2005.

이말남, 「중국 향진기업의 재원조달에 관한 연구」, 『사회과학논총』, 18, 1999. 6.

이병기 옮김, 『제도, 제도변화, 경제적 성과』, 서울: 자유기업센터, 1997(North, D. C., *Institution, Institutional Change, and Economic Performance*, Cambridge: Cambridge University Press, 1990).

이상근, 「중국 향진기업과 지방정부의 유착관계 형성에 관한 연구」, 고려대 대학원 사회학과 석사학위논문, 1999.

이정남, 「중국의 체제전환기 지방정부의 역할: 원저우(溫州)지역 향진기업의 발전 중 지방정부 역할을 중심으로」, 『세계지역연구논총』, 14, 2000a. 11.

______, 「중국의 시장화 과정 중 향진기업의 발전과 지방정부의 역할: 수난(蘇南)지역과 원저우(溫州)지역을 사례로」, 『한국정치학회보』, 34(4), 2000b. 12.

이주형, 「중국경제발전과정 중 지방정부의 역할: 향진정부과 향진(집체)기업을 중심으로」, 『대한정치학회보』, 11(1), 2003.

임반석, 「중국에서 향진기업 발전의 조건과 구조적 특징」, 『중국학논총』, 제40집, 2013. 12.

정환우, 「중국의 소유제 개혁과 정부-기업관계 변화: 쑤난(蘇南)지역 향진기업 개혁을 중심으로」, 『국제지역연구』, 8(3), 2004 가을.

中共中央, 國務院, 「關于實行政社分開, 建立鄉政府的通知」(1983. 10. 12) http://jintian.cidianwang. com/10-12/198313253.htm

中華人民共和國農業部, 「關于推行和完善鄉鎮企業股份合作制的通知」(1992. 12) http://xuewen.cnki.net/CJFD-XQKJ199304015.html

中華人民共和國農業部部, 「鄉鎮企業産權制度改革意見(摘要)」(1994. 4. 1) https://wenku.baidu.com/view/cc7b630830126edb6f1aff00bed5b9f3f90f72fc.html

「村民委員會組識法」(1987)(www.baidu.com, 2011-11-11).

陳鴻儀, 『中國鄉鎮企業體制改革: 市場自由化, 契約形式創新和私有化』, 武漢: 華中科技大學出版社, 2005.

『中國鄉鎮企業年鑑(1978-1987)』, 北京: 農業出版社, 1989.

『中國鄉鎮企業年鑑』, 『中國農業年鑑』, 각년호.

『中國鄉鎮企業統計年鑑』, 北京: 農業出版社, 1995.

周其人·胡庄君, 「中國鄉鎮工業企業的資産形成營運特征及其宏觀效應-對10省大型鄉鎮工業企業抽樣調査的分析」, 『中國社會科學』, 第6期, 1987.

堀口正, 「中國・鄉鎮企業の所有構造改革とその效果」, 『アジア經濟』, 50(1), 2004.

宮希魁, 「評地方政府的公司化傾向」, 『新華月報』, 2012. 5上.

大塚啓二郎·劉德强·村上直樹, 『中國のミクロ經濟改革』, 東京: 日本經濟新聞社, 1995.

王振, 「中國における鄉鎮企業の生産效率とその變化」, 『アジア經濟』, 40(11), 1999.

제4장

노동력 이동 모형과 중국의 향진기업

1. 머리말
2. 중국 경제발전과 향진기업의 역할 및 기여
3. 노동력 이동과 전통적인 노동력 이동 모형
4. 향진기업과 전통적 발전 모형
5. 맺는 말

제4장

노동력 이동 모형과 중국의 향진기업

1. 머리말

개혁개방 이후 중국에서는 사회주의 정권 수립 후 1970년대 후반까지 유지해 오던 중앙집중계획경제 체제에 대한 개혁이 시작되었는데, 계획경제 체제의 변화는 농촌에서부터 시작되었다. 개혁과 함께 농촌 지역에는 일부 지역의 실험을 거친 뒤 농가생산책임제가 빠르게 보급되었다. 농업에 개혁이 단행되면서 농업 집단화의 상징이던 '인민공사'는 빠르게 해체되었고, 국가가 통제하던 농산물 유통체계는 점차 시장에 맡겨졌다. 이와 동시에 도시에서 가까운 농촌 지역에는 비농업 부문이면서 비국유기업인 '향진기업'이라는 새로운 생산 주체가 생성·성장하였다. 향진기업 발전은 농촌의 소득구조와 노동력 구조에 변화를 가져왔는데, 향진기업은 적어도 1990년대 중반까지 농촌의 과잉 노동력이 도시 지역으로 빠르게 이동하는 현상을 완화시키면서 경제성장의 견인차 역할을 하였다.

향진기업은 당초 농촌의 자원을 주요 기반으로 삼고 농민의 집단소유 형태로 운영되었으나 곧 자원의 농촌 의존도는 낮아졌다. 향진기업은 생산물의 대부분을 외지로 공급하였고, 점차적으로 해외시장에도 진출하였다. 향진기업은 작은 규모로서 주로 소비재를 공급하였다. 향진기업은 소유제 특성으로 인해 국유기업보다 시장의 요구에 더 유연하게 대응할 수 있었는데, 향진기업의 발전에는 향진정부의 도움이 매우 컸다. 향진기업 발전 초기에 국유기업은 개혁의 무풍지대에 있었고, 민간기업은 발전의 초보적인 수준이었다. 또한 당시에는 외국기업의 중국 내 생산도 활발하지 않았을 뿐 아니라 외국상품의 중국 시장 진출도 초보 단계였다. 이처럼 향진기업은 국유기업이 시장의 요구에 무감각하고, 외국기업의 중국 내 생산도 활발하지 않았으며, 내국기업의 소비재시장 지배력도 취약한 틈새를 이용해 향진정부의 적극적인 지원에 힘입어 놀라운 성장을 할 수 있었다.[1)]

농촌에 농가생산책임제가 도입되면서 농민의 노동의욕은 강화되었고, 농업생산이 빠르게 증대하였다. 향진기업의 발흥과 성장은 농가소득 향상에도 기여하였다. 하지만 농업 개혁은 영세 소농체제를 정착시킴으로써 농업구조 개혁의 필요성을 과제로 남기기도 하였다.[2)] 소농체제를 극복하고 농업 생산성을 끌어올리기 위해서는 도시로의 인구 이동을 통한 농업 과잉 인구의 획기적인 감소가 필요하였지만, 체제적·제도적 한계로 인해 이 과제는 사실상 해결이 쉽지 않았다. 이러한 상황에서는 농촌 지역의 공업화를 통한 농촌

1 향진기업은 사실상 개혁 초기와 중기 동안 중국 경제의 성장의 견인차였다. 1978년에서 1990년까지 중국의 연평균 실질 GNP 성장률은 8.8%였고, 이중 공업생산 증가율은 약 10% 정도였다. 1990년대에 한정해서 보더라도 향진기업은 연평균 30% 이상씩 성장하였다. 향진기업의 생산총액은 1983년까지 미미한 증가를 보이다가 1984년부터 증가 속도가 빨라졌으며, 특히 1992년 이후 거의 수직상승 형태를 보였다. 향진기업 생산총액은 1991년에 1조 위안을 돌파한 뒤 1993년에 2조 위안을 넘었고 1994년에는 4.26조 위안에 달할 정도로 급성장하였다. 여기에서 보듯이 향진기업은 농촌경제뿐 아니라 중국 경제의 중요한 지주였다고 해도 과언이 아니다. 1990년대 중반 향진기업의 공업 생산총액은 중국 공업 총생산액의 45.1%에 해당하였고, 1994년 향진기업의 납세액은 국가 세수총액의 32.7%를 점하였다. 이러한 급성장에 힘입어 공업 총생산에서 점하는 향진기업의 비중은 1978년 9%에서 1990년 25%로 상승하였다.

2 이일영·고재모(1995), 59쪽.

과잉 노동력 문제 해소와 농가소득 향상이 현실적인 대안이었다. 향진기업은 바로 이러한 제도적 제약과 체제적 한계 속에서 탄생하고 발전한 특수한 농촌 공업화의 주체였던 것이다. 이처럼 개혁 이후 중국 경제의 발전 과정에서 향진기업은 독특한 위상을 점하였고, 적어도 1990년대 중반까지는 국민경제에서 점하는 위상과 경제성장에 대한 기여도 매우 컸다.

그동안 중국의 향진기업에 대한 연구는 다양한 측면에서 수행되었다. 그중에는 노동력 이동 현상을 중심으로 한 발전 모형의 정형화에 관심을 둔 연구도 이루었다. 노동력 이동 현상을 통해 개도국의 경제발전 과정을 정형화한 대표는 루이스(A. W. Lewis)이며, 이후 연구자들은 그의 모형을 보다 더 정교하게 만들었다. 루이스가 창안하고 라니스-페이(G. Ranis and J. C. Fei)에 의해 완성되었으며, 이후 해리스-토다로(J. R. Harris and M. Todaro)[3]에 의해 확장된 노동력 이동 모형을 중국에 적용하려는 시도가 있었다. 루이스-라니스-페이의 노동력 이동 모형은 크게 전통 부문(생존 부문, 농업)-현대 부문(자본가 부문, 도시 공업)이라는 2부문을 설정하고, 여기에 이 두 부문 간의 노동력 이동 현상을 중심으로 개도국의 경제발전 과정을 설명하는 모형인데, 연구자들은 노동력 이동 모형을 통해 체제개혁 사회인 중국의 사례를 설명하고자 하였다. 그러나 이러한 노력은 다른 개도국의 발전 과정에서 발견되지 않는 '향진기업'이라는 특수한 존재, 그리고 향진기업이 국민경제 성장에서 점하는 큰 위상을 고려하지 않았기 때문에 설명력에 분명한 한계를 드러냈다. 전통적인 루이스의 노동력 이동 모형을 중국에 적용하는 데 한계가 있었기 때문에, 연구자들은

3 J. R. Harris and M. Todaro(1970); 해리스-토다로 모형에 대한 나카니시의 간편 도식은 中西徹(1997).

중국에 농촌-도시 비공식 부문(urban informal sector)-도시 현대 부문을 상정한 토다로의 모형을 적용하려는 시도도 나타났다. 하지만 도시 비공식 부문이라는 새로운 개념을 통해 개혁개방 이후 중국의 노동 이동 현상을 설명하는 데도 한계가 있다. 왜냐하면 체제개혁 사회로서의 중국의 독특한 측면은 도시 비공식 부문보다는 농촌 지역에 있으며, 그 중심에 향진기업이 자리 잡고 있기 때문이다.

이 글은 바로 노동력 이동 현상을 통해 개도국의 경제발전을 설명하고자 한 넉시(R. Nurkse)의 모형, 이어서 전통적인 노동력 이동 가설 중에서 루이스-라니스-페이의 모형, 나아가서 이에 대한 보완 형태인 토다로 모형의 중국에 대한 적용 가능성과 한계에 대해 분석하고자 한다. 이 작업을 위해 먼저 중국 경제발전, 농업 발전 가운데서 점하는 향진기업의 위상을 부각시킴으로써, 전통 모형을 통해 중국의 경제발전 현상을 설명함에 있어서, 향진기업이 무시할 수 없는 존재임을 강조하고자 한다. 그리고 뒤이어 전통적인 노동력 이동 모형 또는 이중경제 구조 모형의 핵심 내용을 비교 분석하면서, 이 모형들의 중국 적용 가능성을 논평한다. 마지막으로 향진기업 현상을 전통적인 발전 모형의 변형 또는 확장을 통해 담아낼 수 있을지, 아니면 중국의 현상을 설명하기 위한 독립적인 설명 모형이 필요한지를 논의하고자 한다.

2. 중국 경제발전과 향진기업의 역할 및 기여

우선, 중국 경제성장 과정에서 매우 중요하고도 독특한 존재인 향진기업의 발흥·성장에 대해 요약해 보자. 건국 후 전후 복구 작업이 일단락되었다고 자평한 1953년 무렵부터 중국 정부는 제1차 5개년 계획을 실시하였다. 당시 중국 경제를 이끌도록 설계된 주체는 중공업이었으며, 공산당 정권이 내세운 '사회주의 공업화'의 내용은 사실상 사회주의 중공업화였다. 사회주의 공업화가 추진되면서 농업 부문은 공업화를 위한 자금을 지원하고 도시민의 식량 수요를 책임지는 역할을 강요받았다. 이른바 '계획수매-계획배급' 제도를 통해 국가가 유통시장을 직접 관장하였다. 또한 국가는 농민 노동을 조직화하고 농민에 대한 분배에 지배력을 행사하기 위해 '인민공사'화를 추진하였다. 그런데 인민공사를 통한 '농민의 조직화'와 '농업생산의 집단화'는 또 다른 조건을 필요로 하였다. 만약 도농 간에 노동력이 자유롭게 이동할 수 있다면 이 구도는 작동할 수 없었다. 따라서 이 제도는 호적제도, 식량배급제도, 노동취업제도에 의해 보완되었다. 도농 간 노동력의 격리라는 조건 하에서 도시 중공업 부문은 농업의 지원을 통해 발전할 수 있었고, 중공업 제품은 중공업 부문 내에서 자기 순환하는 패턴이 반복되었다. 도농 간의 노동력 격리 정책은 농촌의 과잉 노동력을 흡수할 다른 주체로서의 농촌 공업을 필요로 하였다. 이러한 경제기반과 시장 수요를 무시한 계획은 농업과 공업의 비효율성을 낳았고 도시와 농촌의 인위적 분리로 인해 산업구조는 왜곡되었다.

그런데 개혁이 시작되면서 농촌 부문에서 먼저 개혁이 시작되었다. 농촌 개혁이 시작되자 농산물 수매가격이 인상되고 시장이 확산되었으며, 국가 계획수매 품목과 수량이 감소함으로써 농가의 교역 조건이 개선되었다. 1980년대 중반부터는 식량 및 경제 작물에 대한 국가 '계획'수매제도가 약화되는 대신 '계약'수매제도가 도입되었을 뿐 아니라 야채와 육류의 유통이 전면 자유화되었다. 농가생산책임제가 보급되면서 인민공사는 급속하게 붕괴되었다. 농업 개혁은 농민의 노동의욕을 유인하고 외부로 유출되던 잉여의 농촌 유보를 가능케 하였다. 또한 농업이 개혁되면서 인구 이동에 대한 통제는 이전보다 느슨해졌다. 향진기업에 종사하면서 진(鎭)에 장기간 거주하는 경우 진으로의 이주가 허용되게 되었으나 식량은 여전히 호구가 있는 농촌에서 공급받아야 했다.[4]

개혁개방 이후 중국 경제의 성장과 발전 과정에서 발견되는 매우 독특한 존재인 향진기업은 노동 이동 현상을 중심으로 한 전통적인 경제발전 모형으로 설명해 내기 어려운 존재이다. 향진기업의 경제성장, 경제발전, 그리고 농촌 발전에 대한 기여는 상당히 커서 1990년대 중반까지 사실상 중국 경제의 성장을 이끄는 견인차였다. 그렇기 때문에 향진기업이라는 존재가 주목을 받게 되고, 이 존재 때문에 전통적인 노동력 이동 모형으로 중국의 경우가 잘 설명되지 않는다.

다음으로 향진기업이 개혁개방 이후 중국 경제에서 점하는 위상과 역할[5]에 대해 정리해 보자. 먼저, 향진기업은 농촌 과잉 노동력의 일부를 흡수하여 국민경제 전체의 효율을 높이는 데 기여하였다. 1978년부터 1988년까지 중국의 농촌은 1.3억여 명의 과잉 노동력을 전출시켰는데, 이 가운데서 농촌 현지에서 비농업 부문으로 이동한 인구는 8,850만 명, 도시로 이동한 인구는 4,000만 명으로 농촌 비농 부문 취업이 훨씬 많았다. 1988년 향진기업 근로자는 9,545만 명 정도였는데, 이 규모는 농촌 노동력 총수의 25.3%에 해당하였다. 과

4 이일영·고재모(1995), 63쪽.
5 關口尙志·朱紹文·植草益 編(1992), 295~298쪽 참조.

잉 노동력의 이동은 사실상 노동력이 농업으로부터 고효율의 비농업으로의 이동을 의미하는데, 노동력 이동은 한계노동생산성이 0에 가까운 농촌 지역에 존재하는 대량의 과잉 노동력을 감소시켰고, 이에 힘입어 국민경제 전체의 효율이 높아졌다.

두 번째 역할은 경제성장을 촉진하고 국민경제의 중요한 구성 부분이 되었다는 점이다. 1979년부터 1989년 동안 향진기업의 국가에 대한 누적 상납금은 1,505억 위안이었는데, 당시 국가 재정수입 증가액 중 향진기업의 세수기여율이 50.9%였다. 향진기업은 수출을 통한 외화획득의 주력군이 되어 국가 외화수입을 증가시키기도 하였다. 1986년 향진기업의 수출총액이 전국 수출총액의 9.2%였는데, 1988년에는 15.2%로 증가하였다. 1986년에서 1988년까지 전국 수출총액 증가 중 향진기업 기여율이 24.7%에 달하였다. 1989년 향진기업이 수출을 통해 가득한 외환이 105억 달러였는데, 이는 외화가득총액의 1/4에 달할 정도였다.[6]

세 번째는 경제구조 변화 촉진과 이중경제 구조의 모순 해결에 대한 기여이다. 향진기업의 발전은 농촌경제 구조를 변화시키고 다수의 공업, 상업, 건설, 운수 및 서비스업을 농업에서 분리시킴으로써 농촌의 단일경제 구조를 바꾸었다. 농촌 사회 총생산 중에서 농업 생산액은 1978년에 69.5%에서 1983년에는 46.5%로 하락한 반면, 비농업 생산액의 비율은 높아졌는데, 1987년에는 비농업 총생산액이 처음으로 농업 생산액을 앞질렀다. 1989년에는 향진기업 총생산액이 농촌 사회 총생산액에서 점하는 비율이 60%에 달할 정도였다.

6 黃守宏(1990).

또한 향진기업은 이중경제 구조로 인한 많은 모순을 해결하고, 농공 간, 도농 간 발전을 촉진하였을 뿐 아니라, 이를 기초로 특수한 이중경제 구조를 만들어 냈다.

네 번째는 농업 발전을 촉진하고, 농업 현대화를 가속시킨 역할이다. 향진기업은 농업 현대화를 위한 자금을 제공하였다. 1978년부터 1988년까지 향진기업은 '공업으로 농업을 보완하고, 공업으로 농업을 건설'하는 역할을 부여받았다. 이 시기에 공업이 농업에 지원한 자금이 162.8억 위안이었는데, 이 규모는 같은 시기 국가 농업 투자 자금의 34%에 달할 정도로 큰 부분을 점하였다. 뿐만 아니라 향진기업의 발전에 힘입어 농민의 수입이 증가하고, 증대된 농민의 수입은 농민 생활을 개선하였을 뿐 아니라 농업에 대한 투자에도 활용되었다.

다섯 번째로, 농촌 소도시 건설과 농촌 사회사업의 발전 촉진이다. 농촌 소도시는 향진기업 발전의 필연적 결과였고 향진기업의 발전은 소도시 번영의 물질적인 기초였다. 1980년 중국 진(鎭)은 약 2,600개였는데, 1987년에는 12,000개로 4배 증가하였다. 소도시의 건설과 발전은 도시와 농촌의 일체화를 가속시키고, 시장 통일을 촉진하였으며, 도시와 농촌의 분할과 이중경제 구조의 변화를 유인했다.

그렇다면 이제 중국 경제성장 과정에서 점하는 향진기업의 중요성을 가늠하기 위해 경제발전, 농업 발전과 향진기업의 관계에 대해 살펴보자. 여기에서는 개혁이 시작된 뒤 중국 경제 속에서 향진기업의 위상을 요약해 보자.

개혁개방 이후 중국 경제는 두 자릿수 경제성장을 지속해 왔다. 그런데 이러한 고성장 과정에서 향진기업은 고성장의 지속적인 견인차였다. 개혁과 함께 발흥·성장하던 향진기업이 점차 쇠퇴하기 시작한 1990년대 중반까지의 상황을 중심으로 향진기업 생산총액의 증가상황을 보면 이렇다. 1990년대에 향진기업은 무려 연평균 30% 이상의 성장률을 기록하였는데, 이 상황은 〈그림 4-1〉이 시각적으로 잘 보여주고 있다. 그림을 보면 향진기업의 생산총액은 1983년까지 미미한 증가를 보이다가 1984년부터 증가 속도가 빨라졌으며, 특히 1992년 이후 거의 수직상승 형태를 보였다. 향진기업 생산총액은 1991년에 1조 위안을 돌파한 뒤 1992년에서 1993년 사이에 2조 위안을 넘었고, 이후 1년 만인 1994년에 4조 위안을 넘었다. 1990년대에 향진기업은 농촌경제뿐 아니라 이미 중국 경제성장을 이끌었다고 해도 과언이 아니다. 1994년 향진기업의 사회 총생산액은 4.26조 위안이었데, 이는 1993년보다 46.8%나 증가한 것이다. 같은 해 향진기업의 공업 생산총액은 중국 전체 공업 생산액의 45.1%에 해당할 정도로 비중이 컸다. 1994년 향진기업의 납세액은 1,592억 위안으로서 국가 세수총액의 32.7%를 점하였다. 또한 같은 해 말 향진기업의 종업원 총수는 1.13억 명으로 전국 사회노동 인구(1차 산업 제외)의 42.8%,[7] 농촌 노동 인구의 27%를 점하였다. 향진기업의 종업원 중에서 약 10% 정도는 소도시 호구 소유자였고, 다수는 농촌 호구를 가지고 농촌 현대 부문에서 노동하고 있었다. 당시 중국의 농촌 과잉 노동력이 약 2.4억 명 정도로 추산되는데, 향진기업의 고용인원이 그 절반을 고용한 셈이다. 또한 향진기업 수 증가율보다 고용증가율이 더 높았다는 사실은 향진기업이 농촌 지역의 고용과 농촌 과잉 노동력 흡수에 중요한 기여를 했음을 증명해 준다.[8] 개혁이 시작된 뒤 농촌 과잉 노

7 于金(2001), 3쪽.
8 于金(2001), 4쪽.

그림 4-1 향진기업 생산총액 추이(1978~1994)

(단위: 억 위안)

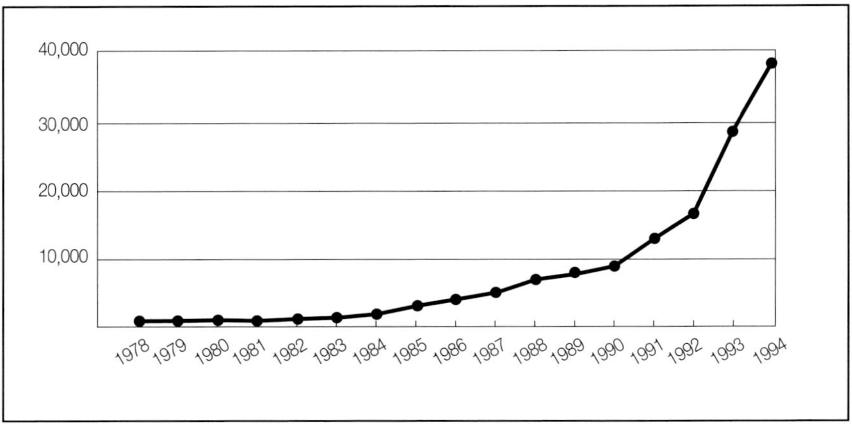

주: 〈그림 4-1〉의 수치는 1980년을 불변가격으로 계산한 값임.
자료: 『中國鄉鎭企業年鑑』, 각년호: 于金(2001), 3쪽 〈그림-1〉.

동력에게 취업기회를 제공하기 위해서는 정부가 어떤 식으로든 대규모 투자를 해야 할 상황이었다. 그런데 향진기업은 농촌 과잉 노동력의 상당 부분을 흡수할 수 있었다.

뿐만 아니라 향진기업은 농업 발전을 지원하는 역할도 하였다. 1979년부터 1993년까지 15년 동안 향진기업이 농업에 지원한 자금은 800억 위안 정도였는데, 이 규모는 같은 기간 국가의 농업에 대한 투자총액의 80%에 해당했다. 뿐만 아니라 향진기업은 농촌 지역에 입지하고 있기 때문에 자연스럽게 농촌의 공업화를 견인했을 뿐 아니라 도농격차를 완화시키는 데도 일정한 역할을 하였다.[9)]

9 于金(2001), 4쪽.

3. 노동력 이동과 전통적인 노동력 이동 모형

개도국은 대체로 생산액이나 종사자 측면에서 농업이 중심을 이루며, 공업화가 본격화되기 이전까지는 농촌 지역에 과잉 노동력이 상존한다. 개도국의 농촌 과잉 인구는 한편으로 저생산성, 저저축, 나아가서 빈곤의 원인이 되기도 한다. 하지만 다른 한편으로 농촌 과잉 인구는 적절한 도시로의 이동을 통해 도시 공업을 위한 염가 노동력을 공급함으로써 빠른 자본 동원, 궁극적으로는 경제성장의 기반이 되기도 한다. 일찍이 이러한 과잉 노동력의 이동 현상에 주목하여 개도국의 경제발전 모형을 수립하려는 시도가 있었다. 개도국의 과잉 노동력 이동 현상에 주목하여 경제발전 현상을 설명하려는 시도는 넉시, 루이스, 라니스-페이, 토다로 등에 의해 이루어졌다. 아래에서는 노동력 이동 모형의 핵심 내용을 정리하고, 이 모형들이 중국의 경제성장 과정을 설명하는 데 어느 정도 유용한지, 그리고 어떤 한계가 있는지를 살펴본다.

1) 잠재실업과 넉시 모형

개도국에는 대체로 과잉 인구 문제가 상존한다. 과잉 인구가 현재의 빈곤이나 저저축 현상의 원인이기도 하지만, 과잉 인구를 적절하게 이용한다면 개도국은 보다 빠른 자본형성과 경제성장을 이룰 가능성도 있다. 일찍이 넉시와 루이스가 이러한 주장을 펼쳤다.

넉시는 1950년대 초 농촌 과잉 노동력의 이용과 농촌으로부터의 자본조달을 통한 경제발전의 길을 제시하였다.[10] 넉시는 위장실업(disguised unemployment)이라는 개념을 사용하였는데, 위장실업은 노동 가능 인구 중에 소득 또는 소비가 한계생산을 초과하는 인구를 가리킨다. 다시 말해서, 위장실업은 노동의 한계생산성이 0이거나 0에 가깝지만 기본소비로 인해 소비 상태는 0보다 큰 노동 인구이다. 위장실업은 사실상은 실업이나 마찬가지이지만 표면적으로 실업자가 아닌 경우를 말하는데, 넉시의 모형에서는 이 위장실업이 주로 농촌에 존재하는 것으로 되어 있다. 넉시에 의하면 농업 노동자들이 0에 가까운 생산성을 보인다면, 그들은 더 나은 다른 일을 함으로써 사회를 더 발전시킬 수 있다. 그러니까 넉시에 따른다면 농촌 과잉 인구는 경제 발전에서 하나의 자산이다.

넉시는 국민경제 구조를 농촌 부문과 도시 현대 부문으로 구분하고, 사실상 생산에 기여하지 않으면서 소비에 참여하는 농촌의 잠재실업(Latent Unemployment) 또는 위장실업을 도시 부문으로 이동시킴으로써, 농촌 부문에서 잠재실업자의 소비만큼을 저축할 수 있다고 생각하였다. 여기에서 보듯이 넉시는 주로 농촌 부문의 축적에 초점을 맞춰 경제발전을 설명하고자 하였는데, 그는 현재의 도농 간 절대소득 격차를 인구 이동이 일어나는 핵심 요인으로 보았다. 그리고 넉시에 따르면 후진국이 자본을 축적하는 방법에는 기본적으로 세 가지가 있다.[11] 첫째는 자발적 저축 증대이고, 두 번째는 외자도입이며, 세 번째는 잠재적 실업 인구의 생산력화이다.

넉시의 주장에 대해서는 몇 가지 의문이 제기되었다.[12] 먼저, 만약 한계

10 박동섭 옮김(1983); R. Nurkse(1957), pp. 117~119 참조.
11 넉시가 주장한 세 가지 자본축적 경로에 대한 정리는 박승(2003), 128~130쪽 참조.
12 신용수(2003), 71쪽.

소비성향이 0일 경우 총생산의 감소 없이 농촌으로부터 노동 유출이 가능한가 하는 문제이다. 그러나 실제로 노동 유출에 따른 총생산의 감소는 어느 정도 발생한다는 사실이 발견되었다. 물론 농촌에 남은 노동자들이 감소한 생산성 격차를 메우려고 노동시간을 늘릴 수도 있고, 자본 도입으로 농업경영 방법을 개선할 수도 있으나, 이렇게 하려면 비용이 수반된다. 비용 없이 자원을 생산성이 낮은 곳에서 높은 곳으로 이동시키기는 것은 현실적으로 불가능하다. 두 번째 문제는 위장실업을 흡수할 현대 부문의 자본을 과연 어떻게 조달하느냐 하는 문제이다. 특히, 기술과 자본이 모두 부족한 개도국에서 잠재실업을 흡수할 도시 현대 부문을 위한 자본을 어떻게 마련하느냐가 문제이다. 외자도입이나 신용창조 같은 방법으로 자본을 조달할 수 있겠지만, 넉시는 위장실업이 유출된 결과 소득이 증가한 농업 부문에서 자본을 조달해야 한다고 주장하였다. 그렇다고 해서 넉시가 노동력 이동–생산성 향상–자본형성–경제발전이라는 단순한 연결고리에만 집착한 것은 아니다. 그는 자본은 진보의 필요조건일 뿐이며 결코 모든 문제를 다 해결하지는 못한다는 점을 분명히 하면서, 경제발전은 인간의 재능, 사회적 태도, 정치 정세, 역사적 우연과도 깊은 관계가 있다고 함으로써, 종합적인 시야를 보여주었다.

노동력 이동에 초점을 맞춰 경제발전 현상을 설명하려는 넉시와 뒤에 서술하는 루이스의 초기 시도는 1960년대 라니스와 페이에 의해 계승·발전되었다.[13] 하지만 넉시를 포함한 이들 모두는 단순히 농촌 과잉 노동력의 도시 유입을 이용한 도시 공업화, 농촌을 발판으로 한 자본축적, 그리고 이 경로를 이

13 G. Ranis and J. C. Fei(1961, 1964) 참조.

용한 경제발전의 길을 제안했다. 다만 넉시는 농촌의 자본축적에 초점을 맞추고, 루이스-라니스-페이 모형은 도시 현대 부문의 자본축적에 주목한다는 차이가 있다. 루이스계열의 모형은 공업화가 개시된 뒤 도시의 공업 부문에 실업이 존재함에도 불구하고 노동력이 농촌에서 도시 공업 부문으로 지속적으로 이동하는 현상을 설명하고, 또 이 현상을 중심으로 자본축적과 경제성장이 이루어지는 과정을 설명하였다. 넉시 모형은, 중국 사례에 대한 현실적 설득력을 뒤로 한다면, 농촌의 자본축적에 주목한다는 점에서 루이스류의 모형보다는 중국의 경제발전 과정을 더 효과적으로 설명할 수 있는 여지는 있다. 하지만, 넉시의 모형이 '농업'에 초점을 맞춘다는 점에서 농촌 현대 부문인 향진기업이라는 실체에 관심을 갖는 우리의 관심과 거리가 멀다. 넉시의 모형과 루이스-라니스-페이 모형은 모두 '노동력 이동 모형'이자, '이중경제구조 모형'이라는 점에서는 같은 부류에 속한다고 할 수 있다.

개혁개방 이후 중국에서는 농촌 지역에 많은 기업들이 발흥하였고, 이렇게 탄생한 향진기업은 농촌의 과잉 노동력을 활용하여 산업화에 성공하였으며, 농촌 지역의 소득 증대에 기여하였다. 뿐만 아니라 향진기업은 농촌 노동력의 급속한 도시 이동으로 인한 문제를 완화하는 데 기여하였으며, 적어도 1990년대 중반까지 중국 경제 성장을 이끌었다. 따라서 노동력 이동 현상에 주목한 전통적인 발전 모형의 선구인 넉시의 '농촌 부문-도시 현대 부문'이라는 단순한 모형으로 중국의 향진기업 사례를 담아낼 수 있을 것인지는 의문이다.

2) 과잉 노동력과 루이스 모형

루이스는 후진국에서 공업화가 진행되면서 발생하는 인구 이동 현상을 중심으로 경제발전 과정을 정형화하였다. 그는 생존 부문(subsistence sector)인 농업과 현대 부문(modern sector)인 도시 공업 두 부문으로 구성된 이론 틀로 농촌과 도시 간의 노동력 이동 현상을 분석하고, 이를 바탕으로 경제발전 조건과 과정을 설명하였다.[14] 루이스는 생존 부문(농업)-현대 부문(도시 공업)으로 구성된 2부문 모형(dual-sector model)으로 농촌 과잉 노동력이 자본축적과 경제성장에 어떻게 기여할 수 있는지를 보여주었다. 그는 경제구조의 본질을 농업 부문과 선진 공업 부문 간의 병존상황으로 파악하면서, 선진 공업 부문의 부단한 진전을 경제발전 과정으로 이해함으로써 '도시 공업'에 포인트를 두었다.

루이스 모형의 핵심은 이렇게 요약된다. 첫째, 경제발전 초기에는 총노동인구의 대부분이 생존 부문에 체류하기 때문에 농업에 다수의 과잉 노동력이 존재한다. 둘째, 시장원리를 따르는 현대 부문에서는 과잉 노동력을 생존 수준의 임금으로 고용하는데, 이때 농촌으로부터의 노동공급은 무한 탄력적으로 이루어진다. 셋째, 공업화가 시작되면 현대 부문에서는 자본축적과 투자 확대가 실현되는데, 이와 함께 농업 부문의 노동력은 현대 부문으로 빠르게 이동하여, 전통 부문의 과잉 취업구조가 해소되기 시작한다. 농촌에서 도시로의 노동력 이동은 전환점(turning point)[15]에 도달할 때까지 계속되고, 그 결과

---

14 루이스의 이중경제 모형에 대해서는 A. W. Lewis(1954, 1958, 1972, 1979) 등 참조. 루이스 모형의 핵심 요약은 G. M. Meier(1995), Ⅲ-B 참조.

경제 전체의 도약이 가능해진다. 넷째, 전환점에 도달한 이후 노동의 수급관계는 신고전파 경제성장론의 원리를 따르게 된다. 경제발전 초기에는 농업 취업자의 토지·자본장비율이 낮기 때문에 노동의 한계생산성은 0 수준에 머문다. 이 상태에서는 농업 부문에 과잉 취업이 존재하며, 과잉 상태인 노동력은 언제나 생존 수준의 임금으로 비농업 부문에 고용된다. 비농업 부문은 저임금으로 노동력을 확보할 수 있기 때문에 확대재생산에 필요한 자본축적이 비교적 쉽게 이루어진다. 그리고 노동력 이동 현상에 힘입어 비농업 부문과 경제 전체가 가속적으로 발전한다.

노동력 이동 현상에 주목한 루이스는 2부문 모형이라고도 부르는 모형을 구축함에 있어서 몇 가지 가정을 세웠다. 첫째, 경제는 후진적 농업 부문과 선진적 도시 공업 부문이 공존하는 이중구조로 되어 있다. 둘째, 농업 부문은 토지와 재생산이 어려운 자본을 이용하는 데 비해서 현대 부문은 상대적으로 재생산이 가능한 자본을 주로 이용한다. 셋째, 농업 부문의 노동공급은 임금에 대해 무한 탄력적인 특성을 갖는다. 즉, 저개발국에는 미숙련 노동력이 풍부하여, 임금에 대한 노동공급의 탄력성이 크기 때문에, 농업 부문의 노동력이 도시로 이동을 한다 해도 농업 생산량은 그다지 감소하지 않는다. 넷째, 공업 부문의 일인당 산출은 생산기술 수준 및 생산성 격차로 인해 높은 수준을 유지한다. 다섯째, 공업 부문에서 노동의 한계생산이 0이거나 0에 가깝다 해도, 임금은 한계생산물과 관계없이 결정된다. 왜냐하면 농업 부문으로부터의 노동공급이 임금에 대해 무한 탄력적으로 이루어지기 때문에, 공업 부문에서

15 이 점을 '루이스 전환점'이라고 부른다.

노동수요가 증가해도 임금은 상승하지 않기 때문이다.

루이스의 모형에서 말하는 농업 부문의 과잉 노동력이 자본축적에 기여하는 과정은 이렇게 정리될 수 있다.[16] 개도국의 경제개발 문제는 4~5% 수준의 낮은 저축률을 어떻게 12~15% 수준까지 끌어올리느냐에 있다. 저축률이 낮은 이유는 일인당 소득이 낮기 때문이 아니라 국민소득 중에서 이윤으로 분배되는 비율이 낮기 때문이다. 따라서 자본축적의 중심과제는 국민소득 분배에서 어떻게 저축되는 부분을 상대적으로 크게 만드느냐 하는 데 있다. 그런데 이윤소득을 상대적으로 크게 하는 데 결정적인 역할을 하는 요소는 바로 농촌의 과잉 노동력이다. 여기에서 보듯이 루이스는 경제발전의 원천은 자본이라고 보며, 자본은 도시 공업 부문 또는 자본가 부문에서 축적된다고 본다.

루이스 모형에 의하면 후진국의 경제발전으로 이끄는 핵심 요소인 농업 부문의 과잉 노동력(또는 잠재실업)을 통해 자본축적이 이루어지는 경로에는 두 가지가 있다. 하나는 농촌에서 과잉 노동력이 감소함으로써 농가의 일인당 평균소득이 상승하여 농업 부문에 축적이 일어나는 경로이다. 다른 하나는 도시로 이동하는 농촌의 과잉 노동력이 공업 부문에 고용됨으로써 공업 부문의 저축을 증대시키는 경로이다. 앞에서 설명한 넉시는 주로 농촌 부문의 축적에 중점을 두고 경제성장을 설명한 데 비해서, 루이스는 도시 공업 부문의 축적에 주안점을 두고 경제발전을 설명한다는 점에서 차이가 있다. 이러한 의미에서 넉시가 노동력 이동을 중심으로 경제발전 과정에 대한 초보적

16 A. W. Lewis(1954), p. 416.

인 설명을 하였다고 한다면, 루이스는 이 과정을 좀 더 체계적으로 설명하고자 하였다고 할 수 있다. 그리고 왜 농업 부문에서 도시로의 인구 이동이 발생하는지를 설명하는 인구 이동의 요인에 대해서, 넉시는 현재의 절대소득 격차를 강조하고, 루이스는 취업기회와 장래에 기대되는 임금격차를 지적한다. 하지만 양자 모두 농촌의 과잉 노동력이 원하면 언제든 이동할 수 있고 이동비용이 없다고 본 점, 즉 이동의 제약을 고려하지 않고 있는 점에서는 동일하다.

루이스가 말하는 과잉 노동력이 이윤을 향상시키는 과정을 좀 더 시각적으로 살펴보자(〈그림 4-2〉 참조). 노동의 한계생산성이 0인 과잉 노동력을 가정하면 노동의 공급은 무한하므로 노동공급의 탄력성은 무한대에 가깝다. 노동공급이 무한 탄력적이라는 것은 노동에 대한 수요가 증가해도 임금은 오르지 않는다는 의미이며, 이때 노동의 공급곡선은 수평선(W^*)이 된다. 만약 과잉 노동력이 존재하지 않거나 존재하더라도 한계생산력이 0보다 클 경우, 노동에 대한 수요가 증가하면 임금은 자연스럽게 오른다. 따라서 노동의 공급곡선은 양의 기울기(S_L)를 갖는다.

루이스에 따르면 후진국 경제에는 대체로 현대적 공업 부문과 전통적 농업 부문이 공존하는 이중구조로 되어 있는데, 이중에서 농업 부문에는 다수의 과잉 노동력이 존재한다. 그는 이처럼 농촌 부문을 생존 부문으로, 그리고 도시 공업 부문을 현대 부문 또는 자본가 부문으로 간주한다. 그리고 그는 생존 부문에서는 노동의 한계생산력이 0이거나 0에 근접하며, 여기에 대량의 잉여 노동력(잠재실업 또는 위장실업)이 존재한다는 가설을 설정하였다. 그리고 그는 이 가설 위에서 농업 부문은 외부에 무한으로 노동력을 제공하는데, 노동

그림 4-2 루이스의 이중경제 구조 모형

(단위: 억 위안)

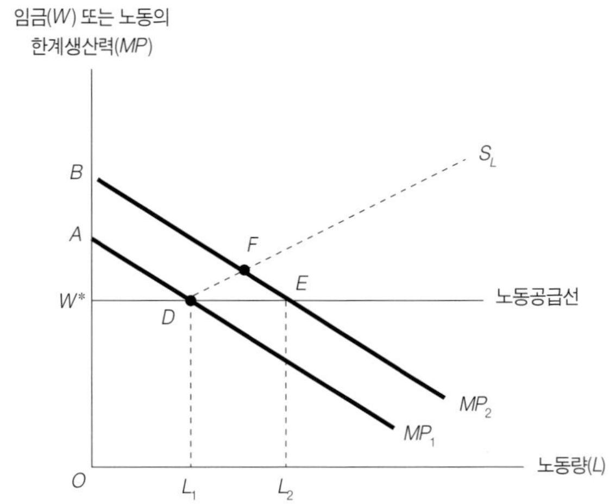

력 유출로 인한 농업생산의 감소는 발생하지 않는다고 보았다. 이때 공업 부문 기업들은 농업 부문으로부터 노동인력을 차출하기 위해 농업의 평균노동생산 이상의 임금을 제시해야 한다. 루이스에 따르면 생존 부문의 소득 수준이 매우 낮기 때문에 공업 부문은 장기간 저임금으로 노동자를 고용할 수 있으며, 이에 힘입어 자본축적이 이루어진다. 그리고 그는 이 과정을 통해 경제성장이 가능해진다고 설명한다.

루이스의 이중경제 구조 모형의 저변에는, 고전학파의 논리와 같이 비숙련노동자에 대한 실질임금은 사회적 관습에 의해 결정되며, 모든 임금은 소비되고 이윤만 저축의 유일한 근원이라는 사고방식이 깔려 있다. 그에 따르면 후진경제로부터 공업화가 진행되면서 자본가 부문에 자본이 축적되며, 자본가들은 이윤을 재투자하는 과정에서 농촌의 과잉 노동력을 흡수한다. 그리고 공업 부문의 노동력 흡수는 한계노동생산성이 임금률과 일치하는 점까지 진행된다. 이처럼 공업 부문에서 외생적으로 주어진 실질임금이 농업 부문에서 얻을 수 있는 소득을 초과하기 때문에, 공업 부문의 고용은 노동의 공급이 아니라 노동의 수요에 의해 제약된다. 루이스는 이렇게 농업 부문에서 도시 공업 부문으로 노동이 이동하는 현상을 '무한 노동공급'(unlimited supplies of labour)이라고 불렀다.

그런데 공업 부문이 농업 부문의 과잉 노동력을 흡수함으로써 자본을 축적하는 데는 몇 가지 문제가 있다.[17] 첫째는 농업 부문의 과잉 노동력을 흡수할 비농업 부문의 초기 자본을 어떻게 축적하느냐 하는 문제이다. 즉, 과잉 노동력을 통한 자본축적은 농촌의 유휴 노동력을 흡수할 자본의 존재를 전제하고 있는데, 자본이 부족한 후진국에서 이 자본을 어떻게 마련하느냐 하는 의문이다. 이에 대해서 넉시는 농업 부문으로부터 자본을 조달해야 한다고 하였고, 루이스는 신용창조에 의한 인플레이션 방법으로 조달할 수 있다고 주장하였다. 루이스는 공업 부문의 투자 자금을 통화증발을 통해 조달하더라도 투자의 생산효과와 이윤축적 효과는 크고 임금은 상승하지 않기 때문에 물가 상승 효과는 작을 것으로 보았다. 하지만 과잉 노동력이 감소하면 이 과정에 문제가 발생한다. 공업이 농촌의 과잉 인구를 계속 흡수하면 공산품과 농산품 간의 교역조건은 공산품에 불리해지며, 자본축적률이 인구증가율을 초과

17 넉시와 루이스가 주장한 농촌 잠재실업의 비농업 부문 흡수를 통한 자본축적 모형의 문제에 대한 정리는 박승(2005), 130쪽 참조.

하기 때문에 임금도 상승한다. 이렇게 되면 공업 부문의 이윤축적이 둔화된다. 그리고 이 단계에서 과잉 노동력을 활용한 성장방식은 더 이상 유효하지 않기 때문에 새로운 성장전략이 필요하다. 이 두 가지 자본조달 통로가 여의치 않을 때 생각할 수 있는 다른 방법은 외자도입뿐이다.[18]

또 한 가지 문제는 농촌의 과잉 노동력이 비농업 부문으로 흡수되면 농가의 평균소득이 향상되는데, 이와 함께 농가에 남은 가족이나 도시로 이주한 인구의 소비성향도 함께 높아진다. 소비성향이 높아지면 저축증대를 기대하기 어려운데, 이 문제를 어떻게 해결할 것이냐 하는 것이 문제이다. 생존 수준에 머물고 있는 후진국 국민들의 한계소비성향은 매우 높기 때문에 과잉 노동자의 도시 이주로 인한 일인당 소득의 증가는 농업 인구와 도시로 진출한 인구의 소비성향을 크게 상승시킬 가능성이 있다. 이 문제를 해결하려면 소비를 억제하는 직·간접적인 정책수단을 활용해야 한다.

루이스의 노동력 이동 모형은 이질적인 두 부문이 공존하면서 농업 부문의 과잉 노동력이 현대 부문의 이윤축적에 어떻게 기여하는가를 보여준다. 그런데 그의 모형을 이용해서 개혁 이후 중국의 경제성장 과정을 설명하는 데는 한계가 있다. 중국의 경제성장 과정을 살펴보면, 농촌 지역에 광범위하게 탄생·발전하여 농촌에서 도시로의 단선적인 대규모 노동력 이동을 억제하고 농촌 지역의 소득향상에 기여하였을 뿐 아니라 1990년대 중반까지 경제성장을 이끌었던 향진기업의 존재가 분명하게 부각된다. 그런데 루이스의 모형으로 개혁개방 이후 중국의 경제성장 과정에서 발견되는 향진기업의 사례

18 이 방법은 한국의 경우가 전형적이다.

를 설득력 있게 설명하기는 어렵다.

3) 도시 비공식 부문과 토다로 모형

토다로도 루이스처럼 산업화에 따른 인구 이동과 농촌 과잉 노동력의 도시 현대 부문으로의 이동 현상에 주목하여, 루이스 모형보다 좀 더 진전된 설명을 제시하고자 하였다.[19] 그에 따르면 도시로의 인구 이동은 장래에 기대되는 임금격차에 의해 크게 영향을 받는다. 루이스가 생존 부문과 도시 현대 부문으로 분류한 것과 달리, 토다로는 한 걸음 더 나아가서 도시의 산업을 다시 도시 전통 부문과 도시 현대 부문으로 분류하였다. 도시 전통 부문은 자본 규모가 작고 기술이 낙후되어 있으며 수익성도 불안한 영세 자영업이나 소기업을 가리키는데, 그는 이를 도시 비공식 부문(urban informal sector)으로 불렀다. 도시 현대 부문은 대규모 자본설비, 발전된 기술, 근대적 경영조직으로 이루어진 사업장으로서, 직업이 안정적이고 작업 환경이 양호하며 임금 수준이 비교적 높다. 토다로에 따르면 농촌에서 이주한 노동력은 처음에 도시 전통 부문에 종사하는데, 이들은 일정 기간 이후 또 다시 도시 현대 부문으로 이동하는 경향을 보인다. 그는 농촌에서 도시로의 인구 이동을 가능케 하는 요인은 도농 간 소득격차와 도시의 취업기회 두 가지를 지적한다. 토다로 모형의 가정은 다음 세 가지이다. 첫째, 모든 근로자의 계획 기간은 같다. 둘째, 이동을 위한 고정비용은 모든 근로자에게 동일하다. 셋째, 할인율은 잠재적인 이

19 토다로의 모형에 대해서는 M. P. Todaro(1969, 1971, 1977) 등 참조.

동 인구 모두에게 동일하다.

이처럼 토다로는, 루이스의 농업 부문–도시 공업 부문이라는 이 부문을 설정하는 이중경제 구조 모형과 달리, 농업 부문–도시 전통 부문–도시 현대 부문 세 부문으로 구분하고, 세 부문 간의 인구 이동 현상을 중심으로 그의 모형을 구축하였다. 이 점 때문에 토다로 모형은 '삼중구조 모형'이라고 부르기도 하지만, 어떤 점에서는 루이스 모형의 도시 지역에 대한 현미경적 확장이라고 할 수도 있다.

토다로 모형의 이론 틀은 간편한 수식으로 정리할 수도 있다. Yr을 농촌의 평균소득, Yu는 도시 현대 부문에 취업했을 경우의 실질소득, $Y^{-e}u$를 도시 지역 취업의 기대소득이라고 한다면, 도시로의 인구 이동량(M)은 아래와 같이 결정된다.

$$M=f(Y^{-e}u - Yr)$$

위 식에서 도시의 기대소득이 농촌의 절대소득보다 크면 도시로의 인구 이동이 시작된다. 한편, 도시의 기대소득은 도시의 현대 부문에 취업했을 경우의 실질소득(p)에 도시의 취업확률(Yu)을 곱한 값이다. 즉, $Y^{-e}u= pYu$이다. 그리고 도시 현대 부문의 취업확률은 다음과 같이 정의된다.

$$p=\frac{b\times E}{(N-E)}$$

여기서, b: 도시의 새로운 고용창출률

E: 도시의 총고용 규모

N: 도시의 총노동인구

여기에서 b는 도시의 새로운 고용창출률, E는 도시의 총고용 규모, N은 도시의 새로운 일자리 수, 그리고 분모($N-E$)는 실업자 규모를 나타낸다. 그리고 이상의 정의에 근거해서 다음의 식이 구해진다.

$$M = f\left(\frac{b \times E}{(N-E)} Yu - Yr\right)$$

위 식에 의하면 비록 도시에 실업이 존재하는 상황에서도 도시 현대 부문에 정식으로 취업했을 때의 실질소득(Yu)이 아주 높으면, 도시의 기대소득이 농촌의 절대소득보다 높기 때문에, 도시 전통 부문(도시 비공식 부문)으로의 이동 또는 도시 실업자 형태로의 인구 이동은 증가할 수 있다.

이상의 모형에 입각해서 산업화와 함께 진행되는 농촌에서 도시로, 도시에서도 다시 도시 전통 부문에서 도시 현대 부문으로의 인구 이동 현상을 좀 더 이론적으로 설명하면 다음과 같다. 농촌의 평균소득은 실질기대소득이며, 도시 실질소득은 소득에 취업기회를 곱한 값이다. 따라서 농촌보다 도시의 소득이 높다 하더라도 이주자가 판단하기에 취업을 고려한 실질적인 소득이 높지 않다면 이동은 일어나지 않는다. 그리고 도시의 취업기회는 도시 전통 부문과 현대 부문의 상대적인 크기에 의존하며, 도시 현대 부문의 취업기회가 많고 기대소득이 크면, 도시 전통 부문 또는 도시의 실업 형태로라도 이동이 발생하게 된다. 즉, 농촌에서 도시로의 이동은 위의 요소를 종합적으로 고려한 결과이며, 농민들이 도시로 이주하는 이유는 이주 이전의 평균소득보다 더 높은 소득을 얻을 수 있으리라는 기대와 판단 때문이다.

여기에서 알 수 있듯이 토다로의 모형은 왜 사람들이 실업률이 증가하는 도시로 몰려드는지를 이해하는 데 도움을 준다. 다시 말해서, 그의 모형은 도시 지역에 실업과 불완전 취업이 상존하는데도 지속적으로 인구가 이동하는지를 잘 설명해 준다. 그의 모형에서 산업화에 따른 농민의 도시 이주 현상을 설명하는 핵심어는 도농 간의 '기대수입 격차'이다.

토다로 모형을 통해 우리는 도시 중심의 발전을 통제하는 길은 농촌의 통합적 발전 촉진이며, 이는 도농 간의 임금격차 축소를 가능하게 할 수 있음을 알 수 있다. 뿐만 아니라 그의 모형은 도시의 고용 창출이 도시 실업 문제를 해결하는 방법으로는 불충분하다는 사실을 알려주는데, 그 이유는 도시의 고용기회 증가는 농촌으로부터의 인구 유입을 유발하기 때문이다. 또한 농촌으로부터 도시 지역으로의 인구 이동은 취업기회뿐 아니라 도시 지역의 양호한 교육기회 같은 요인에 의해 촉진되며, 도시 임금노동자들을 위한 최저임금제도나 보조금제도 등도 마찬가지 효과를 낸다. 예를 들어, 최저임금제가 도입되면 농촌의 노동력은 일정 기간의 실업 상태를 감수하더라도 취업기회를 얻기 위해 도시로 이주하려는 유인을 갖는다. 이렇게 볼 때, 도시로의 인구 유입을 막고 고용을 증대시키기 위한 적절한 도농 간 균형발전 정책, 소규모의 노동집약적 산업 확대 정책, 요소가격의 왜곡을 시정하기 위한 정책 등은 토다로의 모형에 힘입은 측면이 있다.

산업화에 따른 도시로의 인구 이동에 대한 좀 더 현실적이고 유용한 설명을 제시하는 토다로의 모형에 대해서는 실증연구 결과 몇 가지 문제가 지적되었다.[20] 먼저, 도시 공업이 성장하면서 항상 농업의 축소가 일어나지는 않으며, 도시 공업 발전이 3차 산업의 고용에 직접적인 영향을 미치는 경우도 있다는 점이다. 다음으로, 3차 산업 내부의 이질성으로 인하여 일인당 소득과 고용률 간의 상관관계가 부족하다는 점이다. 같은 3차 산업군에 속하는 산업이라고 하더라도 일인당 소득에 긍정적인 영향을 미치는 산업군이 있는가 하면, 개인소득 증대에 부정적인 영향을 미치는 산업군도 있기 때문이다. 어떤 서비스업은 경제발전과 함께 성장하고 어떤 서비스업은 오히려 쇠퇴한다.

정리하자면, 토다로는 루이스류 모형이 간과한 도시 실업 현상과 도시 비공식 부문에 주목함으로써 도시 지역에 실업이 존재하는 데도 노동력 이동이 계속되는 현상을 설득력 있게 설명한다는 점에서, 루이스 모형의 확장이라고 할 수 있다. 하지만 우리는 개도국의 노동력 이동 현상을 루이스 모형뿐 아니라 좀 더 개선된 토다로 모형으로도 명쾌하게 설명하는 데도 한계가 있다는 사실을 알 수 있다. 후술하는 바와 같이 중국 경제성장 과정에서 향진기업이 수행했던 역할을 고려할 경우에는 루이스의 이중구조 모형보다 확장된 토다로 모형이 더 유용할 수 있다. 하지만 중국 향진기업의 존재를 잘 설명해 내기 위해서는 토다로 모형에 대한 어떤 변형이 필요하다. 중국에서는 특수한 호적제도인 호구제도를 통해 도시로의 이농을 제도적·정치적으로 통제해 왔고, 개혁 중기까지는 도시 전통 부문도 취약하였으며, 도시 비공식 부문은 더 취약하였다. 이러한 가운데 농촌 지역에서는 향진기업이 농촌 과잉 노동력의

20 이러한 이유 때문에 3차 산업을 보완적 서비스업(행업, 재정, 교통, 도매 및 소매업), 신종 서비스업(교육, 현대 의료 서비스, 여행 레저, 요식업, 문화 등), 그리고 재래 서비스업(가사 서비스업) 등 세 가지로 나눌 필요가 있다는 지적이 있었다. 여기에 더해서 3차 산업을 생산자 서비스업(상업, 교통통신, 창고업), 집합 소비 서비스업(정부, 교육, 보건, 다른 사회적 서비스업), 개인 소비 서비스업(자유 전문 직종, 가사 서비스업, 수리 서비스업 및 다른 개인 서비스업)으로 구분해야 한다는 주장도 제기되었다.

일정한 부분을 흡수하면서 전체 경제성장을 견인하였다. 중국의 사례는 토다로 모형에서 도시 전통 부문을 도시와 농촌의 특성을 일정 부분 공유하는 향진기업으로 대체함으로써 중국의 현실에 부합하는 설명을 제시할 수 있는 가능성이 있음을 알려준다.

4. 향진기업과 전통적 발전 모형

이상에서 우리는 개혁 이후 적어도 1990년대 중반까지 중국 경제의 성장 과정에서 보여준 향진기업의 특수하고 중요한 위상, 노동력 이동 현상을 중심으로 경제발전을 설명하는 발전 모형 중에서 전통적인 노동력 이동 모형이 중국의 사례를 설명해 줄 수 있는 가능성을 비교 분석해 보았다. 그리고 중국의 경제발전을 설명함에 있어서 향진기업이라는 독특한 실체를 포함시키는 새로운 발전 모형이 필요한지 여부 및 기존 이론의 개선을 통한 설명 가능성 등에 대해서 살펴보았다. 이러한 작업을 통해 우리는 전통적 경제발전 모형에서 이 문제에 접근할 이론적 기반을 마련하였다. 이제 중국 경제발전 과정에서 보여준 향진기업의 위상을 염두에 두고, 전통적 노동력 이동 모형으로 이 현상을 설명해 낼 어떤 여지가 있는지에 대해 좀 더 논의해 보자.

향진기업은 체제개혁 사회인 중국에서 특수한 제도적·정치적 환경에서 탄생·성장하였으며, 경제성장과 발전 과정에서 중요한 역할을 하였다. 개혁이 시작되면서 농촌 지역에 잉여가 축적되자 농업보다 수익성이 높은 비농업 부문에 대한 관심이 높아졌는데, 노동력 이동이 통제받는 상황에서, 축적된 자금과 과잉 노동력이 향진기업으로 이동하였다. 이미 서술했듯이 개혁개방 이후 중국 경제의 성장과 발전 과정에서 향진기업은 결코 무시할 수 없는 존재임이 분명하다. 다만 향진기업을 현대 부문으로 보아야 할지 전통 부문으로 보아야 할지에 대해서는 논란의 여지가 있다. 그러나 향진기업은 농촌에 입지해 있으면서 주로 2, 3차 산업을 중심으로 하고 있었고, 초기에는 농업 부문, 이후에는 도시 공업 부문과 유기적 관계를 맺으면서 점차 시장영역을 확보해 나갈 수 있었다. 이로 인해 중국의 경제구조는 농촌 부문과 도시 부문, 그리고 농촌 내의 농업 부문과 현대 부문(향진기업)이 공존하는 특수한 구조가 형성되었다.

앞서 우리는 노동력 이동 현상에 주목한 발전 모형을 비교 분석하였다. 노동력 이동 현상에 주목한 발전 모형의 원형은 넉시 모형과 루이스 모형이다. 넉시는 국민경제 구조를 농촌 부문과 도시 부문으로 구분하고, 경제개발이 시작되면서 사실상 생산에 기여하지 않는 농촌 부문의 잠재실업을 도시로 이동시킴으로써 잠재실업자들의 소비만큼을 저축할 수 있다고 하였다. 그는 농촌에서의 자본축적에 초점을 맞춤으로써 도시 현대 부문의 발전을 위한 자본은 잠재실업의 유출로 인해 축적된 농촌에서 조달해야 한다고 주장하였다. 넉시는 농촌 부문과 도시 부문이라는 이중경제 구조를 이용해 농촌 잠재실업 인구의 도시 유입을 통한 도시 공업화, 농촌을 발판으로 한 자본축적, 그리고 이 경로를 이용한 경제발전의 길을 제안한 것이다. 넉시 모형이 농촌의 잠재실업, 노동 이동을 통한 농촌의 자본축적에 주목한다는 점에서 향진기업을 설명할 여지가 있어 보인다. 하지만 넉시 모형은 어디까지나 농촌의 전통 부문에 관심을 갖기 때문에 중국 농촌 지역의 현대 부문인 향진기업을 담아낼 여지는 없다. 즉, 그의 '농촌 부문–도시 부문'이라는 단순한 이중구조 모형에는 향진기업 같은 특수한 존재를 설명할 여지가 없다.

루이스는 넉시와 거의 유사한 시기에 생존 부문인 농업과 선진 부문인 도시 공업 두 부문으로 구성된 이론 틀을 구축하여 농촌과 도시 간의 노동력 이동을 분석하고, 공업화의 시작과 진전 조건을 설명하고, 궁극적으로 개도국의 경제발전 과정을 설명했다. 그는 노동력 이동 모형 또는 이중경제 구조 모형을 통해 농촌의 과잉 노동력이 자본축적과 경제성장에 어떻게 기여할 수 있는지를 보여주고자 하였다. 루이스 모형은 경제구조의 본질을 전통 부문과 공업 부문 간의 병존 상황으로 파악하면서, 경제발전을 현대 부문이 끊임없이 증대되는 공업화 과정으로 보았다. 넉시와 루이스는 모두 농촌 잉여 노동력의 이동이라는 현상에 대한 관찰을 통해 경제발전 과정을 설명하고자 하였다. 그러나 넉시가 잉여 노동력 전출로 인한 농촌 부문의 축적에 초점을 맞춰 경제성장을 설명한 반면, 루이스는 농촌 과잉 노동력의 도시 이동으로 인한 도시 현대 부문의 축적에 초점을 맞춰 경제성장을 성명하였다. 또한 인구 이동 현상을 발생시키는 핵심 요소로 넉시는 현재의 절대소득 격차를, 루이스는 장래에 기대되는 임금격차와 취업기회를 저적하였다. 그런데 이처럼 넉시 모형보다 좀 더 체계적인 이중경제 구조 모형을 수립한 루이스 모형으로도 중국의 향진기업이라는 존재를 설명해 내기는 어렵다.

위의 두 모형은 토다로에 의해 더 한 단계 진화하였다. 토다로는 넉시나 루이스와 달리 농촌 부문–도시 현대 부문에 도시 전통 부문(도시 비공식 부문)을 추가함으로써 경제발전 현상을 더 설득력 있게 설명하였다. 그는 도시로 이주한 농촌 과잉 노동력은 처음에 도시 전통 부문에 종사하는데, 일정 기간 이후 이들은 도시 현대 부문으로 이동한다고 보았다. 토다로 모형에서 농촌으로부터 도시로의 인구 이동을 가능케 하는 요인은 도농 간 소득격차와 도시의 취업기회이다. 이처럼 토다로는 경제구조를 농촌 부문–도시 전통 부문–도시 근대 부문이라는 세 부문으로 구분하고, 세 부문 간의 단계적인 인구 이동 현상을 중심으로 이론 틀을 구축하였다. 하지만 도시 지역에 대한 예리한 관찰을 통해 루이스 모형을 확장시킨 토다로의 삼중구조 모형 속에서도 중국 향진기업 현상을 설명해 낼 여지는 없다.

국내에서도 개혁 전 중국 경제의 구조를 '농공 간 이분성' 구조, 개혁 이후의 경제구조를 '2부문 경제구조'로 분류·설명하려는 시도가 있었다.[21] 개혁 이전 경제구조는 철저하게 농업과 공업을 분리하고 농업 잉여를 이용하여 공업화를 추진했다는 점에서 '농공 간 이분성' 구조라는 정형화에 이의가 없다. 하지만 개혁 이후 농업 부문을 전통 부문으로 그리고 도시 공업을 현대 부문으로 구분하여 2부문 구조로 설명하거나, 도시 산업을 전통 부문과 근대 부문으로 분류한 뒤 농촌 부문과 함께 3부문 경제 모형으로 설명하려는 시도는 중국의 현실을 설명하는데 분명한 한계가 있다. 향진기업은 농촌 지역에 입지했고, 주로 1차 생산물을 원료로 사용할 뿐 아니라 향촌 주민이 주인이고, 주민을 주로 고용한다는 점에서 전통 부문의 성격도 갖는다.[22] 하지만 향진기업이 비도시 지역에 입지해 있다는 사실을 제외하고는, 분명히 중소기업으로서 2차 및 3차 산업이 주류였다는 점에서 현대 부문의 성격도 갖고 있다. 뿐만 아니라 이미 서술하였듯이 향진기업은 적어도 1990년대 중반까지 경제성

21 이일영·고재모(1995), 62~64쪽.
22 중국 내의 삼중구조론의 적용 가능성 논의는 陳吉元·胡必亮(1994. 4) 참조.

그림 4-3a 루이스의 이중구조 모형

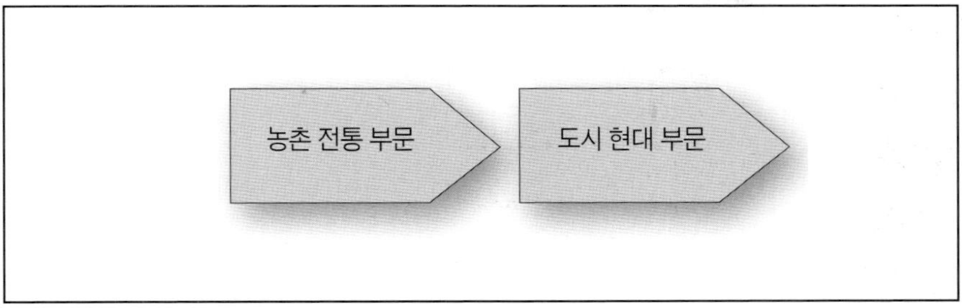

그림 4-3b 토다로의 삼중구조 모형

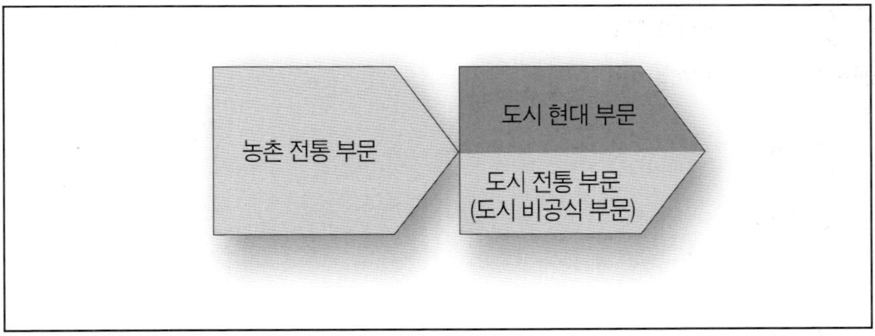

그림 4-3c 개선된 삼중구조 모형

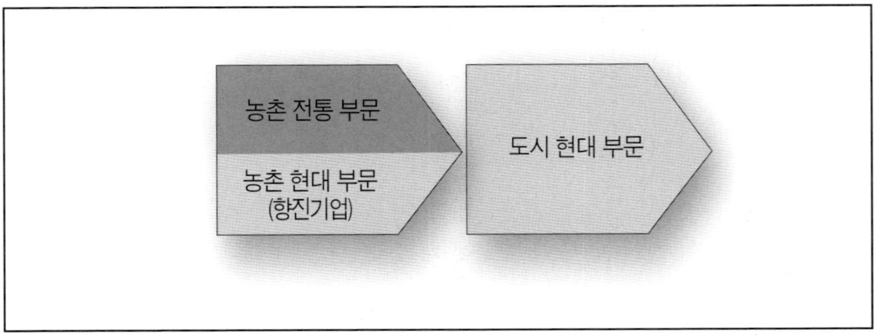

장률, 농촌 생산, 고용, 납세 측면에서 매우 중요한 역할을 하였다. 따라서 개혁 후 중국 경제의 구조에서 향진기업을 무시하기는 곤란하다. 그렇다면 2부문 경제(이중경제 구조) 모형보다는 3부문 경제 모형(삼중구조)으로 변형하지 않고는 향진기업 현상을 담아낼 길이 없다. 그러나 중국의 현상을 설명하기 위해서는 삼중구조 모형에 대한 또 한 차례의 수정이 필요하다. 그 이유는 농촌지역의 현대 부문인 향진기업이라는 존재 때문이다. 토다로의 삼중구조 모형과 기본 구도는 유사하지만, 중국의 경우는 도시 전통 부문 대신 향진기업이라는 농촌의 현대 부문이 삼중구조의 한 축을 이룬다고 할 수 있기 때문이다. 이 점에서 농촌 전통 부문–농촌 현대 부문(향진기업)–도시 현대 부문이라는 새로운 삼중구조 모형이 현실을 더 잘 설명해 줄 가능성에 주목할 수밖에 없다.

5. 맺는 말

중국은 개혁 이전까지 소련의 스탈린 모형을 학습하여 경제발전을 시도하였다. 농업 측면에서 스탈린 모형은 농업의 집단화와 유통체제의 국가 장악으로 요약할 수 있는데, 이 시기 경제발전 시도는 농공 간의 이원화 구조를 바탕에 깔고 있었다. 농공 간 이원화 구조는 호구제도를 근간으로 삼아 인위적으로 농촌에 과잉 인구가 체류하도록 하고, 생산은 집단생산을 강제하며, 농촌의 잉여를 기반으로 사회주의 공업화를 추진하는 구도였다. 그러나 1970년대 후반 개혁이 시작된 뒤 중국 농촌의 발전 형태는 개혁 이전과 달랐다. 도시로의 인구 이동이 제도적·정치적으로 통제된 상태에서 농촌 개혁이 선행되고 이어서 도시 기업 개혁이 단행되었는데, 농촌의 자원축적과 도시로의 인구 이동 통제 조건 하에서 농촌 지역에 향진기업이 발흥하였다. 향진기업은 기본적으로 농촌에 입지한 현대 부문으로서 농촌 지역에는 시장화된 농업과 향진기업이 동시에 발전하는 특수한 구조가 형성되었다.

경제발전 모형 중에는 일찍이 1950년대부터 경제개발과 함께 발생하는 농촌 인구의 도시 이동 현상에 주목하여 경제발전 현상을 설명하려는 시도가 있었다. 이러한 이론화 시도의 선구는 넉시와 루이스였고, 이어 이들 모형의 한계를 극복하기 위한 노력은 토다로에 의해 시도되었다. 레이스-페이가 루이스 이론을 한 단계 발전시켰으나 기본적인 이론 틀은 변화가 없었다. 루이스 모형은 농촌 전통 부문-도시 현대 부문이라는 이중경제 구조 틀이고, 토다로의 모형은 농촌 전통 부문-도시 전통 부문(비공식 부문)-도시 현대 부문이라는 삼중경제 구조 틀이다. 그리고 노동력 이동에 주목한 이 모형들은 나름대로 개도국의 다양한 경제개발 및 발전 현상에 대한 유용한 설명을 제시해 주었다.

그러나 이중구조 모형으로 개혁 후 중국의 경제발전 현상을 설명하는 데는 상당한 무리가 있으며, 개선된 토다로의 삼중구조 모형도 중국의 사례, 특히 향진기업의 역할을 설명해 내는 데는 한계가 있다. 인구 이동 현상을 키워드로 한 이중구조 모형이나 삼중구조 모형으로는 이 존재를 설명해 낼 여지가 없다. 물론 많은 후발 개도국에서 농촌 공업화가 시도된 바 있다. 그러나 중국 향진기업은 다른 나라의 사례와 매우 다른 성격과 위상을 갖는다. 중국과 유사한 사례가 있다고 한다면 타이완의 경제발전 과정에서 농업과 농촌 공업의 위상 정도라고 할 수 있는데, 그 생성과 발전 요인에는 큰 차이가 있다. 엄격히 말해 타이완의 사례는 많은 나라에서 발견되는 일반적인 농촌 공업화와 차이가 없다. 따라서 중국의 향진기업 현상을 설득력 있게 설명하기 위해서는 전통적인 발전 모형의 변형 또는 확장이 필요하며, 구체적으로는 '농촌 전통 부문–농촌 현대 부문(향진기업)–도시 현대 부문'이라는 3부문 틀, 아니면 농촌 전통 부문–농촌 현대 부문(향진기업)–도시 전통 부문(도시 비공식 부문)–도시 현대 부문이라는 4부문 틀이 필요하지 않을까 생각된다. 이렇게 할 때에야 중국의 경제성장과 발전 과정에서 보여준 향진기업의 의미와 위상을 어느 정도 담아 낼 수 있지 않을까 생각된다.[23]

향진기업의 과도기적 역할은 1990년대 중반 이후 빠르게 축소되었다. 개혁개방이 심화 단계에 도달함에 따라, 국내외 시장에서 무한 경쟁에 노출된 향진기업들 중 다수는 위기에 직면하였다. 이와는 달리 일부 기업은 세계적인 경쟁력을 갖춘 거대기업으로 변모하면서 분화되었다. 또한 다른 수많은 향진기업들도 국유기업의 취약한 경쟁력으로부터 반사이익을 노리거나 지방정부의 지원에 의존하기보다는 스스로의 경쟁력을 확보해야 했다. 이에 따라 1997년 이후 기술, 자금, 경영능력 측면에서 국내외 시장에서 경쟁력을 상실한 많은 향진기업들은 시장에서 도태되기 시작하였다. 1997년 이후 도시 상공업이 급팽창하고 향진기업의 비중과 역할이 축소되면서 이제 삼중구조 모형의 설득력도 점차 약화될 상황을 맞았다. 이중구조 모형뿐 아니라 토다로 모형도 제한적인 설명력만을 가진 것과 마찬가지로 이 글에서 제시한 개선된

23 향진기업이 국민경제에서 점하는 위상, 경제성장에 대한 기여 수준을 측정하는 문제와 어느 수준까지를 중요한 기여라고 평가할 수 있는지의 문제, 그리고 중국의 경제성장 과정에서 도시 비공식 부문은 다른 개도국의 성장 과정과 달리 미미한 수준이었는지의 문제 등은 또 다른 연구가 필요하다.

삼중구조 모형 역시 한시적인 설명력만을 갖는다. 중국 경제에서 향진기업의 위상과 역할이 크게 축소되고 도시 비공식 부문이 점차 확대되는 등 새롭게 고려해야 할 요소가 부각되었기 때문이다. 여기에 더해서 도시 지역에서도 도시 호구 근로자와 농민공 간의 격차가 또 다른 사회경제 문제가 되고 있다. 더욱이 2000년대 들어서 대도시를 중심으로 호구제도에 유연성을 부여하고 있고, 호구제도 폐지에 대한 대중의 요구가 높아갈 뿐 아니라, 이 문제가 공개적인 토론의 장에서 활발하게 논의되고 있다. 현재 중국에서는 도시화가 빠르게 진행되고 있기 때문에, 앞의 삼중구조 모형의 설명력도 점감할 수밖에 없는 상황이다.

이러한 의미에서 농촌-도시, 농촌-도시 전통-도시 현대, 또는 농촌-농촌 현대-도시 전통-도시 현대로 진화해 온 설명 모형은 농촌-농촌 현대-도시 부문(도시 이주 인구 부문-도시 호적 인구 부문)으로 '3+2모형'으로 변형할 필요성도 제기될 수 있다. 아니면 향진기업이라는 독특한 존재를 고려해서 중국 경제의 발전을 설명해 내기 위해 새로운 발전 모형을 창안해 내야 하는지, 그것도 아니면 전통적인 발전 모형의 확장을 통해 중국의 사례를 담아 내야 하는지에 대해 답하기 위한 또 다른 작업이 필요한지도 모르겠다.

참고문헌

Harris, J. R. and M. Todaro, "Migration, Unemployment and Development: A Two-Sector Model Analysis," *American Economic Review*, 60, 1970.

Lewis, A. W., "Economic Development with Unlimited Supplies of Labour," *The Manchester School of Economics and Social Studies*, 22(2), May 1954.

______, "Unlimited Labour: Further Notes," *The Manchester School of Economics and Social Studies*, 26(1), January 1958.

______, "Reflections on Unlimited Labour," in Luis Eugenio Di Marco, ed., *International Economics and Development, Essays in Honor of Raul Prebisch*, New York: Academic Press, 1972.

______, "The Dual Economy Revisited," *The Manchester School of Economics and Social Studies*, 47(3), 1979.

Meier, G. M., *Leading Issues in Economic Development*, 6th edition, Oxford: Oxford University Press, 1995.

Nurkse, R., "Excess Population and Capital Construction," *Malayan Economic Review*, October 1957.

Ranis, G. and J. C. Fei, "A Theory of Economic Development," *American Economic Review*, 51, September 1961.

______, *Development of the Labor-Surplus Economy: Theory and Policy*, III, Irwin: Homewood, 1964.

Todaro, M. P., "A Model of Labour Migration and Urban Unemployment in Less Development Countries," *American Economic Review*, 59(1), March 1969.

______, "Income Expectation, Rural-Urban Migration and Employment in Africa," *International Labour Review*, 104(5), November 1971.

______, *Economics for a Developing World*, London: Longman, 1977.

박동섭 옮김, 『후진국자본형성론』, 서울: 유풍출판사, 1983(Nurkse, R., *Problems of Capital Formation in Underdeveloped Countries*, New York: Oxford University Press, 1953).

박 승, 『경제발전론』(제2전정판), 서울: 박영사, 2005.
신용수, 『경제발전론』, 서울: 도서출판 답게, 2003.
이일영·고재모, 「중국 향진기업의 성과와 한계」, 『농촌경제』, 18(3), 1995 가을.
「합법적 사유재산 보호 명시할 듯」, 『동아일보』, 2004. 3. 2.
「中華人民共和國憲法」(2004年 3月 14日), 『光明日報』, 2004. 3. 16.
「中華人民共和國憲法修正案」, 『人民日報』, 2004. 3. 16.
于金, 『鄕鎭企業發展深層問題硏究』, 哈爾濱: 黑龍江人民出版社, 2001.
張毅, 『中國鄕鎭企業-苦難的歷程』, 北京: 法律出版社, 1990.
張春生, 「法修改對社會主義認識的深化」, 『人民日報』, 2004. 4. 1.
陳吉元·胡必亮, 「中國的三元經濟構造与農業剩餘勞動力轉移」, 『經濟硏究』 第4期, 1994. 4.
黃守宏, 「鄕鎭企業: 對國民經濟發展的貢獻」, 『農村經濟文稿』 第4期, 1990.
關口尙志·朱紹文·植草益 編, 『中國の經濟體制改革』, 東京: 東京大學出版會, 1992.
矢野一郎 主編, 『日本國勢圖會(1994, 95年版)』, 東京: 國勢社, 1994.
中西徹, 「二重構造と失業」, アヅア經濟硏究所/朽木昭文外編, 『テキストブク開發經濟學』, 有翡閣, 1997.

제5장

이중경제 구조 모형과 향진기업

1. 머리말
2. 이중경제 구조 모형의 출현과 진화
3. 이중경제 구조 모형의 확장과 향진기업
4. 맺는 말

제5장

이중경제 구조 모형과 향진기업

1. 머리말

루이스(A. W. Lewis)가 개발한 이중경제 모형, 즉 루이스 모형은 개도국 경제를 농업 부문(전통 부문, 생존 부문)과 도시 공업 부문(현대 부문, 자본가 부문)이라는 두 부문을 구분한 뒤, 농촌 과잉 노동력의 이동 과정을 통해 이 두 부문이 어떻게 관계를 맺고, 그 관계가 발전 단계에 따라 어떻게 달라지는지를 설명한다. 그리고 궁극적으로 이중경제 구조 모형은 이상의 과정과 관계를 통해 개도국의 경제발전 과정을 설명한다. 루이스 모형이 제기된 뒤 가정(假定)의 문제와 여러 가지 논리상의 한계가 지적되었음에도 불구하고, 이 모형은 이론 측면에서 독창적이었을 뿐 아니라 개도국의 경제개발에 대한 실천적·정책적 시사점도 컸다. 루이스 모형(이하, L 모형)은 라니스와 페이(Ranis and Fei)에 의해 계승되고 발전되었다. 이들은 L 모형에서 생존 부문에 대한 설명이 부족하다고 보고 농업 부문에 대해 좀 더 치밀한 보완을 시도하였다. 또한 루이스가 도시 실업 문제의 중요성을 일깨워주기는 하였으나, 그의 설명에는 노동 이민과 도시 실업 메커니즘에 대한 분석은 부족하다는 지적이 있었는데, 이 부분은 해리스와 토다로(Harris and Todaro)가 보완하였다.

루이스가 창안한 이중경제 모형은 모형의 제기와 라니스-페이에 의한 발전, 그리고 뒤이은 해리스-토다로의 확장 과정을 통해 이론적으로 치밀해지고 현실적 설명력과 실천을 위한 응용 잠재성이 커졌다. 그럼에도 불구하고 기본적으로 일국의 경제구조를 이중경제 구조 틀로 설명하고자 하는 L 모형, 라니스-페이 모형(이하, R-F 모형)으로의 발전, 그리고 해리스-토다로 모형(이하, H-T 모형)의 확장에도 불구하고 현실 설명력에 대한 의문은 완전히 해소되지 않았다. 그중에서도 가장 대표적인 경우가 중국의 사례인데, 의문은 바로 중국의 사례를 전통적인 이중경제 구조 모형으로 설득력 있게 설명해 낼 수 있느냐 하는 문제이다. 그리고 이 논의의 중심은 개혁개방 이후 중국 경제에서 특수한 생산 주체로 인식되는 농촌 지역의 향진기업이라는 존재이다. 개혁개방이 선언된 뒤 경제발전 초기에 발흥하기 시작해서 1990년대 중반까지 중국 경제 성장을 실질적으로 견인했다고 평가받는 향진기업은, 농촌 지역에 널리 발전한 공업, 운수업, 서비스업 같은 비농업 부문이자 농촌 현대 부문이다. 이처럼 향진기업이 중국 경제 성장에 기여한 바가 매우 크다고 볼 때, 이중경제 구조 모형 안에서 향진기업이라는 존재를 과연 어떻게 설명해 낼 수 있느냐 하는 의문은 정당하다.

이러한 문제의식 속에서 이 글은 노동력 이동 현상에 주목한 전통적 이중경제 구조 모형(L 모형, R-F 모형, H-T 모형)의 핵심을 제4장에서보다 좀 더 구체적으로 분석하면서, 이 가운데 향진기업이라는 존재를 설명해 낼 수 있는지를 추적하려 한다. 그런 후 중국 농촌 지역에서 발흥한 특수한 생산 주체인 향진기업이 설명될 여지가 있다고 판단되는 혼다이와 뤄(本臺-羅)가 제기한 모형(이하, H-L 모형)을 소개하고, 이 모형 속에서 향진기업이 어떻게 설명되는지를 살펴보려 한다.

2. 이중경제 구조 모형의 출현과 진화

1) 루이스 모형(L 모형)

고전파 경제학자들은 공급(생산)을 증대시키기 위한 해답을 자본축적에서 찾고자 했는데, 자본축적은 소득분배에 의해 결정되며 가치를 창조하는 것은 본질적으로 '노동'이라고 보았다. 이들의 세계에서는 노동만이 가치를 생산하고 노동은 자본의 원천이다. 고전파 경제학으로는 농촌에 과잉 노동력이 상존하는 저개발국의 상황은 이해하기 어려울 수밖에 없고, 루이스처럼 경제개발이 어떤 시점에 이르면 노동공급이 무한에서 유한으로 전환된다는 사실도 관심 밖이다. 고전파 경제학에서는 대규모 노동의 존재 그 자체가 무한한 가치와 자본의 보고이기 때문에 경제 활동의 자유만 주어진다면 생산, 공급, 성장, 발전은 문제될 게 없기 때문이다. 신고전파 거시경제학은 노동공급이 고정되어 있다고 가정하고, 임금은 노동의 수급에 따라 결정된다고 보았다. 따라서 신고전파 경제학 세계에서 노동의 무한공급이 가능한 저개발국의 경제발전 현상을 설명하기가 사실상 어렵다. 케인스는 노동의 무한공급뿐 아니라 사실상 자본과 토지도 무한하다고 전제하고, 수요 문제 해결에 초점을 맞추었다. 따라서 과잉 노동력이 존재하는 저개발국의 경제성장은 관심 밖이었고 당연히 개도국의 상황을 설명할 필요가 없었다.

루이스의 이중경제 구조 모형(이하, L 모형)은 개도국의 이중구조 형태의 경제발전 과정을 농촌 과잉 노동력의 이동 과정과 결부시켜 설득력 있게 설명하였는데, 그의 핵심 문제의식은 개도국의 경제발전을 결정하는 기본 동력을 찾는 데 있었다. 루이스는 이론 전개의 첫 단계에서 폐쇄경제를 가정한 뒤, 농업 부문(생존 부문, 전통 부문)에 대규모 잉여 노동력(처음에 잉여 노동력이라고 불렀다가 뒤에 공급이 무한 탄력적인 노동으로 수정함)이 존재하고 도시 공업 부문(현대 부문, 자본가 부문)의 생산성이 향상되면, 이윤으로 돌아가는 부분이 증가하며, 이렇게 축적된 자본은 투자된다고 보았다. 자본은 도시 공업 부문에서 축적되며 도시 자본축적의 시작은 농업 부문 과잉 노동력의 이동과 이들의 도시 공업 생산 참여이다. 이어서 그는 이론 전개의 2단계에서 이민과 자본 수출이 가능한 개방경제로 시야를 확장했다. L 모형은 농업 부문에 존재하는 무한탄력적인 노동과 노동의 이동, 그리고 도시 공업 부문의 자본축적과 투자의 상호 관계를 중심으로 경제발전 과정을 설명한다. 루이스는 개도국 대부분이 농업국이고 농업이 중요하다는 사실을 간과하지 않았고, 농업의 교역 조건 악화를 막기 위해 생산성을 높이고 기술 변화를 유인하는 정부의 지원이 필요하다는 정책적 제안도 내놓았다. 뿐만 아니라 그는 경제발전 과정을 단순히 경제라는 단일 차원이 아니라 정치, 경제, 사회 및 제도 등 다차원의 과정이라는 점을 강조함으로써, 균형 잡힌 시각을 보여주었다.[1]

루이스[2]는 무한에 가까운 과잉 노동력이 존재하는 저개발국에서 경제성장이 일어나는 과정을 '무한 노동공급' 가설을 통해 설명했다. 그에 따르면

1 C. Kirkpatrick and A. Barrientos(2004), p. 11.
2 A. W. Lewis(1954).

노동의 무한공급 현상은 특히 농업에 과잉 노동력이 대량으로 존재하며, 노동의 한계생산성이 매우 낮은 사회에서 나타난다. 하지만 현실을 보면, 과잉 노동력은 농촌만이 아니라 도시(도시 일용직, 영세 상인 등)에도 존재할 뿐 아니라 주부노동 같은 여러 형태로 광범하게 존재한다. 그리고 인구 증가와 생산성 향상도 과잉 노동력을 만들어 내는 원천이다. 루이스에 의하면 노동의 무한공급 조건이 갖춰진 상황에서 경제발전이 진행되면, 일시적으로 숙련 노동이 부족해질 수 있으나 자본가나 정부가 숙련노동자 훈련에 관심을 갖게 되면, 숙련 노동력 부족 문제는 해소된다.

루이스의 설명을 좀 더 따라가 보자. L 모형은 경제구조를 크게 두 부문으로 구분한다. 그는 초기 연구(1954)에서 두 부문을 생존 부문(subsistence sector)과 자본가 부문(capitalist sector)으로 구분하였는데, 후속 연구(1979)[3)]에서 전통 부문(traditional sector)과 현대 부문(modern sector)으로 수정하였다. 또한 그는 초기 연구에서 사용한 잉여 노동(surplus labour)이라는 용어를 후속 연구에서는 무한 탄력적 노동(infinitely elastic labour)이라고 바꿨다. 루이스의 정의에 따르면 자본가 부문은 재생산이 가능한 자본을 이용하는 부문이며, 생존 부문은 자본을 사용하지 않는 영세 자영업자, 소상공인, 하인, 일용직, 농장노동자 등으로 구성된다. 생존 부문은 농민이 대부분을 차지하며 일인당 생산성이 자본가 부문에 비해 낮다. L 모형에서 과잉 노동 또는 무한 탄력적 노동은 생산성이 0에 가까울 정도로 매우 낮기는 하지만 양(+)인 노동력이므로, 생산성이 생존임금보다 낮은 노동력도 과잉 노동력이다. 그러나 루이스가 말하는 과잉 노동력

3 A. W. Lewis(1958, 1972, 1979).

이 넉시(R. Nurkse)[4]의 위장실업 또는 잠재실업과 같은 개념은 아니다. 루이스의 과잉 노동력은 효율이 아주 낮아 생산성이 임금보다 낮은 노동이지만, 넉시의 위장실업은 한계생산성이 0인 노동이다. 넉시는 개도국 농촌에는 노동력을 감소시켜도 생산성이 하락하지 않는 대량의 노동력이 위장된 형태로 존재하기 때문에, 이 노동력을 이용해서 간단한 도구만으로 도로를 건설한다든가 댐을 건설하면 자본형성이 가능하다고 주장하였다.

L 모형에 의하면, 개도국의 발전 초기에는 대량의 과잉 노동력이 존재하지만 도시 현대 부문이 성장하면서 과잉 노동력은 점차 소멸하는데, 이 소멸 시점을 일반적으로 루이스 전환점(Lewis Turning Point, 제1전환점 또는 부족점)이라고 부른다. L 모형은 전통 부문이 식량을 생산하여 현대 부문의 노동자에게 공급하고, 현대 부문만이 자본을 축적하며, 현대 부문에서 생산한 자본재가 전통 부문에 공급되어 전통 부문의 생산이 확대되는, 두 부문 간의 역동적 자원 이동과 자본축적 관계를 묘사하고 있다. 그러니까 L 모형에서는 자본축적이 가능한 도시 현대 부문은 확대재생산이 가능한 부문이다. L 모형은 현대 부문의 성장과 함께 저축률과 투자율이 증가하는 과정을 함께 설명한다는 점에서 큰 범주에서 '노동력 이동' 모형이자 구체적으로 '자본축적' 모형이라 할 수 있다.[5]

〈그림 5-1〉은 앞에서 서술한 L 모형을 시각적으로 보여준다.[6] 〈그림 5-1a〉에서 횡축은 노동력 부존량이고 종축은 노동의 한계생산성이며, 현재의 노동

4 R. Nurkse(1961, 1966) 등 참조.
5 강희정·강경구 옮김(2012), 82쪽.
6 A. Lewis(1954, 1968) 참조.

그림 5-1 루이스 모형

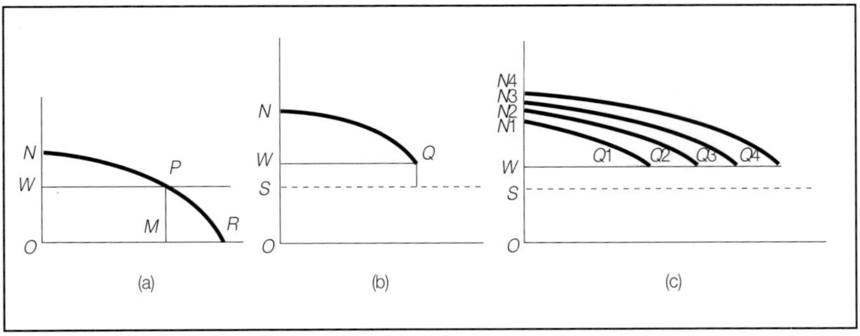

자료: A. Lewis(1954), pp. 146, 150, 152; A. Lewis(1968), pp. 406, 411(원본 그림).

력 부존총량은 *OR*, 임금률은 *OW*로 표시되어 있다. 자본가 부문에서는 *OM*의 노동을 고용하며, *WNP*는 자본가에게 돌아가는 잉여, *OWPM*은 노동자들에게 돌아가는 몫인 임금이다. 그리고 *MR*은 생존 부문에서 최저생계비 수준(생존임금)으로 고용된 노동이다. 자본가 부문에 자본이 축적되어 자본량이 증가하면 더 많은 노동이 생존 부문에서 자본가 부문으로 이동하는데, 이때 노동의 일인당 생산성은 상승한다.

자본가 부문의 생존임금은 생존 부문에서 얻을 수 있는 최소 소득 수준에 근거해 결정된다. 대부분 농민으로 구성된 생존 부문에서 임금은 농민의 평균생산성 또는 관습적 최저생계비(conventional minimum wage), 즉 관습임금 이상에서 결정된다. 농촌에서 생활한다면 평균생산만큼의 소비가 가능한데, 자본가 부문이 제시하는 더 낮은 임금 수준은 도시로의 이동을 유인할 수 없다. 루이스는 자본가 부문의 임금은 생존 부문의 소득에 30% 정도의 마진을 더한 수준에서 결정된다고 보았다. 그 우선적 이유는 자본가 부문의 생활비용이 높기 때문에 명목임금이 높아야 한다. 또 다른 이유는 농촌의 편안한 생활을 포기하고 도시의 긴장된 생활을 하는데 대한 보상, 농민을 신규로 채용하기보다는 자본가 부문에 존재하는 기존 노동의 사용이 주는 이점, 그리고 자본가 부문 노동자의 특혜 요구 같은 요인 등이다. 따라서 자본가 부문의 임금은 〈그림 5-1b〉처럼 생존임금인 *S*보다 높은 *W* 수준에서 결정된다.

이상의 설명을 바탕으로 해서 〈그림 5-1c〉를 통해 개도국의 경제발전 과정을 설명할 수 있다. 그림에서 당초 노동의 한계생산곡선은 *N*1*Q*1이고, 노동의 고용은 *WQ*1이 되고, 이때 자본가 부문의 잉여는 *WN*1*Q*1이다. 자본가 잉여가 재투자되면 노동의 한계생산곡선은 *N*2*Q*2가 되며, 노동고용은 *WQ*2로 확대되고, 자본가 잉여는 다시 *WN*2*Q*2로 늘어난다. 그리고 이 과정은 과잉노동력이 소멸될 때까지 지속된다. 고전파 세계에서는 노동의 무한공급이 가능하다고 보기 때문에 경제성장과 함께 이윤율은 하락하지는 않는다.

루이스의 기본 논리 구도를 요약하면 이렇다. 경제가 성장하기 위해서는 잉여가 재투자되어야 한다. 재투자가 가능하려면 잉여가 저축되고 국민소득에서 저축이 점하는 비율인 저축률이 상승해야 한다. 저축률이 상승하려면 상대적으로 저축 성향이 높은 자본가 계층에게 유리한 소득분배가 이뤄져야 하는데, 기술적으로 정체된 문명보다는 기술진보나 투자기회가 증가하는 문명에서는 잉여가 비생산적인 용도로 소진되는 경우가 적다. 농촌 지역에서는 저축 여력도 없고 자본축적도 기대하기 어렵다. 경제발전 초기에는 국민소득이 대부분 생존소득으로 구성되는데, 이 현상은 경제성장 과정에서 상당 기간 유지된다. 하지만 경제성장이 지속되면 자본가 잉여와 자본가 부문 노동자 임금의 합이 국민소득에서 점하는 몫은 증가하며, 실질임금 증가 없이 자본가 이윤이 국민소득에서 점하는 비율이 증가한다. 그리고 자본가 잉여의 저축 성향이 상대적으로 높기 때문에 저축률은 상승한다. 저개발국에서 저축률이 낮은 이유는 사람들이 가난하기 때문이 아니라 자본가 이윤이 국민소득에서 점하는 비중이 낮기 때문이며, 그렇기 때문에 재투자할 몫이 작다. 루이스에 따르면 일단 자본가 부문이 출현하고 경제성장이 시작되면 농촌의 과잉 노동력이 도시로 이동하고, 시간이 지나면서 자본가의 이윤 규모는 확대된다.

루이스는 자본형성은 자본가 부문의 잉여 외에도 화폐 발행을 통한 신용 창조로도 가능하다고 말했다. 신고전파 세계에서는 자본형성이 소비재 생산의 감소를 통해서만 가능하다고 이해하며, 케인스는 자본축적이 승수효과를 통해서 소비재 생산도 증대시키는 것으로 이해한다. 그런데 이들과 달리 루이스는 과잉 노동력에 힘입어 자본축적이 이뤄지며, 이때 소비재 생산은 감소하지 않는다고 본다. L 모형에서는 통화가 증발되면 강제저축이 아니라 소비의 강제 재배분이 이루어진다. 증대된 자본재가 소비재를 생산해 내기 시작하면 소비는 증가하고 물가는 다시 하락하며, 이 과정에서 생기는 자발적 저축은 투자확대를 유인한다. 그리고 자발적 저축이 증가하면 이 과정은 일단락된다.[7]

이처럼 L 모형에 따르면, 실질임금이 불변인 상태에서 노동을 무한대로 이용할 수 있으면 자본가 잉여는 지속적으로 확대되고, 국민소득에 대한 투자의 비율, 즉 투자율도 계속 상승한다. 루이스에 의하면 투자율 상승은 몇 가지 요인의 영향을 입는다. 첫째, 자본축적률이 인구증가율보다 높을 때는 생

7 한동훈(2013a); 한동훈(2013b), 54쪽.

존 부문의 인구 수가 감소하고, 산출은 동일한데 인구가 감소하기 때문에 생존 부문의 평균생산이 증가하며, 결국 자본가 부문의 임금이 상승한다. 하지만 자본가 부문의 임금상승은 자본축적을 제약한다. 둘째, 자본가 부문 규모의 상대적 증대는 농산물 수요의 증가를 불러 교역조건을 자본가 부문에 불리하게 만드는데, 불리해진 자본가들은 노동자의 실질임금을 불변으로 유지시키기 위해 노력한다. 따라서 농업 부문의 확대 없이는 공업 발전도 지속될 수 없다. 셋째, 생존 부문의 생산성 증가는 일부가 공급증가로 인한 가격하락으로 상쇄되지만 생존 부문의 임금을 상승시키기도 한다. 생존 부문의 생산성 향상과 그에 따른 임금상승은 다른 한편으로 자본가 부문의 실질임금을 상승시키고, 자본가 잉여와 자본축적을 축소시킨다. 넷째, 자본가 부문의 노동자가 자본가의 생활방식을 모방하면, 노동조합을 통한 압력이나 자본의 자발성을 통해 생존 부문과 자본가 부문 간의 임금격차가 발생할 수 있다. 일반적으로 자본가 잉여가 인구보다 빨리 증가하기 때문에, 자본축적 속도가 노동공급 증가 속도를 추월하는 때가 도래한다.

루이스의 연구는 당시 개도국 경제발전 과정에 대한 획기적인 설명을 제시한 만큼 이에 대한 비판과 보완이 뒤따랐고, 루이스 자신의 보완 작업도 있었다.[8] 어떤 연구자들은 루이스가 생존 부문의 관습임금(conventional wage)이 전체 경제를 지배하는 것처럼 인식하고 있다고 비판한다. 일부 연구자는 루이스가 공업화를 지지하고 농업을 경시한다고 비판한다. 다른 연구자는 L 모형이 개도국에서 도시 실업의 존재와 생존 부문에서 자본가 부문으로의 노동

8 C. Kirkpatrick and A. Barrientos(2004), 특히 pp. 6~8 참조.

이동 과정 간의 괴리를 설명하지 못한다고 비판한다. 또 다른 연구자는 루이스가 국제무역의 역할을 소홀히 다루었다고 비판하고, 자본가 잉여가 모두 재투자된다는 가정에 대해서도 의문을 제기한다. 뿐만 아니라 농업 부문에서 도시로의 노동 이동과 지속적 성장에도 불구하고, 전통 부문에 빈곤과 불평등이 존재하는 현실은 루이스의 설명과 일치하지 않는다는 비판도 제기되었다. 여러 비판 중에서도 루이스가 이론의 정교화를 위해 채택한 '자본가의 잉여가 모두 투자된다'는 가정에 대한 비판은 생각해 볼 여지가 충분하며, 기타 이론적 엄밀성은 라니스-페이에 의해 강화되었다.

또한 루이스가 도시 실업 문제의 중요성을 일깨워주기는 하였으나, 노동 이민과 도시 실업 메커니즘에 대한 관심은 부족했다는 지적도 있었는데,[9] 이 부분은 뒤에 토다로(M. P. Todaro, 1969)가 보완하였다. 토다로는 이주 의사결정 요소, 이주결정 요소, 농촌 투자 같은 개념을 통해 보완하였다. 그리고 L 모형에서는 농촌의 과잉 노동력이 생존임금만 보장되어도 고용기회가 있는 한 이농을 하지만, 경제가 전환점을 지나면 노동시장이 통일되어 노동 이동이 멈추는 것으로 설명한다. 하지만 현실은 루이스의 설명처럼 단순하지 않다는 한계도 있다. 과잉 노동력은 계속 도시 비공식 부문에 머물며 가족들은 도시 주변에 슬럼을 형성하기도 한다. 해리스-토다로(Harris and Todaro, 1970)는[10] 이러한 현실을 반영하여 도시 비공식 부문(urban informal sector)이라는 개념을 도입함으로써 현실 설명력을 높였다. 하지만 해리스와 토다로 모형(이하, H-T 모형)도 L 모형과 마찬가지로 도농 간 노동의 자유 이동을 가정한다는 문제를

9 M. P. Todaro(1969), p. 138 주석 1) 및 p. 147 참조.
10 J. R. Harris and M. P. Todaro(1970).

안고 있는데, 만약 중국의 농민공(農民工)을 도시 비공식 부문 노동으로 본다면 어느 정도 수용할 수 있는 설명이다.[11]

앞에서 언급했듯이 루이스는 후속 연구(1979)[12]에서 자본가 부문과 생존 부문이라는 용어를 '현대 부문과 전통 부문'으로, 잉여 노동을 '무한 탄력적인 노동'으로 수정하였고, 현대 부문과 전통 부문의 상호작용, 무한 탄력적 노동의 근원, 노동시장 내부의 격차 등 세 가지 문제에 대한 보충설명을 하였다. 첫째, 현대 부문의 성장은 고용, 물적 시설의 공유, 사상과 제도의 현대화 및 교역 측면에서 전통 부문에도 유리한 환경을 제공한다. 현대 부문은 생필품을 전통 부문에 의존하기 때문에, 현대 부문의 지속적 성장은 전통 부문의 성장에 의존한다. 현대 부문과 함께 전통 부문이 성장하지 않으면 임금이 상승하는 등 교역조건이 현대 부문에 불리해진다. 전통 부문의 생산성이 향상되면 전통 부문의 생존임금이 상승하는데, 이렇게 되면 노동력을 흡수하기 위해 현대 부문의 생산물 임금(product-wage)도 상승한다. 하지만 이와 동시에 전통 부문의 생산물 공급이 증가하면 현대 부문의 교역조건이 개선되어 임금상승을 억제하는 효과가 발생하기 때문에, 현대 부문의 임금상승을 야기하지 않을 수도 있다. 둘째, 무한 탄력적인 노동공급은 1800년대 인구폭발이 있을 때 노동력 공급이 수요를 능가한 국가들에만 해당된다. 따라서 풍부한 노동력 공급의 핵심 근원은 인구증가이다. 셋째, 무한 탄력적 노동공급에도 불구하고 현대 부문의 임금이 전통 부문의 임금보다 높은 이유는, 잉여의 격차에 따른 지불능력의 차이, 임금격차를 유지하려는 기업가의 행태 같은 요인 때

11 강희정·강경구 옮김(2012), 96~97쪽.
12 A. W. Lewis(1979).

문이다. 그리고 인구증가가 둔화되고 두 부문의 노동시장이 통합될 때까지 노동시장의 이중성은 유지된다.

이 밖에도 루이스는 이중경제 구조 하에서도 도시임금이 상승하는 현상을 제도적 측면에서 설명하고자 시도하였다. 그는 이 문제를 이렇게 설명하였다. 규모의 경제를 이용할 수 있는 대기업들은 상대적으로 생산성이 높아 경쟁압력을 덜 받기 때문에 우수한 노동력을 충원하기 위해 임금을 인상하려는 경향이 있다. 그렇기 때문에 소기업에서는 생산성이 별다른 의미가 없으며, 임금의 최저한도는 최저임금법, 노동조합의 교섭력, 그리고 생존임금에 따라 결정된다.

루이스에 의해 창안되고 뒤에 설명하는 라니스-페이에 의해 발전된 이중경제 구조 모형은 이후 잉여 노동의 존재 여부를 증명하고 전환점 도래 시기를 판정하는 작업에 자주 활용되었고, 많은 의미 있는 연구를 가능하게 하였다. L 모형은 자본이나 토지에 비해 상대적으로 인구가 풍부한 개도국을 상정하고 있기 때문에 동아시아 국가를 대상으로 한 연구가 많이 수행되었다. 많은 비판과 지적에도 불구하고 L 모형의 개도국의 경제발전 현상에 대한 통찰력, 현실 문제에 대한 관심, 즉 이론과 실천 두 측면의 기여는 탁월하다는 평가를 받는다.[13] 하지만 L 모형은 생존 부문에서는 자본축적이 쉽지 않다고 보고 있고, 더구나 이 모형 가운데서 농촌 지역의 비농 현대 부문(예를 들어, 향진기업)의 존재는 고려될 여지가 없다.

---

13 C. Kirkpatrick and A. Barrientos(2004), p. 3.

2) 라니스-페이 모형(R-F 모형)

L 모형을 완성시켰다고 평가받는 라니스-페이[14]는 경제발전 과정에 부족점과 상업화점이라는 두 개의 전환점을 설정하고, 두 전환점을 중심으로 발전 단계를 3단계로 구분하였다. 이들에 의하면 발전의 제1단계에서는 전통 부문인 농업에 대량의 과잉 노동력이 존재하기 때문에 노동공급의 탄력성은 무한대이다. 따라서 현대 부문, 즉 도시 공업 부문은 낮은 임금 수준으로 원하는 노동력을 흡수할 수 있다. 전통 부문에서 노동의 한계생산성이 향상되어 과잉 노동력이 이동하고, 노동력 이동이 도시 임금에 영향을 줄 때 제1전환점(부족점)이 도래하며, 경제는 제2단계 영역으로 진입한다. 제1전환점을 통과하면서 노동공급 환경이 무한 탄력에서 유한 탄력으로 바뀌는데, 이 시기 전통 부문 노동의 한계생산성도 양으로 변하고 임금은 상승한다. 그리고 이후 전통 부문의 평균생산성과 한계생산성이 같아지면 경제는 제2전환점(상업화점)에 도달한다. 다시 말해서, 전통 부문의 과잉 노동력이 소진되고 평균생산성과 한계생산성이 같아질 때 제2전환점이 도래한다. 이 점을 통과하면 경제는 제3단계 영역에 진입하고, 이중경제 구조는 소멸한다.

라니스와 페이는 L 모형에서 농업 부문(생존 부문, 전통 부문)에 대한 설명이 부족하다고 보고 농업 부문에 대해 좀 더 상세한 분석을 시도하였다. 이들은 루이스의 잉여 노동과 넉시의 과잉 인구 개념을 동시에 응용하였는데, 식량이 부족한 점까지는 넉시의 과잉 인구, 그 이후는 루이스의 잉여 노동이 존재

14 G. Fei and J. C. H. Ranis(1961, 1964, 1999).

하는 것으로 보았다.[15] L 모형은 경제개발 초기에 농업 부문에 한계생산성이 0인 과잉 노동력이 대량으로 존재하고 농업 부문의 임금은 평균생산성 수준에서 결정되며, 농촌 노동력이 공업 부문으로 유출된다고 설명한다. 라니스와 페이도 기본적으로 루이스의 이 설명을 따르면서도 여기에서 한 걸음 더 나아간다. 이들에 의하면 한계생산성이 양(+)이 되는 수준까지 노동이 유출되면, 다른 조건이 일정한 경우 식량 생산은 감소한다. 따라서 식량가격이 상승하고 농업과 공업 간의 교역조건이 변한다. 뿐만 아니라 식량가격이 상승하면, 폐쇄경제 하에서 식량가격을 임금의 기준으로 보는 도시 공업 부문의 임금도 상승한다. 공업 부문의 임금이 상승하면 농촌 노동력은 공업 부문으로 이동할 더 강한 유인을 갖게 되며, 결국 농업 부문의 임금도 한계생산성과 동등한 수준에 도달한다. 이 점을 라니스와 페이는 상업화점(commercialization point)이라고 하였는데, 이것이 제2전환점이다.

이상에서 서술한 R-F 모형은 〈그림 5-2〉처럼 시각적으로 이해할 수도 있다. 첫 번째 그림에는 도시 공업 부문의 한계생산곡선, 노동공급곡선, 노동력 총량(인구)이 나타나 있다. 노동력 공급곡선 *SS′*는 두 번째, 세 번째 그림의 농업 부문에 대한 분석을 근거로 그렸다. 두 번째 그림에는 농업 부문의 평균생산곡선, 한계생산곡선과 노동력 총량이 그려져 있다. 세 번째 그림은 설명을 단순화하기 위해 위의 두 그림을 종합하여 그렸는데, 종축은 화폐로 표시한 총생산물가치이고, 횡축은 노동력 수량이다. 세 번째 그림은 위의 두 그림과 비교하기 쉽도록 일반적인 도형을 180로 회전시켰다. 세 번째 그림에서 좌측

15 中兼和津次(2012), 84쪽.

그림 5-2 라니스-페이 모형

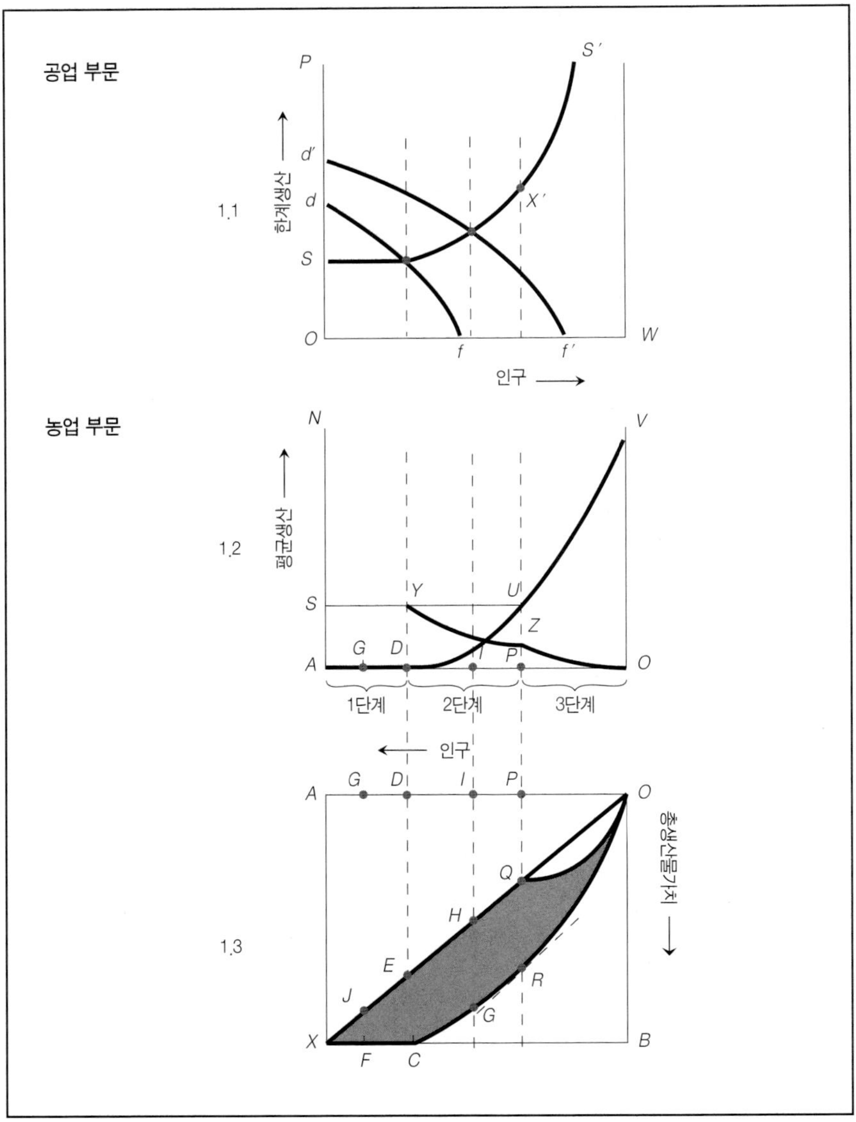

자료: Ranis and Fei(1961), p. 535 〈Diagram1〉(원본 그림).

끝에서 시작되는 수치는 농업 부문의 노동력 수량이며, 우측 끝에서 시작되는 수치는 공업 부문의 노동력 수량이다. 여기에서 경제 전체의 노동력 부존량은 고정되어 있고, 인구 및 노동력 증가는 고려하지 않는다.

세 번째 그림에서 *ORCX* 곡선은 농업의 총생산물곡선이고, *OX*의 기울기는 농업의 평균노동생산이며, 총생산물곡선의 접선의 기울기는 그 점에서 농업의 한계노동생산성이다. *X*점에서는 한계노동생산이 0이므로 한계생산성에 의한 임금결정 원리가 적용되지 않고, 임금은 평균생산 수준에서 비시장적으로 결정된다. 이처럼 비시장적으로 평균생산 수준에서 결정되는 임금을 루이스는 관습임금이라고 불렀고, 라니스와 페이는 제도임금(institutional wage)이라고 불렀다. *X*점에서 시작해서 노동력이 공업 부문으로 이동함에 따라 농업 부문의 노동력은 감소하지만, *C*점까지는 여전히 한계생산성이 0이므로 농업 임금은 평균생산에 의해 결정된다. *C*점을 지나면서 한계생산성이 양으로 전환되지만 여전히 한계생산이 평균생산보다 작기 때문에 임금은 여전히 제도임금이다. 하지만 공업 부문이 농업 부문의 노동력을 완전히 흡수하는 *R*점부터는 농업의 한계노동생산이 평균노동생산을 앞질러 임금이 시장원리에 따라 한계노동생산 수준에서 결정되기 시작한다. 첫 번째와 두 번째 그림은 한계생산의 변화를 보여준다. 두 번째 그림에서 *ADUV*는 농업의 한계노동생산성(*MPPa*), *SU*는 농업의 평균노동생산성(*APPa*)이며, *SUV*는 앞의 설명에 따라 농업 부문의 임금곡선(*Wa*)이다. 아래 두 그림에 근거해서 그린 첫 번째 그림에서 공업 부문의 노동 수요곡선은 *df*, *d′f′*이고, 공급곡선은 *SS′*이다.

이상의 그림을 활용해서 우리는 두 가지 전환점과 경제발전의 세 단계를 설명할 수 있다. 두 번째 그림에는 농업의 임금곡선이 그려져 있는데, 직선 *SU*

는 농업 부문의 평균생산, 즉 실질임금곡선이다. 세 번째 그림에서 노동력이 공업 부문으로 이동함에 따라 농업 노동력은 감소하고, 노동의 한계생산은 *XC* 구간에서 0이었다가 *C* 점을 지나면서 양으로 전환된다. 그리고 과잉 노동력이 공업 부문에 완전히 흡수되는 *R* 점부터 한계생산이 평균생산을 초과하기 때문에, 한계생산은 두 번째 그림의 *ADUV*가 된다. 한계생산성이 평균생산성보다 낮은 구간에서는 평균생산이 실질임금이 되고, 한계생산이 평균생산보다 높은 구간에서는 경쟁시장의 균형 조건인 한계생산이 실질임금이 되는데, 노동력은 임금 조건에 따라 이동한다. 따라서 *SUV*가 농업 부문의 노동공급곡선이 되는데, 곡선상의 점들은 각 실질임금 수준에서 농업 부문으로부터 방출될 수 있는 노동량을 의미한다.

L 모형에서는 사실 경제개발이나 공업화는 외생변수인데, 경제발전이 시작되고 공업이 발전하면서 공업의 한계생산은 상승한다. 공업 노동과 농업 노동의 한계생산이 상호 일치하기 전까지 공업 부문이 흡수하는 노동력은 한계생산이 매우 낮은 노동력, 다시 말해서 농업 부문의 과잉 노동력이다. 만약 농업 부문이 경쟁적이어서 임금을 한계생산에 근거해 지불한다면, 공업 부문은 일정 기간 동안 0임금으로 잉여 노동력을 흡수할 수 있고, 이 과정은 농업과 공업의 한계생산이 일치하는 점까지 지속된다. 그리고 공업 부문이 흡수하는 노동력이 노동력 총량에서 농업 노동력을 뺀 값보다 커지면 공업 부문 임금이 상승하기 시작하는데, 공업 부문의 임금이 농업 부문의 임금과 일치하는 점에서 두 부문 간의 노동력 배치가 결정된다. 이 시점이 바로 제1전환점(부족점)이다.

루이스는 '전환점'을 당초 공업 부문의 교역조건이 악화되거나 농업 부문의 과잉 노동력이 소멸되는 경우라고 다소 애매하게 정의했다. 이에 비해 라니스와 페이는 전환점을 좀 더 명확하게 정리하였다. 루이스가 말하는 과잉 노동력은 한계생산성이 임금률에 미치지 못하는 노동인 반면, 라니스와 페이가 말하는 과잉 노동력은 한계생산이 0이거나 음인 노동이다. 이들에 따르면, 농업 노동력이 감소하여 농업의 한계생산성이 양으로 전환되면서 농업 총생산이 감소하면, 공업 부문의 교역조건이 악화되어 노동의 공급곡선이 우상향한다. 이 시점이 바로 제2전환점인데, 이때 농촌의 과잉 노동력이 공업 부문에 완전히 흡수된다. 이 시기가 되면 농촌의 지주들이 노동력을 고용하기 위해 적극적으로 나선다는 의미에서 상업화점이라고 부른다. 노동력의 추가적인 이동으로 인해 농업 부문의 한계생산성이 평균생산성보다 높아져 넉시가 말하는 위장실업이 완전히 소멸하면, 공업 부문의 실질임금은 더 상승하고 노동 공급곡선은 더욱 가파르게 우상향한다.

이미 설명했듯이 R-F 모형은 두 전환점을 기준으로 삼아 개도국 경제의 발전 과정을 세 단계로 구분하였다. 첫 단계는 세 번째 그림의 *XC* 구간으로서, 한계생산성이 0 또는 음인 과잉 노동력이 공업 부문으로 이동하지만, 여전히 노동의 한계생선성이 0 또는 음이다. 이 단계에서는 농업의 한계생산성이 평균생산성보다 낮기 때문에 농업 부문 임금은 평균생산성 수준인 제도임금에서 결정되며, 농업생산은 감소하지 않는다. 루이스는 이 무렵 공업 부문의 임금이 상승한다고 보지는 않았다. 왜냐하면 농업 부문의 임금이 반드시 한계생산에 따라 결정되지는 않으며, 특히 농업 노동자의 생존을 보장하기 위해 농업 부문이 처음부터 꼭 최저임금(제도임금 또는 생존임금)을 지불해야만 하는 것은 아니기 때문이다.[16] 둘째 단계는 *CR* 구간으로서, 과잉 노동력이 공업 부문으로 이동함에 따라 농업 노동의 한계생산성이 양으로 전환되기는 하지만, 여전히 평균생산성보다는 낮다. 따라서 이 단계에서도 농업 부문의 임금은 제도임금 수준에 머문다. 노동력이 농업 부문에서 공업 부문으로 이동함에 따라 농업생산은 감소하고 공업 부문의 교역조건이 악화하기 때문에 공업 부문의 임금이 점차 상승하는데, 이 단계에도 과잉 노동력 또는 위장실업은 존재한다. 세 번째 단계는 *RB* 구간으로서, 공업 부문으로 노동력의 추가적 이동으로 인해 과잉 노동력이 완전히 해소되고, 농업 부문의 한계생산성이 평균생산성보다 높아져서, 농업 임금이 한계생산성에 의해 결정된다. 이 단계에서 농업생산은 더 감소하고 농업 부문의 임금은 더 상승한다.

이처럼 R-F 모형에서는 노동력 이동에 따른 경제발전의 세 단계를 구분해 주는 두 전환점이 부각되고, L 모형의 전환점 개념을 명확하게 할 뿐 아니라 설명을 좀 더 세밀하고 명확하게 해주고 있다. 설명에서 알 수 있듯이 라니스와 페이는 사실상 MPL=0인 노동력을 과잉 노동력으로 본다.[17] 첫째 단계에서 둘째 발전 단계로 전환되는 시기가 제1전환점 또는 부족점(shortage point, t')이며, 이 무렵 노동력의 무한 탄력은 유한 탄력으로 바뀐다. 둘째 단계에서 셋째 단계로 전환되는 시기가 제2전환점 또는 상업화점(commercialization point, x')인데, 이 시기에 과잉 노동력은 소멸한다. 그런데 여기서 말하는 부족점 또는

16 루이스에 따르면 농업에서 임금은 농민의 평균생산성 또는 관례적인 최저 생계비 이상에서 결정된다. 그리고 자본가 부문에서 지급되는 생존임금은 다른 부문에서 사람들이 얻을 수 있는 소득을 최저한으로 삼아 결정된다. 농촌에 잔류할 때는 일인당 평균생산만큼 소비가 가능한데, 도시임금이 이보다 낮으면 도시로 이동할 유인이 없다. 자본가 부문의 임금은 생존 부문의 소득에 약간의 마진율을 더해 결정되는데, 이는 자본가 부문의 생활비가 높아 명목임금이 높아야 할 뿐 아니라 농촌의 생활을 포기하고 도시에서 긴장된 생활을 해야 하는 데 대한 보상 같은 요인 때문이다.

17 학계의 통설은 무한 탄력적인 노동력을 과잉 노동력으로 정의한다.

상업화점은 어느 시점이 아니라 일정한 기간을 거쳐 진행되기 때문에 '전환점'이라기보다는 '전환기'라는 개념이 더 현실적이다. 루이스는 전환점 도래 시기는 인구증가나 생산성 향상에 의해 지연될 수 있다고 하였으나, 이 요인 외에 노동력의 이동은 정치적·제도적 요인에 의해서도 지연될 수 있다.

그러나 현실적으로 전환점을 찾는 작업은 쉽지 않다. 농촌 부문에 과잉 노동력이 존재하는지 여부, 그리고 과잉 노동력의 규모를 측정하는 일은 생각보다 쉽지 않은 작업이며, 측정기준, 측정방법 등에 따라 전환점 통과 여부에 대한 판단이 달라진다. 그런데 과잉 노동력의 존재를 실증하는 작업보다 더 중요한 것은 과잉 노동력이 사회적·정치적으로 어떤 성격을 지니느냐 하는 점일 수 있다. 기본적으로 노동력 이동 현상에 초점을 맞춘 모형인 L 모형, R-F 모형, 그리고 넉시 모형 모두 이중경제 구조를 상정하고 있지만, 개도국의 내부가 사회적으로나 정치적으로 분단되어 있다고 보지는 않는다. 또한 L 모형이나 R-F 모형은 모두 과잉 노동력이 농업과 농촌을 떠날 의사만 있으면 언제든지 떠날 수 있을 뿐 아니라[18] 이동비용도 없는 것처럼 가정하고 있다.[19] 그러나 노동력 이동 장벽이 엄존하고 노동력 이동비용이 큰 중국의 현실은 이 모형들의 가정과 괴리가 크다. L 모형, R-F 모형에서도 중국의 향진기업이라는 특수한 존재를 설명할 여지는 없다.

18 강희정·강경구 옮김(2012), 85쪽.
19 中兼和津次(2012), 85쪽.

3. 이중경제 구조 모형의 확장과 향진기업

1) 해리스-토다로 모형(H-T 모형)과 도시 부문

해리스와 토다로에 의해 확장된 모형은 본래 매우 복잡한 수식을 포함하고 있는데, 현란한 수식을 통한 설명은 내용 이해를 더 어렵게 하는 측면이 있다. L 모형에 의하면 농촌의 과잉 노동력이 생존임금만 받더라도 고용기회가 있는 한 농촌을 떠나 도시로 이동하지만, 경제가 전환점을 지나면 노동시장이 통일되기 때문에 구조적 요인에 의한 노동 이동은 사라진다. 그러나 현실은 이렇게 단순하지 않다. 개도국의 많은 농촌 노동력은 직업을 찾아 도시로 이주해서 도시 공업이 아니라 주로 도시 비공식 부문에 머물며, 이들의 가족은 도시의 빈민가를 형성하기도 한다. 해리스와 토다로는 개도국의 이러한 현실을 반영하여 이중경제 모형에서 도시 부문을 확장하였다. 이들은 특히 경제발전에 따른 도시화 현상에 주목하였다.

아래에서는 복잡한 H-T 모형을 시각적으로 단순화한 그림[20]을 중심으로 살펴보자.

〈그림 5-3〉에서 횡축은 노동력 총량, 종축은 노동의 한계생산을 가리킨다. 그리고 *MPLa*와 *MPLi*는 각각 농업 노동의 한계생산성과 공업 노동의 한계생산성이다. H-T 모형에서 경제는 도시 부문(*u*)과 농촌 부문(*r*)으로 된 이중구조로 되어 있는데, 경제개발이 시작되면 농촌 과잉 노동력의 일부가 도시

20 해리스-토다로 모형은 J. R. Harris and M. Todaro(1970); 나카니시의 해리스-토다로 모형에 대한 해설은 中西徹(1997) 참조.

그림 5-3 해리스-토다로 모형 간편 도식과 도시 비공식 부문

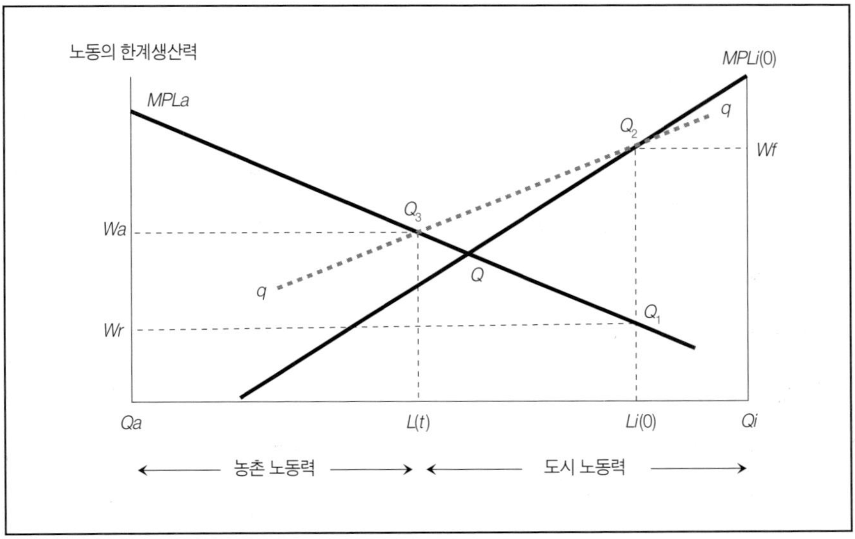

자료: 中西徹(1997)의 해설을 근거로 나카가네가 작성. 강희정·강경구 옮김(2012), 97쪽에서 인용.

의 정규 부문에 고용되어 이동한다. 도시 부문에 고용된 노동은 최저임금(*Wf*)을 받지만, 고용되는 인원은 한정되어 있기 때문에, 노동력이 *OiLi*(0) 이상 유입되면 실업이 발생한다. 따라서 도시에는 공식 부문에 취업할 확률, 즉 *p*=취업자 수/도시 노동자 수(취업자 수+실업자 수)와 이를 최저임금에 곱한 기대임금(*PWf*)이 형성된다. *Wf*가 농촌의 제도임금(*Wr*)을 상회하는 한 농민은 도시로 이동하려는 유인을 갖는다. 기대임금이 농촌의 제도임금을 상회하는 한(*PWf*>*Wr*) 노동력 이동은 계속된다. 그리고 도시의 공식 부문에 취업하지 못한 노동력은 비공식 부문의 실업자(*L*(*t*)-*L*(*i*)) 형태로 체류한다. 농촌의 일부 노동력이 도시로 유출되기 때문에 농촌 노동공급이 감소하여, 농촌 임금은 *Wr*에서 Wa로 상승하지만, Wa는 여전히 Wf보다는 낮다.

H–T 모형은 도시 비공식 부문 임금 Wi를 명시하고 있지는 않으나 실제로는 $Wf > Wi > Wr$이다. 이 모형에서 주목할 점은 공식 부문 기대임금이 농촌 임금을 하회한다고 해도($Wf < Wr$) 농촌 과잉 노동력은 도시로 이동한다는 사실이다. H–T 모형도 L–R–F 모형처럼 부문 간의 자유로운 노동 이동을 가정하고 있다. 따라서 중국 농민은 현실적으로 정치적·제도적 요인 때문에 이동제한과 차별에 직면해 있다는 점에서, 이 모형을 그대로 중국에 적용하는 데는 무리가 있다. 그러나 L–R–F 모형과 달리, 만약 중국의 농민공을 도시 비공식 부문에 체류하는 농촌 노동력으로 간주한다면, H–T 모형은 중국의 현실을 어느 정도 담아낼 잠재성이 있다. H–T 모형은 L–R–F 모형에서 도시 부문을 좀 더 세밀하고 현실감 있게 관찰한 결과 구축한 것이며, 키워드는 '도시 비공식 부문'이다. 이 모형이 도시 지역에 또 하나의 부문(비공식 부문)을 설정한다는 점에서 엄밀하게 말해 이중경제 구조 모형의 확장이라고 볼 수 있다.

이처럼 H–T 모형이 중국 도시 지역의 농민공 문제의 현실을 어느 정도 설명해 줄 가능성이 있어 보이기는 하지만, 이 모형도 역시 농촌 지역의 향진기업이라는 독특한 실체는 여전히 설명해 주지 않는다. H–T 모형은 노동력 이동에 대한 관찰을 통해 개도국의 경제발전 과정을 설명함에 있어서 도시 비공식 부문이라는 새로운 개념을 도입해서 개도국의 현실을 이론에 반영하는 데 어느 정도 성공했다. 그리고 H-T 모형은 다양한 현실 상황을 잘 반영하기 위해서는 이중경제 모형의 틀을 확장하고 변형할 필요하다는 사실을 일깨워주었으나, 확장된 부분은 우리의 관심인 농촌과 농업이 아니라 도시이다.

L–R–F 모형은 농촌의 과잉 노동력이 생존임금만 받더라도 고용기회가 있

는 한 농촌을 떠나 도시로 이동하는데, 경제가 전환점을 지나면 노동시장이 통일되기 때문에 구조적 요인으로 인한 노동 이동은 사라진다고 본다. 그러나 개도국에서 농촌 과잉 노동력이 도시로 이동하는 데는 분명히 정치적·제도적 제약뿐 아니라, 이주 노동력을 흡수할 도시 지역의 능력에도 한계가 있기 때문에, 노동력의 이동에는 많은 현실적 장애가 존재한다. 가난한 개도국의 농촌 노동력이 일자리를 찾아 도시로 이동하는 현상은 자연스러우며, 그들 중 다수는 해리스와 토다로가 성공적으로 포착한 도시 비공식 부문에 머물게 되는데, 개혁개방 이후 중국의 경제발전 과정에서 발견되는 도시 지역에서도 마찬가지 현상이 발견된다. 해리스와 토다로[21]는 개도국 도시 지역의 현실을 관찰한 결과, L-R-F 모형을 틀을 확장함으로써 현실 설명력을 높였다.

그럼에도 불구하고 L 모형에서 시작해서 R-F 모형을 거쳐, H-T 모형에 이르기까지 농촌의 과잉 노동력이 원하면 언제든지 농촌을 떠나 이동할 수 있고 이동비용도 없다고 가정하고 있다는 점에서 유사하다. 요컨대, L-R-F 모형과 그 확장형인 H-T 모형조차도 중국의 정치적·제도적 배경에서 농촌 지역에 탄생한 현대 부문인 향진기업의 존재와 역할을 설명하기에는 부족하다.

2) 혼다이-뤄 모형(H-L 모형)과 향진기업

혼다이와 뤄환전(本臺進·羅歡鎭)은 나카가네(中兼和津次)[22]가 간편하게 정리한 L-R-F 모형을 활용하여 좀 더 새로운 설명을 시도하였다. 먼저, 나카가

21 J. R. Harris and M. Todaro(1970).
22 강희정·강경구 옮김(2012).

네가 간단하게 정리한 L-R-F 모형을 보자. L-R-F 모형에 따르면 생존 부문 a는 평균원리가 작동하고, 자본가 부문 i는 한계원리가 작동한다. 또한 생존 부문(전통 부문, 농업)은 공동체 원리가 작동하기 때문에 모든 노동력에 생존임금을 지불한다. 이와 달리 자본가 부문(현대 부문, 도시 공업)은 신고전파적 메커니즘이 작동하기 때문에 사용자가 이윤을 극대화하기 위해 한계생산성 수준에서 임금을 지급한다. 전통 부문에 대량의 과잉 노동력이 존재하기 때문에 자본가 부문은 생존임금으로 무한 탄력적인 노동력을 공급받을 수 있다. 설명을 단순화하기 위해 노동의 이동비용은 없다고 가정하면, 과잉 노동력이 존재하는 한 두 부문의 임금은 생존임금과 같다고 할 수 있다. 현대 부문은 전통 부문에서 이동해 온 노동력 Li로 생산 활동을 해서 획득한 이윤을 저축하고 투자해 생산을 확대하는데(〈그림 5-4〉 참조), 그 결과 노동에 대한 수요가 증가한다. 이처럼 현대 부문은 전통 부문에서 노동을 공급받아 확대되는데, 언젠가 전통 부문의 노동 공급능력($Li(0)-L(t)$)이 고갈되는 시점 P에 도달한다. 이 점이 제1전환점(t)이다.

일국 경제가 전환점 P를 지나면 경제 전체의 노동력이 부족해지고 임금은 상승한다. 그리고 전통 부문과 현대 부문의 임금이 동등해지면 한계원리가 고용을 결정하기 때문에 이중경제 구조는 소멸한다. 이미 서술했듯이 이 모형에서는 전통 부문이 식량을 생산해서 현대 부문의 노동자에게 공급하고, 현대 부문만이 자본을 축적하고 투자하며, 현대 부문에서 생산된 자본재가 전통 부문에 공급되어 전통 부문의 생산이 확대된다. 이러한 이유 때문에 L 모형뿐 아니라 R-F 모형은 노동 이동 모형이자 자본축적 모형이다. 이렇게 보면 L-R-F 모형은 저개발 경제는 생산성이 낮은 전통 부문에서 생산성이 높은

그림 5-4 루이스-라니스-페이 모형의 간편 도식

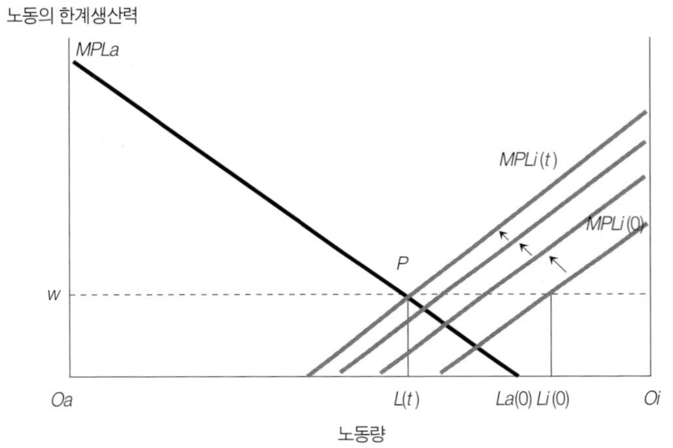

자료: 中兼和津次(2012), 82쪽 〈그림 3-2〉.

현대 부문으로 노동력이 이동하며, 현대 부문에 자본이 축적되고 투자되면서 경제가 성장한다고 설명한다는 사실을 알 수 있다.

개도국의 도시 부문 현실을 좀 더 잘 설명하기 위해서 L-R-F 모형을 확장할 필요가 있음은 이미 해리스와 토다로가 일깨워주었고, 이제 우리에게 남은 과제는 중국 농촌의 현실을 잘 반영하기 위한 고민이다. 혼다이와 뤄[23]는 중국의 향진기업이라는 존재를 고려할 때 이중경제 구조 모형을 확장할 필요성을 인식하였으며, 초보적 수준의 서술적 설명을 시도하였다. 나카가네는

23 本臺進·羅歡鎮(1999).

그가 작성한 간편화한 L–R–F 모형인 〈그림 5-4〉를 응용해 혼다이와 뤄의 설명을 담아내고자 하였다. 나카가네는 중국의 향진기업이라는 농촌 현대 부문(v)을 포함함으로써 이중경제 구조 모형의 확장을 제안한 것이다. 혼다이와 뤄가 설명하고자 한 모형에서 향진기업 종사자는 농업 노동력도 아니고 도시 부문으로 이동하지도 않은 채 농촌에 잔존하는 인구를 고용하여 생산 활동을 하는 비농 부문이다. 중국 농촌의 과잉 노동력은 도시로 이동하여 도시 공식 부문에 고용되거나, 도시에 농민공으로 존재하거나, 아니면 농촌 지역에 남아 농촌 현대 부문인 향진기업에 취업한다. 농촌의 전통 부문인 농업과 도시 공식 부문은 이중경제 구조 모형으로 충분히 설명되고, 도시로 이동해서 도시 비공식 부문에 잔존하는 경우는 해리스–토다로에 의해 상당 부분 설명된다. 이제 우리가 주목하는 부분은 바로 도시로 이동하지 않고 농촌 현대 부문인 향진기업에 취업하는 경우이다.

다음 〈그림 5-5〉는 〈그림 5-4〉를 기본으로 하기 때문에 다른 상세한 설명을 생략한다. 다만 그림에서 v는 향진기업을 의미한다. 〈그림 5-5〉를 보면, 농촌의 현대 부문에 속하는 향진기업이 과잉 노동력 중에서 $L(t)–L(v)$를 흡수한다. 하지만, 시점 0($Lv(0)$)에서는 여전히 농촌 부문에 과잉 노동력 $Lv(0)–Li(0)$가 잔존함을 확인할 수 있다. 그림에서 $L(t)–Lv(0)$는 향진기업 고용 부분이며, $MPLv$ 향진기업 노동의 한계생산이다. 이처럼 혼다이와 뤄는 전통적인 이중경제 구조 모형을 농촌 지역에 확장함으로써 삼중구조 형태의 설명을 제시하였다. 그림을 보면, 현대 부문이 확장되고 향진기업이 존재하며 농촌 현대 부문이 확장되는 한, 루이스 전환점은 P에서 P^*로 이동하게 됨을 알 수 있다. 그림은 향진기업이라는 존재로 인해 중국의 루이스 전환점 진입이 지연되

그림 5-5 향진기업을 고려한 H-L 모형

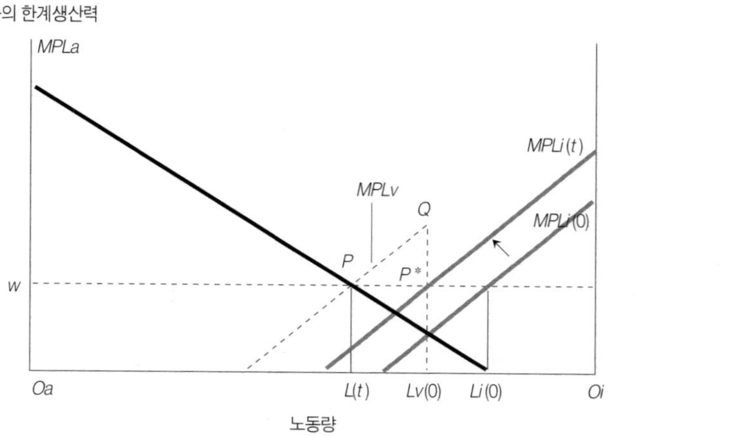

자료: 本臺進·羅歡鎭(1999), 57-79쪽의 설명을 바탕으로 나카가네 작성. 中兼和津次(2012), 95쪽 〈그림 3-5〉.

었음을 말해 준다. 향진기업이 농촌의 과잉 노동력의 일부를 고용함으로써 국민경제 전체 관점에서 볼 때, 농촌 과잉 노동력의 도시 이동을 통한 고갈을 지연시킨 것이다.

그런데 1990년대 말부터 향진기업 민영화 작업이 진전되고 국내외 경쟁에 개방되면서, 향진기업은 이전과는 다른 성격으로 변모하였다. 이전의 집단소유 향진기업은 향진이나 촌 같은 행정기관이 소유·경영하는 경우가 대부분이었다. 그런데 민영화 조치와 함께 향진기업은 농촌의 민영기업으로 전환되었다. 향진기업의 본래 특징이던 농민이나 농촌과의 밀접한 관계는 약화되고, 과잉 노동력이 주로 도시로 이동하면서, 농민공의 비중과 역할이 커졌다. 다시 말해서, 혼다이와 뤄 모형에 의하면 1990년대 말부터 삼중구조 형태의 모형이 점차 이중구조 형태로 수렴할 가능성이 나타났다. 이처럼 향진기업이 중국 경제에서 점하는 중요성이 점차 작아지기는 하였으나, 현재도 존재하고 있을 뿐 아니라 농촌의 과잉 노동력을 흡수하고 농가의 소득을 보완하는 조직으로 남아 있다. 일부 향진기업은 국내외 경쟁에서 살아남아 글로벌 수준의 기업집단으로 성장하기도 하였다. 다만 농민의 이동이 자유로워질수록 도시 현대 부문과 향진기업의 노동력을 둘러싼 경쟁관계는 분명해지며, 이렇게 될수록 삼중구조는 의미를 상실할 가능성이 커지게 된다.

중국 경제구조가 향진기업이라는 독특한 존재로 인해서 명확한 이중구조도 아니고, 그렇다고 해서 뚜렷한 삼중구조도 아니라는 점에 착안해서, 어떤 연구자는 향진기업을 포함한 모형을 '2.5구조 모형'이라고 부르기도 한다.[24] 만약 개혁 이후 중국 경제의 구조를 2.5구조 모형으로 부른다면 H-T 모형이 보여주는 바와 같이 도시 지역의 도시 비공식 부문을 포함한 모형도 2.5구조 모형이라고 불러야 한다. H-T 모형은 L-R-F 모형이 보지 못한 도시 지역의 비공식 부문의 존재를 포착하여 이론화하였고, H-L 모형은 L-R-F 모형이 잡아내지 못하는 중국 농촌 지역의 향진기업이라는 실체를 포착하여 적절한 설명을 제시하고자 했다는 점에서 이론의 확장이라 할 수 있다.

정리하자면, L-R-F 모형을 포함해서 H-T 모형과 H-L 모형 모두 노동력 이동 현상에 주목하고 있다는 점에서 공통적이지만, 전자가 이중경제 구조 모형인 반면, 후자는 엄격히 말해서 이중경제 구조 모형은 아니다. 그리고 미

24 中兼和津次(2002).

시적 관찰력을 동원해 향진기업을 고려한 새로운 모형을 제안한 H-L 모형을 통해 우리는 이중경제 모형에서 말하는 전환점이 중국에서 향진기업의 발흥과 발전 때문에 지연되었음을 알 수 있다. 그러나 1990년대 말 민영기업이 빠르게 발전하고, 집체소유 향진기업도 신속하게 민영화되었으며, 시장의 개방도가 높아짐에 따라 국내외적으로 경쟁이 격화되면서 향진기업이 조정기로 접어들었다. 향진기업이 조정기를 맞으면서 중국 경제는 점차 이중구조 형태로 전환될 계기를 맞았다고 볼 수 있다.

4. 맺는 말

L 모형, R-F 모형을 통해 개도국의 경제발전 과정을 효과적으로 설명해 내는 데는 한계가 있다. H-T 모형은 이중경제 구조에서 선행 모형이 보지 못한 도시 지역을 미시적으로 관찰한 결과, 도시 비공식 부문이라는 키워드를 통해 L-R-F 모형을 보완하며 현실 설명력을 강화하였다. L-R-F 모형이나 H-T 모형도 체제개혁 사회인 중국의 경제발전 과정을 효과적으로 설명해 내는 데는 한계가 있다. H-L 모형은 선행 이중경제 구조 모형이 포착하지 못한 농촌 지역을 현미경적으로 분석하여 중국의 향진기업이라는 특수한 존재를 부각시킴으로써 L-R-F 모형에 설명력을 강화했다. 하지만 그렇다고 해서 H-L 모형에 독립적인 지위를 부여하기는 곤란할뿐더러 일반화하기는 더 어렵다. 중국 농촌 지역의 향진기업은, 중국적인 정치적·제도적 환경을 배경으로 하여, 사실상 농업의 성장과 깊은 상관관계가 없이 독립된 형태로 발전한 현대

부문이며, 체제전환 사회인 중국 경제에서 특수한 실체이기 때문이다.

H–L 모형은 L–R–F 모형에 향진기업이라는 특수한 존재를 반영하여 중국의 현실을 더 설득력 있게 설명하는 데 기여한 것은 사실이다. 해리스와 토다로처럼 전통적인 노동력 이동 모형을 확장하여 도시의 비공식 부문을 부각시키거나, 혼다이와 뤄환전처럼 노동력 이동 모형에 농촌 현대 부문을 부각시킨 성과를 두고, '삼중구조 모형', 아니면 '이중의 이중구조 모형'이라고 불러야 할지는 작자의 몫이다. 또한 H–T 모형처럼 L–R–F 모형에 도시 부문을 좀 더 현미경적으로 확대하고 보완하였듯이, H–L 모형을 개도국 농촌 현실을 좀 더 미시적 관점에서 보완한 L–R–F 모형의 확장이라고 평가해야 할지, 아니면 변종이라고 불러야 할지는 관찰자의 시각에 따라 판단이 다를 수 있다.

이제 중국 정부도 향진기업이라는 용어보다는 중소기업이라는 용어를 더 자주 사용하고 있고, 다른 나라들처럼 중소기업을 지원하기 위한 다양한 정책들도 내놓고 있다. 향진기업은 개혁개방이 선언된 뒤 주어진 정치적·제도적 환경 하에서 역사적인 역할을 다하였을 뿐 아니라 적어도 1990년대 중반까지 사실상 중국 경제의 성장을 이끌었다. 중국 경제가 루이스 전환점에 진입했는지는 또 다른 논의가 필요하지만, 루이스 전환점 부근에서 중소기업에 대한 정부의 적극적인 지원이 필요한 시기에 진입한 것이다. 더욱이 중국은 현재 농촌 지역의 중소 도시화를 추진 중이고, 호구제도 개선을 위한 논쟁도 치열한 상황이기 때문에, 앞으로의 노동력 이동 방향과 형태에 대한 분석, 그리고 적절한 이론적 설명이 과제로 남는다.

참고문헌

Fei, G. and J. C. H. Ranis, "A Theory of Economic Development," *The American Economic Review*, 51(4), 1961.

______, *Development of Labor Surplus Economy: Theory and Policy*, R. D. Irwin: The Economic Growth Center, Yale University, 1964.

______, *Growth and Development from an Evolutionary Perspective*, Malden, MA: Blackwell Publisher, 1999.

Harris, J. R. and M. Todaro, "Migration, Unemployment and Development: A Two-Sector Model Analysis," *American Economic Review*, 60, 1970.

Kirkpatrick, C. and A. Barrientos, "The Lewis Model after fifty Years," *Development Economics and Public Policy*, Working Paper Series No. 9, September 2004.

Lewis, A. W., "Economic Development with Unlimited Supplies of Labour," *The Manchester School of Economics and Social Studies*, 22(2), May 1954.

______, "Unlimited Labour: Further Notes," *The Manchester School of Economics and Social Studies*, 26(1), January 1958.

______, "Economic Development with Unlimited Supplies of Labour," in A. N. Agarwala and S. P. Singh, ed., *The Economics of Underdevelopment*, London: Oxford University Press, 1968.

______, "Reflections on Unlimited Labour," in L. E. Marco, ed., *International Economics and Development-Essays in Honour of Raoul Prebisch*, New York: Academic Press, 1972.

______, "Dual Economy Revisited," *The Manchester School of Economics and Social Studies*, 47(3), 1979.

Nurkse, R., *Equilibrium and Growth in the World Economy*, Harvard Economics Studies, Harvard University Press, 1961.

______, *Problems of Capital Formation in Underdeveloped Countries*, 10th edition, OUP, 1966.

Todaro, M. P., "A Model of Labor Migration and Urban Unemployment in Less

Developed Countries," *American Economic Review*, 59(1), 1969.

강희정·강경구 옮김(나카가네 가츠지(中兼和津次) 지음), 「루이스모델과 중국경제 전환점」, 『경제발전론과 중국경제』, 무역경영사, 2012.

한동훈, 「중국의 임금상승, 노동력 부족과 루이스전환점」, 『동북아경제연구』, 25(2), 2013a.

______, 「중국은 루이스전환점을 지났는가?」, 『비교경제연구』, 20(1), 2013b.

中西徹, 「二重構造と失業」, アジア經濟研究所·朽木昭文外 編, 『テキストブク開發經濟學』, 有翡閣, 1997.

本臺進·羅歡鎭, 「農村經濟の變貌と勞動市場」, 南亮進·牧野文夫 編, 『大國の試鍊–轉換期の中國經濟』, 日本評論社, 1999.

中兼和津次, 『現代中國經濟第1卷–經濟發展と體制利行』, 名古屋大學出版會, 2002.

제6장

중국 향진기업의 국민경제적 기여와 한계

1. 머리말
2. 향진기업과 농촌 공업화
3. 경제의 성장 및 발전에서 향진기업의 위상
4. 국민경제에 대한 향진기업의 기여와 한계
5. 향진기업의 발전과 쇠퇴를 설명하는 가설
6. 맺는 말

제6장

중국 향진기업의 국민경제적 기여와 한계

1. 머리말

중국은 건국 후 사회주의 국가들 대부분이 채택한 사회주의 중공업화 전략을 채택하였다. 사회주의 정권 수립과 함께 소련으로부터 학습한 중공업화가 추진되었으나, 1949년 이후 경제구조는 농촌과 농업이 압도적인 비중을 점하는 전형적인 저개발 경제의 특징을 지니고 있었다. 1957년 가격을 기준으로 이전 시기와 비교할 때 GDP 구성에서 농업 비중은 1914~1918년 61.8%, 1933년 59.2%, 1952년 47.9%, 1957년 45.9%였다. 제1차 5개년 계획(1953~1957)이 시작된 이래 중국 경제의 중심은 중공업이었으며, 농업 부문은 중공업에 대한 투자 재원과 도시 주민의 식량공급을 책임지는 역할을 요구받았다. 이렇게 하기 위해서 1953년부터 정부는 '계획수매-계획배급' 제도를 확립하였고, 국가가 유통체계를 독점하였다. 뿐만 아니라 국가가 농민 노동을 조직하고 분배를 지배하기 위해 '인민공사'라고 불리는 급진적인 농업 집단화 작업을 단행하였다. 국가는 인민공사 조직을 통해 농업 잉여를 지속적으로 확대하고, 농업 잉여를 도시 중공업 부문으로 이전시키는 시스템을 구축하였다. 그리고 이 체계를 완성시키기 위해서 도시와 농촌 간의 노동력 이동을 인위적으로 통제

해야 했다. 왜냐하면 노동력이 자유롭게 이동하면 도시 노동력이 급증하고 이와 함께 임금 기금이 확대되면 이 체계가 작동할 수 없었기 때문이다. 따라서 국가는 노동력 이동을 제도적으로 막는 중국식 호적제도인 호구제도를 통해 노동력의 이동을 통제하였는데, 식량 배급제도와 노동 취업제도로 이 제도를 보완하였다. 호구제도를 통한 도농 이원화 정책 또는 노동력 격리 정책은 농촌 과잉 노동력을 흡수할 다른 생산 주체의 필요성을 높였다. 이때 자연스럽게 농촌 지역의 '공업화'가 중요한 과제로 등장하였다.[1]

1978년 개혁개방이 선언되면서, 일방적으로 희생을 강요받던 취약한 농업과 농촌에서 개혁이 먼저 실험되고 개시되었다. 농업과 농촌 개혁에 힘입어 1980년대 전반에 농산물 수매가격이 인상되고, 국가 계획수매 품목과 수량은 감소하였다. 이에 따라 농가의 교역조건이 크게 개선되었다. 1985년부터는 식량과 경제작물에 대한 국가 '계획'수매제도가 약화되고, 대신 '계약'수매제도가 도입되었으며, 채소, 육류 같은 부식품의 유통이 완전히 자유화되었다. 농업 및 농촌 개혁과 함께 인민공사가 빠르게 해체되고 대신 농가생산책임제가 널리 확산되었다. 농업 개혁은 농민들의 생산의욕을 자극함으로써 농업 잉여를 농촌 내에 유보할 수 있게 하였다.

하지만 인구 이동을 철저하게 통제하기가 현실적으로 어려워졌기 때문에 1984년에는 인구 이동에 약간의 융통성을 부여한 「농민이 진에 들어가고 호적을 옮기는 문제에 관한 국무원 통지」[2]가 공표되었다. 이 「통지」에 의해

1 이일영(1997a), 36쪽.

2 中華人民共和國國務院新聞辨公室, 「關于農民進入集鎮落戶問題的通知」(國發[1984] 141號)(1984年 10月 13日) http://www.scio.gov.cn/zhzc/6/2/Document/1024735/1024735.htm

진(鎭)의 공업, 상업, 서비스 부문에 종사할 의사와 능력이 있고, 진에 고정적으로 거주하면서 가족이 향진기업에 장기적으로 종사할 경우, 진으로의 이주가 허용되었다. 다만 진으로 이주하더라도 식량배급을 받을 권리는 여전히 부여하지 않았기 때문에, 식량배급은 본래 호적지에 의존해야 하는 분명한 한계가 있었다.[3)]

도시의 노동자들만이 주택, 식량, 의료, 교육 등 필요한 서비스를 공급받는 상황에서, 개혁 심화와 함께 농민의 도시 이동 압력은 점차 커졌다. 만약 농촌 과잉 노동력이 대량으로 도시로 이동하면 도시의 식량 문제나 취업 문제는 복잡해질 수밖에 없었다. 이러한 사정 때문에 개혁이 시작되었음에도 불구하고 대다수 농민의 불만을 사는 호구제도를 완전히 폐지하기 어려웠다. 따라서 상황에 맞춰 급속한 도시화와 농촌 과잉 노동력의 도시로의 이동을 저지할 어떤 조치가 필요했다. 그래서 중국 정부는 "농업에 종사하지 않더라도 농촌을 떠나지 않으며, 공장에 취업해도 도시로 진입하지는 않는"(离土不离鄕, 進厂不進城) 전략이 필요했다. 이렇게 해서 일반적으로 말하는 농촌 공업화의 필요성이 대두되었고, 향진기업은 중국적인 배경에서 발흥한 농촌 지역의 특수한 생산 주체였다. 이러한 필요성과 기대 때문에 향진기업은 농촌의 과잉 인구 문제, 지역 간 불균형 성장 문제, 노동 간 격차 문제 등을 동시에 해결하기 위한 방안으로 부각되기도 했다. 이처럼 중국적인 특수한 정치적·제도적 환경에서 탄생한 향진기업은 급성장하였고, 1990년대 중반까지 중국 경제성장을 사실상 견인하는 역할을 하였다. 중국의 정치적·제도적 특

3 이일영(1997a), 37쪽.

수성을 배경으로 탄생한 농촌 지역의 비농업 생산 주체이기는 하지만, 향진기업은 일반적인 관점에서 볼 때 농촌 공업화의 일부이기도 하다.

이 글에서는 농촌 공업화라는 측면에서 향진기업의 의미를 조명하고, 향진기업이 중국 경제성장에서 점하는 위상을 평가[4]해 보려 한다. 특히, 이 글은 향진기업의 도농 격차 해소와 농촌 과잉 노동력 해소 역할, 향진기업 성장과 농업 성장의 연관성, 향진기업과 농촌 공업화의 관계 등에 초점을 맞춰 접근한다. 끝으로, 향진기업이 그 역사적 역할을 다하고 1990년대 중반 이후 조정기에 접어든 원인을 어떻게 설명할 것인지에 대한 논의를 살펴보려 한다.

2. 향진기업과 농촌 공업화

1) 농촌 공업화 회고

역사적으로 볼 때 중국의 인구는 한(漢)대에서 명(明)대까지 1400년간 거의 일정하였으나, 명 성립 이후 약 600년 동안 무려 8~10배나 증가하였다. 인구증가와 달리 중국의 경작지는 같은 시기 동안 약 4배 증가하는 데 그쳤다.[5] 그 결과 세계 경작지의 7%에 세계 인구의 25%가 집중되는 현상이 발생하였다.

이러한 역사적 기본 지식을 염두에 두고 중국의 농촌 공업화를 회고해 보

4 농촌 공업화라는 관점에서 본 향진기업의 의미에 대해서는 이일영(1997), 제2장 「중국 농촌 공업화의 전개」, 제8장 「중국 농촌공업 발전의 경제적 성격-이부문모형의 적용과 관련하여」 참조. 본문 내용은 주로 이 두 글에 의존하고 있다.

5 D. Perkins(1969), p. 16.

자. 먼저, 중화인민공화국 성립 이전 농촌 공업 상황은 이렇게 요약할 수 있다. 건국 이전 중국은 빈곤한 농업 대국이었는데, 농촌 가정에서는 소농경제와 전통 수공업을 병행하였다. 중국 역사에서 가장 오래 지속되었던 사회 형태는 물론 봉건사회이다. 오랜 봉건사회 역사에서 자급자족의 농업경제가 지배적이었으나 사회생산력 수준이 향상됨에 따라 농업으로부터 점차 수공업이 분리되고, 전국에 직포업을 위주로 한 많은 수공업 작업장이 출현하였다. 사회주의 정권이 들어설 무렵 1940년대까지 농촌 수공업은 하나의 독립된 산업이었다. 하지만 농촌 수공업의 전반적인 수준이 그다지 높지는 않았기 때문에, 수공업이 농업으로부터 완전히 분리되지는 않은 채 독립 공업의 초보적 형태를 취하고 있었다. 농촌 수공업이 아직 농업에서 철저히 분리되지는 않았으나 농촌 지역에 상당히 널리 보편화되었다. 지역적으로 보면 농촌 수공업의 기반은 장쑤와 저장 지역이 가장 탄탄했으며, 건국 이후 사회주의 계획경제 시기에도 그 근간이 유지되었다. 그리고 개혁개방과 함께 농민이 인민공사의 굴레로부터 해방되고 경영에 대한 자율권이 확대되면서 농촌의 기저에 자리 잡고 있던 농촌 수공업의 전통은 시장화와 함께 향진기업이라는 형태로 변모하였다고 할 수 있다.[6)]

개혁개방 이후 농촌 지역 향진기업의 발전은 지역에 따라 다른 경로를 밟아왔는데, 첫 번째 경로는 농촌 수공업에서 사대기업으로, 사대기업에서 향진기업으로 발전한 경로이고, 두 번째 경로는 농촌 수공업에서 바로 향진기업으로 발전한 경로이다. 중국의 거의 대부분 지역에서 가내수공업이 발달하

6 于金(2001), 39, 44쪽.

였는데, 특히 각 지방은 자연경제 조건에 맞는 수공업 발전을 통해 지역분업을 하고 있었다. 넓은 국토와 상이한 자연 환경으로 인해 대부분의 지역이 모든 전통 공업 분야를 포괄할 정도였다. 이렇게 본다면 전통 가내수공업의 발전은 중국 역사 속에 뿌리 깊다고 할 수 있다. 전통 중국 사회에서는 일용품 공업이 낙후되어 있었고 국토는 광대하고 교통이 불편했기 때문에, 농민들의 생활에 필요한 제품을 외부로부터 안정적으로 공급받기 어려웠다. 따라서 농민들은 필요를 충족시키기 위해 농촌 내부에서 필수 초급 공산품을 생산해야 했다. 또한 전통 중국 농촌의 과잉 노동력은 경지 부족과 농업 생산의 계절적 특징 때문에 가내수공업이 농업과 결합하기 적당했을 뿐 아니라, 특히 농한기에 활용하기 좋았다. 이러한 배경에서 가내수공업은 대부분의 농촌 지역에서 다양한 형태로 발달하였다.

1949년 중화인민공화국 성립 이후 농촌 공업화는 대략 세 차례의 발전 과정을 거쳐 왔다.[7] 사회주의 정권 수립 이후 전후복구 시기에 국가는 생산을 회복시키기 위해 개체 수공업자와 수공업 노동자들을 격려하기 위한 지원책을 채택하였다. 그리고 이들을 점차 합작사, 합작조 같은 형식으로 조직함으로써 당시 실업과 반실업 상태를 극복하고자 했다. 1952년 말 중앙은 장기간에 걸쳐 사회주의 공업화를 실현하고, 농업, 수공업 및 개체 상공업을 사회주의식으로 개조한다는 목표를 제시하였다. 수공업의 합작화는 생산과 판매에서 시작해서 원료공급, 제품 매입, 주문 제품 가공 등을 포괄하는 합작사로 조직하는 작업이었다. 그 뒤 일정한 시간이 흐른 뒤 수공업 합작화는 소조(小組)

7 陳吉元·夏德芳 主編(1989), 특히 제21장「農村産業構造調整与農村工業化」참조.

집중 형태와 적절한 분업으로 이어졌고, 최후에는 생산(生産)합작사로 개조되었다. 이 개조 과정은 1956~1957년에 기본적으로 일단락되었는데, 수공업의 회복과 발전에 유리한 조건으로 작용하였다.

제1차 공업화 조류는, 1958년 인민공사화 운동과 함께 시작되었다. 이 무렵 전국적으로 대대적인 공업화 운동이 일어났다. 이 과정에서 사대(社隊)기업이 탄생했는데, 수공업 합작사의 일부(3만여 개로서 전체 합작사의 30~50%)는 인민공사 소속의 사대기업이 되고, 다른 일부는 지방 국영 또는 성진(城鎭) 집단공업으로 승급하였으며, 농장이나 양식장도 공사(公社)소유가 되었다. 이와 함께 각 지역 농촌에는 새롭게 소규모 광산, 석탄광, 기계수리 공장 같은 공업을 창업하는 움직임이 있었다. 이 시기에 인민공사 부산물을 기반으로 삼고 생산대와 생산대대의 인력, 자금, 물자를 이용해 대대적으로 사판(社辦)공업기업이 설립되었다. 그러나 시대를 주도하던 '공산주의 분위기'(共產風)는 대다수 농민의 생산에 대한 적극성을 크게 손상하였을 뿐 아니라, 수많은 인민대중들이 공업운동에 동원되었으며, 자원 조건, 기술 조건 그리고 경제효율을 고려하지 않은 채 맹목적으로 공업을 일으키는 데만 열중하게 하였다. 이에 따라 전체적으로 인력과 물자가 크게 낭비됨으로써, 국민경제는 수렁에 빠졌다.

1959~1961년은 3년 재앙시기로서, 당과 정부는 '조정, 확고, 충실, 향상'이라는 방침을 설정하였는데, 이때 많은 사대기업은 조정 대상이었다. 본래 합작사에 있던 대부분의 기업은 원래 단위로 환원되었고, 효율 수준이 매우 낮은 기업은 영업이 정지되었다. 1961년 사판공업의 생산액이 감소하였는데, 1962년 초 농촌경제 조직은 인민공사–생산대대–생산대 3급 소유로 바뀌었고,

대(隊)를 기본으로 농촌 공업의 소유제와 조직 형태가 변화하는 과정에서 대판(隊辦)기업이 탄생하였으나, 규모는 여전히 계속 축소되었다. 1962년 중반 국무원은 「농촌 부업 생산발전에 관한 결정」[8)]을 내놓았는데, 이 「결정」은 공사와 대대(大隊)는 원칙적으로 기업을 운영하지 못하도록 했는데, 그 결과 1963년 사대공업 생산액은 최저점까지 떨어졌다. 이후 1969년에 사대공업 생산액이 약간 회복되기는 하였으나 기본적으로 정체 상태에 머물렀다.[9)]

제2차 농촌 공업화 조류는 1970년대 국무원이 '북방 농업회의'에서 농업 기계화 발전을 가속한다는 뜻을 분명히 하면서 시작되었다.[10)] 이 회의의 정신에 따라 농촌 지역은 경쟁적으로 농기계 공장, 농기구 공장 및 농업 관련 산업을 일으키기 시작했다. 사대공업, 특히 제조업 중에서도 기계공업의 발전에 대한 언급은 이 운동의 강력한 추동력이었다. 하지만 이 시기는 문화혁명 중이어서 많은 도시 공장들이 생산을 멈추고 혁명을 외치고 있었다. 따라서 공업제품의 공급은 태부족이었고, 일부 사대(社隊)는 이 기회를 이용해서 대량의 사대기업을 경영하고자 했다. 그러나 문화혁명이 가열되는 가운데서 사대기업은 '자본주의의 꼬리'로 간주되어 각종 제한과 타격을 피할 수 없었다.

1971년 이후 사대기업은 상대적인 안정적 발전시기를 맞았는데, 1970년대 초부터 1978년까지 사대기업의 연평균성장률은 14% 이상이었고, 1980년대 6년 동안은 평균 20% 이상이었다. 전체 사대기업 중에서 보면, 사판공업의 1970년대 성장 속도가 대판기업보다 더 빨랐고, 대판기업은 1960년대에 출현

8 中共中央, 國務院, 「關于發展農村副業生産決定」(1962. 11. 22) http://www.people.com.cn/GB/historic/1122/3975.html
9 陳吉元·夏德芳(1989), 543쪽.
10 段應碧(2014); 鄭謙(2002) 등 참조.

한 이후 1960년대 말까지 그 수가 사판공업보다 더 많았다. 그러나 1970년대에는 대판공업이 사대공업 총생산에서 점하는 비중이 다시 약간 하락하였는데, 그 핵심 이유는 비교적 규모가 큰 사판공업이 기계공업 발전에 유리했기 때문이다.[11] 주목할 사실은 1975년 '사인방'(四人幇)이 축출되고 나서 사대기업이 더 빠르게 발전하였는데, 중앙과 지방 모두 사대기업 관리 기구를 설치하고 사대기업에 대한 지도와 관리를 강화하였다.

제3차 농촌 공업화 조류는 1978년 11기 3중전회가 전략의 중심을 전환하고 경제체제 개혁을 선언하면서 시작되었다. 11기 3중전회는 「농업발전을 가속하기 위한 몇 가지 문제에 대한 결정(초안)」[12]을 통과시켰다. 이 「결정」에는 사대기업에 대해 이러한 내용을 포함하고 있었다. "사대기업은 큰 발전을 이뤄야 한다. 경제적 합리성 원칙과 농촌에서 가공하기 적당한 농부산품은 점차 사대기업이 가공해야 한다. 도시 공장의 일부 중에서 농촌에서 가공하기에 적합한 물품과 부품은 계획에 맞춰 사대기업으로 확산시키고, 설비를 지원하고 기술을 지도한다. 사대기업의 생산, 공급, 판매는 다양한 형식을 채용한다. 국가는 사대기업에 대해서 상황과 형편에 따라 저세율 또는 면세 정책을 시행해야 한다." 또한 1979년에는 국무원이 「사대기업의 몇 가지 문제에 대한 결정(시행초안)」[13]을 발표하였는데, 이 「결정」에는 사대기업 발전 과정에서 발생하는 구체적인 문제에 대한 명확한 조치를 언급하고 있었다. 이러한 노선과 정책의 변화는 사대기업 발전을 가로 막던 요소들을 일소했다. 1984년

11 陳吉元·夏德芳(1989), 「農村産業構造調整与農村工業化」, 544쪽.
12 中共中央, 「關于加快農業發展若干問題的決定(草案)」(1978. 12. 22) www.baidu.com
13 國務院, 「關于發展社隊企業若干問題的規定(試行草案)」(1979. 7. 3)(國發[1979] 170號), www.baidu.com

에는 중앙과 국무원이 「사대기업 창업의 새로운 국면 보고에 대한 통지」[14]라는 4호 문건을 내놓았는데, 이 문건은 사대기업을 '향진기업'으로 개명하고, 향진기업의 농촌뿐 아니라 전체 국민경제 중에서 점하는 위상, 역할을 충분히 인정한다고 언급하였다.

이와 함께 본격적인 단계에 들어선 농촌경제 개혁도 향진기업의 지속적이고 빠른 성장에 중요한 추동력으로 작용했다. 1978년 이후 농가생산책임제를 핵심으로 하는 농촌 개혁이 전국적으로 확산되고, 농민의 생산에 대한 적극성이 높아졌으며, 이에 힘입어 농업생산은 급증하였다. 이러한 환경은 향진기업의 발전에 양호한 조건이었고, 대량의 농촌 과잉 노동력이 향진기업의 발전을 위한 예비군이 될 수 있게 했다. 정부도 농촌 산업구조 조정에 나섰는데, 조세제도, 신용대출 등을 통해 농촌 공업의 발전을 지원하였다. 이에 힘입어 향진기업은 빠른 발전을 할 수 있었다. 향진기업의 성장 속도는 시기별, 지역별로 차이를 보였다. 1980년대 들어 시간이 갈수록 향진기업의 성장 속도는 빨라졌다. 1980~1983년의 향진공업의 연평균성장률은 15%였고, 1983~1986년에는 연평균성장률이 38%였는데, 1987년 이후 향진기업의 성장 속도는 더 가속되었다. 이 무렵 중국 경제의 성장률이 10% 정도였으니까 향진기업의 성장 속도를 충분히 짐작할 수 있다. 향진기업 성장의 지역 차도 컸는데, 연해 지역 향진기업의 발전 속도는 낙후된 내륙 지역보다 훨씬 빨랐다.

---

14 中共中央, 國務院農牧漁業部和部黨組, 「關于開創社隊企業新局面的報告的通知」(1984. 3. 1)(中發[1984] 4號) www.lawyee.net

2) 향진기업과 농촌 공업화

건국 직후 중국에는 90% 이상의 인구가 농민이었다. 농촌 지역에서 물자의 집산지는 진(鎭)이었고, 진에는 십일시(十日市), 이십일시(二十日市) 같은 시장이 개설되었는데, 시장을 배경으로 수공업이 집중되었다.[15] 그런데 위에서 서술했듯이 1957년 무렵 농촌 지역의 수공업이 크게 축소되었다. 그 이유는 1953년부터 시작된 중공업화에서 농촌은 값싼 농산물 원료와 도시민을 위한 식량공급의 배후지 역할을 요구받았기 때문이다.

1958년부터 1961년까지는 대약진 운동에 의해 대대적인 수리건설 사업과 철강업 부흥이 추진되었는데, 1958~1959년 동안 1억 명 이상의 농민이 이 사업에 동원되었다. 이 시기에 형성된 공업기업의 효율은 매우 낮았으며, 농촌의 노동력과 자금이 공업생산에 집중됨에 따라 농업생산은 급감하였다. 대약진운동은 실패로 끝나고 1960년대에 들어서면서 그 후유증을 완화할 목적으로 경제조정이 단행되었다. 1962년 중국 공산당 중앙과 국무원은 이후부터 인민공사와 생산대대(生産大隊)를 설립하지 않는다는 규정을 내놓았을 뿐 아니라, 도농 간의 인구 이동을 엄격히 제한하고, 농촌 주민으로 하여금 농업에 전념하도록 하였다.

1966년 이후 문화혁명기에는 농촌 공업화를 촉진하는 새로운 정책이 추진되었다. 이 무렵 농업 기계화 실현, 사대공업 발전을 통한 자금획득, 현대적인 농업 투입재의 제공을 주 내용으로 하는 농업 현대화 방침이 제기되었다.

15 이일영(1997a), 39쪽.

이에 따라 현과 인민공사, 생산대대에 다수의 농기구 제조 및 수리 공장, 농업 현대화를 위한 소형 제철소, 화학비료공장, 발전소 등이 재건되었다.

이러한 전개 과정을 거쳐 온 농촌 공업과 농촌 공업화[16]는 1980년대 초 개혁개방 선언과 함께 생산책임제 도입, 인민공사의 해체와 함께 일대 전환점을 맞았다. 개혁 조치에 힘입어 이전까지 생존유지 수준을 넘는 잉여를 국가가 흡수하던 방식에서 잉여의 일부를 농촌에 유보할 수 있게 되자, 수익성이 더 높은 비농업으로 자금이 이동하는 경향이 나타났다. 인민공사가 붕괴되면서 철저하게 통제되던 도농 간의 인구 이동도 어느 정도 완화되었다. 농촌 주민들은 행정구역의 경계를 넘어 자금과 기술을 결합함으로써 새로운 형태의 조합기업이나 개인기업을 창설하였다. 이렇게 시작된 기업들은, 1984년 비국공유 경제를 당과 헌법이 허용하자, 개체기업을 중심으로 급증하였다. 이렇게 해서 농촌 지역의 비국유경제 부문인 향진기업은 빠르게 확대되었는데, 이에 힘입어 농촌의 노동력 구조와 소득구조에 큰 변화가 일어났다.

이 시기 발흥한 향진기업의 형태를 보면, 먼저 향판기업(鄕辦企業)과 촌판기업(村辦企業)이 있는데, 이 둘을 합해서 향촌(鄕村)기업이라고 부른다. 세 번째는 생산책임제가 보급된 1981~1982년 이후 발생한 농민 간의 조합 형태인 연호기업(聯戶企業, 조합기업)이 있고, 네 번째는 본인을 포함하여 종업원 7명 이하의 개인기업인 개체기업(個體企業), 본인을 포함해서 8명 이상이 종사하는 사영기업(私營企業)이 있다. 다섯 번째는 국영기업과 집단기업, 복수의 향진기업, 향진기업과 외국기업 등이 공동출자한 형태인 연영기업(聯營企業)이 있다.

16 중국의 농촌 공업화에 대해서는 전성흥(1993, 1995. 10) 참조. 譚慶剛(2007), 262~272쪽 참조.

소유 형태에 따라, 그리고 경영구조, 발전 지역에 따라 다양한 형태를 보이는 향진기업은 대부분 집단에 의해 운영되었다. 하지만 생산물의 대부분은 주로 일부 외국을 포함한 해당 지역 밖으로 판매하였다.

3. 경제의 성장 및 발전에서 향진기업의 위상

1990년대 초까지의 상황을 보면 향진기업은 중국 경제에서 가장 역동적인 경제 주체였을 뿐 아니라 중국 경제, 경제의 성장에서 점하는 위상은 주목할 만한 것이었다. 향진기업의 중국 경제에서 점하는 위상을 흔히 이렇게 설명한다. 첫째, 향진기업은 중국 경제의 시장화를 촉진하고, 둘째 노동집약 산업에 대한 집중을 통해 노동력 비교우위를 살림으로써 수출증대와 폐쇄경제구조를 개선함은 물론, 중공업 중심의 불균형 경제구조를 개선해 주었다. 셋째, 농촌 일자리 창출을 통해 과잉 노동력을 흡수하였고, 넷째 농촌 도시화에 기여하였다.[17] 그런데 이미 지적했듯이 1990년대 중반까지 활발하게 성장했던 향진기업이 구체적으로 농촌 과잉 노동력 해소, 지역불균형 축소, 농업 성장에 대한 역할, 농촌 공업화에 측면에서 얼마나 기여했느냐 하는 의문이 제기될 수 있다. 이 의문에 대한 답은 다음 절에서 다룬다. 좀 더 상세한 의문을 뒤로 하면, 1978년 이후 민간기업이 아직 부진하고 절대적인 비중을 점하던 국유기업이 개혁과 절연되어 있던 시기, 향진기업은 중국 경제에서 점하는

17 이근·한동훈·정영록(2005), 253쪽.

위상이 상당했다는 사실은 널리 인정된다.

향진기업이 중국 경제와 경제의 성장에서 점하는 의미와 위상을 총괄해 보자.[18]

먼저, 총생산에서 점하는 향진기업의 위상을 보자. 향진기업을 구성하는 업종은 대체로 공업, 유통업, 서비스업 등이 있지만, 1992년 기준으로 향진기업 총생산액 중 75%를 공업이 담당할 만큼 공업이 주류였다. 향진기업이 발흥하고 성장하면서 경상가격으로 본 총생산액은 1978~1983년 동안 연평균 15.6% 성장하였다. 소유제 개혁과 함께 개체기업이 급증한 1984년 이후 1992년까지는 무려 연평균 38.6%라는 경이적인 성장을 기록하기도 하였다. 1978년부터 1990년까지 중국의 연평균 실질 GNP 성장률이 8.8%였다는 사실과 비교하면 향진기업의 중국 경제성장에서 점하는 위상을 충분히 짐작할 수 있다. 또한 같은 기간 동안 실질 공업 생산액이 연평균 10% 성장하였는데, 공업생산에서 점하는 향진기업의 비중은 같은 기간 동안 9%에서 25%로 급증하였다.[19] 1992년 향진기업 총생산액은 약 1.77조 위안으로 전국 총생산액의 31.62%를 점하였는데, 이중 공업 생산액은 1.32조 위안이었다.[20] 향진기업의 생산증가에 힘입어 전국 총생산액에서 향진기업이 점하는 비중은 1978년 7.2%에서 1985년 16.6%, 1992년에는 31.6%로 증가하였다. 농촌 지역의 향진기업이 전국 총생산의 32%를 점할 정도로 중국 경제에서 향진기업은 큰 위상을 점하고 있었다.

18 이일영(1997b), 342~344쪽 참조.
19 이일영(1997b), 200쪽.
20 이일영(1997a), 37쪽.

다음으로, 총소득에서 향진기업의 위상을 보자. 총소득에서 점하는 향진기업의 비중은 개혁 초기인 1978년 2.9%로 낮았으나 1985년에는 6.7%, 1992년에는 8.8%로 증가하였다. 농민이 향진기업으로부터 얻는 소득도 증가하여 1992년 향진기업으로부터 얻는 임금소득이 순수입에서 점하는 비중은 24.5%였다. 일부 지역에서는 향진기업으로부터 얻는 소득이 농민 순소득의 93%에 달하는 경우도 있었다. 이 밖에도 향진정부는 향진기업에서 얻는 수입의 일부를 공공복지사업에 투자함으로써 향진기업은 농민의 생활 환경 개선에도 기여하였다.

세 번째, 고용에서 점하는 향진기업의 위상을 보자.[21] 1992년 말 향진기업에 종사하는 취업자는 1.06억 명이었는데, 이는 전체 농촌 인구의 12.5%, 농촌 경제 활동 인구의 14.7%에 해당하였다. 전국의 총취업자 수에서 향진기업이 점하는 비중은 1978년 7.0%에서 1985년에는 14%로 증가하였고, 1992년에는 17.9%로 상승하였다. 1992년 현재 향진기업은 총취업자의 18%를 고용할 만큼 상당한 위상을 점하였으나, 향진기업 취업자의 증가 추세는 생산액의 증가 추세에 비하면 상대적으로 완만하였다.

네 번째로 향진기업의 조세수입에서 점하는 위상을 보자. 1978년 국가 재정수입 중에서 향진기업의 납세액 비중은 2.0%에 불과하였다. 그러나 1992년에 향진기업은 국가 재정수입의 11.3%(470억 위안)를 점하였다. 향진기업이 발달한 지역에서는 향진기업에서 징수한 세금이 향진정부 재정수입의 절대적인 부분인 경우도 있었다. 각급 지방정부는 향진기업 조세수입과 향촌 집체

21 2000년대 중반까지의 고용효과에 대해서는 박대석·장도(2008) 참조.

표 6-1 향진기업의 국민경제에서 점하는 위상

(단위: %)

	1978	1985	1992
향진기업 생산액/사회 총생산액	7.2	16.6	31.6
향진기업 수입액/국민 총수입액	2.9	6.7	8.8
향진기업 종사자/총취업자 수	7.0	14.0	17.9
향진기업 납세액/국가 총재정수입	2.0	7.3	11.3
향진기업 수출액/수출총액	-	4.8	25.5

자료: 國家統計局, 『中國統計年鑑』 각 연도; 이일영(1997a), 44쪽 〈표 2〉.

기업의 이윤 중 일부를 수리관개시설 및 교육 등 공공사업에 투자함으로써 국가의 농촌에 대한 투자 부족을 보충하기도 하였다.

끝으로, 향진기업이 무역발전에서 점하는 위상를 보자. 개혁 이전에는 자력갱생 기조를 고수하였기 때문에, 1978년 사회 총생산액에서 점하는 무역총액의 비율은 5.2%에 불과하였다. 그러나 개혁개방 이후 무역 급증에 힘입어 1978~1992년 무역총액은 연평균 16.0% 증가하였고, 1992년에는 사회 총생산액 중에서 수출의 비중이 16.3%에 달하게 되었다. 그런데 수출총액에서 향진기업의 수출액이 점하는 비중은 1985년에 4.8%에서 1990년 16.5%, 1992년에 25.5%로 증가하였다.

하지만 이러한 향진기업의 위상과 역할에 대한 긍정적인 평가는 좀 더 실증적인 검토가 필요하다는 지적이 있다.[22] 이들은 개혁 이후 중국 경제성장에서 향진기업이 점하는 위상을 인정하면서도, 향진기업이 발전하면서 "농촌

22 이일영(1997a), 37~38쪽.

의 과잉 노동력 문제는 정말로 얼마나 해결되었는가?" "노동 간 격차는 얼마나 축소되었는가?" "향진기업의 성장과 농업 성장은 어떤 상관성이 있는가?" "농촌 공업화는 정말 성공하였는가?" 등과 같은 의문에 대한 좀 더 엄밀한 분석이 필요하다고 주장한다. 이 문제는 뒤에 논증한다.

향진기업이 급속하게 발흥하고 발전함에 따라 전통적인 도시-농촌이라는 이중경제 구조로 설명해 내기 쉽지 않은 구조가 형성되었다. 향진기업이 중국 경제발전 과정에서 점하는 위상은 관찰자의 관점에 따라 다를 수 있다. 그 가치를 인정하여 중국 경제의 구조를 농업-향진기업-도시 공업이라는 삼중구조[23)]로 설명하기도 하고, 어떤 연구자는 향진기업의 의미를 절반만 인정해서 2.5차원 모형[24)]이라고 부른다. 그리고 다른 연구자들은 향진기업이라는 독특한 실체로 인해 형성된 구조를 전국적 차원에서 도시 현대 부문-농촌 전통 부문, 그리고 농촌에서 농업(전통 부문)-향진기업(현대 부문)이라는 2계층2부문 경제구조[25)]라고 부르기도 한다.

4. 국민경제에 대한 향진기업의 기여와 한계

1) 농촌 과잉 노동력 해소

향진기업은 개혁이 시작된 이후 농촌에서 생산된 잉여와 과잉 노동력을

23 이에 대한 논의는 陳吉元·胡必亮(1994) 참조.
24 中兼和津次(2002).
25 이일영(1997b), 205쪽; 임반석(2013. 9), 373쪽.

흡수하여 비약적으로 발전했다고 평가받는다. 다시 말해서, 향진기업은 기술 수준이 낮고 노동집약적인 기술을 채택하였기 때문에 농민의 취업 문제를 해결하는 현실적이고 유효한 수단이었다고 보는 것이다. 거대한 국유기업이 개혁의 외곽에 있고 민간기업은 초보적 단계에 머물던 시기에, 적어도 개혁개방 선언 이후 1990년대 중반까지, 향진기업이 중국 경제성장뿐 아니라 여러 측면에서 무시할 수 없는 기여를 했다는 사실은 재론의 여지가 없다. 하지만 향진기업의 발전이 과연 농촌 과잉 인구 해소에 얼마나 기여했는지에 대해서는 관점과 분석 방법에 따라 견해가 갈린다.

이 문제에 대한 설득력 있는 연구는 이일영(1997)에 의해 수행되었다.[26] 그는 29개 성, 시, 자치구의 1989~1992년의 횡단면 자료를 토대로 향진기업의 콥-더글러스형 생산함수를 계측하고, 이를 토대로 생산기술 구조와 향진기업 성장에서 자본과 노동의 역할을 추적했다. 그가 수립한 콥-더글러스형 생산함수는 다음과 같다.

$$Y = AL^{\alpha}K^{\beta}$$

여기서, Y: 향진기업 총산출액 또는 향진기업 수입(만 위안)

L: 향진기업 노동력 수(명)

K: 향진기업 고정자산투자(만 위안)

〈표 6-2〉는 총생산액과 총수입액으로 종속변수로 놓았을 때 향진기업의

26 향진기업 발전과 농촌 과잉 노동력 해소 관계에 대한 분석은 이일영(1997a), 45~52쪽과 이일영(1997b), 206~209쪽 참조.

표 6-2 향진기업의 생산함수 추정 결과

		α	β	$\alpha+\beta$	β/α	R^2
총생산액기준	1989	0.729	0.491	1.220	0.674	0.949
		(8.024)	(5.697)			
	1990	0.851	0.299	1.150	0.351	0.941
		(9.787)	(4.739)			
	1991	0.540	0.517	1.057	0.957	0.972
		(6.587)	(8.793)			
	1992	0.482	0.604	1.086	1.253	0.987
		(4.851)	(8.199)			
총수입액기준	1989	0.771	0.412	1.183	0.534	0.951
		(9.175)	(5.177)			
	1990	0.848	0.237	1.121	0.322	0.953
		(11.359)	(5.041)			
	1991	0.596	0.450	1.046	0.755	0.973
		(7.736)	(8.142)			
	1992	0.540	0.537	1.077	0.994	0.974
		(6.225)	(8.350)			

주: ( ) 안은 t값.
자료: 中國鄕鎭企業年鑑編輯委員會(1997); 이일영(1997a), 46쪽 〈표 3〉.

생산함수를 추정한 결과이다. 이 표를 통해 다음과 같은 사실을 알 수 있다. 첫째, 노동과 자본의 파라미터는 1% 유의 수준에서 모두 유의한 것으로 나타났고, 결정계수(R^2)는 0.94~1.22로 대체로 양호하였으며, 점점 높아졌다. 둘째, $\alpha+\beta$는 1.05~1.22로 규모에 대한 수확체증을 나타냈다. 다만 1990년대 초에는 이 값이 1에 가까워졌는데, 이는 향진기업의 생산 규모가 U자형 비용곡선의 저점에 근접하였음을 의미한다. 즉, 규모의 경제가 작용하였으나 1990년대 초 이후 규모 확대에 따라 이익이 생길 여지가 사라졌다. 셋째, 1990년을 제외하면 α는 점차 감소하고 β는 증가하는 자본집약적(노동절약적) 기술 변화 추세를 보였다. 다시 말해서, 본질적으로 노동집약적인 형태로 발흥한 향진기업에서 노동력의 중요성이 상대적으로 감소하고, 대신 자본에 의존하여 발전하는 경향이 강화되었다.

다음으로, 〈표 6-3〉을 중심으로 향진기업의 요소 집약도 동향을 보자. 개인기업 및 연호기업이 폭발적으로 증가한 1984~1985년에는 향진기업의 자본집약도(K/L)가 하락하였으나, 1978~1983년, 1986~1994년에는 자본집약도가 상승하였다. 자본집약도의 상승은 노동생산성(Y/L)의 증가가 자본생산성(Y/K)의 증가보다 크다는 의미이다. 그리고 자본집약도의 상승은 임금 또는 노동력 공급 측면보다는 기업의 투자 때문으로 이해된다. 향진기업은 한편으로는 규모의 경제를 추구하면서, 다른 한편으로는 자본집약적 기술 변화에 맞춰서 투자를 확대했다고 할 수 있다. 그 결과 개혁 이후에도 농촌 지역에서 과잉 노동력이 급감하지 않았다. 향진기업은 노동력 흡수보다는 주로 투자확대를 통해 성장하였기 때문에 과잉 노동력 해소 효과는 제한적일 수밖에 없었다. 〈표 6-3〉을 통해 확인할 수 있듯이 1993년 고용증가율은 1992년에 비해 4.5%포인트 감소하였고 1994년에도 고용증가율은 여전히 정체였다. 향진기업 발전이 제도적 요인으로 도시 이동이 제한된 농촌 과잉 노동력을 흡수하는 데 기여한 것은 분명하고, 절대적인 고용 규모도 상당하였다. 하지만 1984~1985년을 제외하면 향진기업의 발전은 농촌 과잉 노동력 해소 방향보다는 자본집약적 방향으로 진행되었고, 그렇기 때문에 향진기업의 과잉 노동력 해소에는 한계가 있었다고 평가할 수 있다.

표 6-3 향진기업의 자본집약도 동향

	취업 노동력 수 (만 명)	고정자산원치 (억 위안)	전국물가지수 (1978=100)	자본집약도(*K*/*L*)	
				위안/명	1978=100
1978	2,826.56	229.6	100.0	812.29	100.0
1979	2,909.34	280.2	102.0	944.22	116.2
1980	2,999.67	326.3	108.1	1,006.28	123.9
1981	2,969.58	375.4	110.7	1,141.96	140.6
1982	3,112.91	429.3	112.8	1,222.60	150.5
1983	3,234.64	475.7	114.5	1,284.40	158.1
1984	5,208.11	575.0	117.7	938.02	115.5
1985	6,979.03	750.4	128.1	839.36	103.3
1986	7,937.14	946.7	135.8	878.31	108.1
1987	8,805.18	1,226.6	145.7	956.10	117.7
1988	9,545.46	1,584.3	172.7	961.05	118.3
1989	9,366.78	1,920.7	203.4	1,008.13	124.1
1990	9,264.80	2,202.0	207.7	1,144.31	140.9
1991	9,609.10	2,626.3	213.7	1,278.96	157.5
1992	10,581.10	3,463.1	225.2	1,453.34	178.9
1993	12,345.30	5,160.9	254.9	1,640.04	201.9
1994	12,018.10	6,613.5	310.2	1,773.99	218.4

주: 자본액은 고정자산원치를 전국물가지수로 디플레이트함.
자료: 國家統計局, 『中國統計年鑑』, 각 연도; 이일영(1997a), 48쪽 〈표 4〉.

2) 도농격차 축소

다음으로, 향진기업의 발전이 도시와 농촌 간 격차를 축소시키는 데 기여했는지에 대해서 살펴보자. 농민과 비농민 간 소득 비율을 정확하게 계측하려면, 농촌의 임금에 해당하는 농업 노동의 보수에 대한 정확하고 일관성 있는 통계가 필요하다. 개혁 이전 농민소득을 파악하는 데 이용되는 지표는 집단경제에서 얻은 수입이었으나[27] 농가생산책임제가 도입되면서 집단을 통해 얻는 농가소득 부분이 격감하였다. 이후 국가통계국에서 농민 가정 순소득 자료를 공표해 왔는데, 이는 가정경영 순소득, 집단에서 얻은 소득 등을 포함하고 있다.

농민 가정과 도시 주민의 순소득과 소비를 비교한 것이 〈표 6-4〉이다. 표에 의하면 개혁 이후 1983년까지는 도농 간 소득격차가 축소되어 도시 주민 가정의 일인당 소득은 농민 가정의 1.7배 수준까지 하락했다. 그러나 이후 농민소득은 절대적으로 증가하였으나, 농민과 비농민 간의 상대적 격차는 1990~1991년을 제외하고는 줄곧 확대되었다. 그래서 1994년 도시 주민 소득은 농민소득의 약 2.6배에 달하였는데, 이 격차는 1981년에 비해 크게 확대된 것이다. 그런데 실질소득을 파악하려면 공식 통계에 포착되지 않으면서 도시 주민이 누리는 실물, 기초소비재, 서비스, 기타 편익 등도 함께 고려해야 한다. 도시 주민과 달리 농촌 주민에게는 이러한 보조가 없기 때문에 도시 주민이 누리는 다양한 형태의 보조를 포함시킨다면 격차는 더 커질 수밖에 없다.

소득의 변동은 소비 수준에도 영향을 미친다. 농민-비농민의 소비지출 수준을 살펴봄으로써 소득격차의 동향을 간접적으로 파악할 수 있다. 1981년 도시 주민 가정의 일인당 소비지출액이 농민 가정의 2.4배였으나 1984년에는 2.0배로 축소되었다. 그러나 1984년 이후 농민과 비농민의 상대적 격차는 계속 확대되어 1994년에는 2.8배에 이르렀다.

27 N. R. Lardy(1984), pp. 160~163.

표 6-4 도시 및 농촌 가구의 일인당 소득 및 소비액

(단위: 위안)

	소득		소비지출	
	도시	농촌	도시	농촌
1978	316.0	133.6	n.a.	116.1
1979	n.a.	n.a.	n.a.	134.5
1980	439.4	191.3	n.a.	162.2
1981	458.0	223.4	456.8	190.8
1982	494.5	270.1	471.0	220.2
1983	526.0	309.8	505.9	248.3
1984	607.6	355.3	559.4	278.3
1985	752.4	387.6	673.2	317.4
1986	903.0	423.8	799.0	357.0
1987	983.4	462.6	884.4	398.3
1988	1,210.0	544.9	1,104.0	476.7
1989	1,366.7	601.5	1,211.0	535.4
1990	1,387.3	629.8	1,278.9	584.6
1991	1,544.3	708.6	1,453.8	619.8
1992	1,826.1	784.0	1,671.7	659.0
1993	2,336.5	921.6	2,110.8	769.7
1994	3,179.2	1,223.6	2,851.3	1,020.6

주: 1) 농민 가정 소득은 연간 총소득 통계.
2) 도시 주민 가정의 경우 연간 생활비 수입 통계를 의미.
자료: H. F. Colly and S. Webb(1992); 國家統計局(1995), 『中國統計年鑑』; 이일영(1997a), 51쪽 〈표 5〉.

정리하자면, 도동 간 소득과 소비 격차는 1978년 이후 축소되었는데, 그 이유는 농산물 수매가격 인상, 생산책임제에 따른 생산증가와 함께 향진기업의 수와 취업자 수 급증, 농촌 주민이 비농업 소득을 획득할 기회 증대 등이다. 그러나 1983~1984년을 고비로 도농 간 소득과 소비 격차가 다시 확대되었는데, 그 주된 이유는 1980년대 중반 이후 농산물 교역조건의 악화로 이해된다. 향진기업 성장을 포함한 농촌 공업화가 도농 간 격차 확대 흐름을 바꾸기는 어려웠음을 의미한다.

3) 농업 성장과 향진기업

사회주의 정권이 수립된 뒤 중국에서는 소련을 모방한 사회주의 중공업화를 추진했는데, 이 정책은 농촌의 잉여로 하여금 최대한 도시 중공업을 지원하도록 하고 있었다. 이른바 '농업 착취적 중공업화'로 인해 농업과 공업 간의 불균형은 고착되었다. 이러한 농업과 공업 간의 구조적 불균형을 타파하기 위해 개혁개방이 시작되면서 농업생산의 회복과 발전이 중요한 과제로 부상했다. 가장 취약한 부분인 농촌과 농업에 대한 개혁은 매우 빠르고 신속하게 이뤄졌고, 성과도 매우 양호하였다. 이에 따라 1980년대 중반부터 개혁의 중점이 도시 공업 개혁으로 전환될 수 있었다.

그러나 개혁개방 이후 정책 및 제도의 변화와 놀라운 경제성과에도 불구하고 농촌에 입지한 향진기업과 농업, 농촌, 농업 정책 간의 관련성[28]에 대한 의문은 남는다. 향진기업은 본질적으로 농촌 지역에 입지한 현대 부문으로서 농촌의 잉여를 바탕으로 삼고 농촌 과잉 노동력을 고용해서 성장하였다. 향진기업 성장 초기에는 정책적으로 농촌 생산물을 활용한 발전을 요구하기도 했다. 이러한 이유 때문에 향진기업 발전은 대체로 농촌 과잉 노동력 해소에

28 조준현(2008. 2); 유희문(1999. 12) 참조.

표 6-5 개혁 이후 농업과 향진기업 성장률 간 인과관계 분석 결과(1978~1992)

	β_1	β_2	α	R^2
성장률을 변수로	0.064	−0.080	7.749	0.214
한 경우	(0.230)	(1.651)	(2.460)	
성장률 순위를	−0.072	−0.478	12.058	0.214
변수로 한 경우	(−0.254)	(−1.647)	(2.901)	
	δ_1	δ_2	γ	R^2
성장률을 변수로	1.869	0.375	9.908	0.262
한 경우	(1.166)	(1.348)	(0.548)	
성장률 순위를	0.513	0.497	−0.731	0.455
변수로 한 경우	(2.312)	(2.149)	(−0.224)	

주: ( ) 안은 t값.
자료: 『中國統計年鑑』, 각년호; 『中國鄕鎭企業年鑑』, 각년호: 이일영,(1997b), 214쪽 〈표 4〉.

기여함은 물론, 농촌 지역의 자본축적과 농민의 생활수준 향상, 그리고 지방 정부 재정에 기여했다고 이해된다. 그렇다면 향진기업의 성장이 농업 성장과 어떤 유기적 관련성을 가지고 진행되었느냐 하는 의문에 대한 적절할 답이 필요하다.[29]

이에 대한 의문에 답하고자 이일영은 양자의 상관관계를 추정하였다.[30] 그는 1978~1992년 농업과 향진기업 성장률 간, 농업과 향진기업 성장률 순위 간의 인과관계 검증을 수행하였는데, 그 결과가 〈표 6-5〉이다. 그의 검증에 의하면 향진기업 성장의 농업 성장에 대한 인과관계는 성장률을 변수로 할 때나 성장률 순위를 변수로 할 때나 모두 기각되었다. 그리고 농업 성장의 향진

29 이일영(1997b), 213쪽.
30 이일영(1997b), 213~215쪽.

기업 성장에 대한 인과관계는 성장률을 변수로 할 때는 기각되었으나 성장률 순위로 할 때는 기각할 수 없는 것으로 나타났다. 시계열 자료 분석에 의하면 농업 성장이 향진기업 성장의 제약 조건인지 아닌지는 불분명하다. 그러나 티벳을 제외한 29개 성, 시, 자치구의 1991~1992년 농업 및 향진기업 성장률 간 인과관계를 검증한 결과 양자 간의 인과관계가 모두 기각되었다. 이는 향진기업 성장은 농업에 분명한 파급효과를 보여주지 못했으며, 농업 성장을 토대로 향진기업이 성장한 것도 아님을 의미한다. 다시 말해서, 향진기업은 농촌 지역에서 농업과 밀접한 관련 없이 고립된 형태로 발전했을 가능성이 있다.

4) 향진기업과 농촌 공업화

1949년 건국 후 전후 복구 작업이 일단락되면서 제1차 5개년 계획(1953~1957)이 추진되었다. 이때부터 중국 경제의 중점은 중공업에 있었고, 농업은 중공업을 위한 투자 재원의 원천, 도시를 위한 식량공급처 역할을 강요받았다. 국가는 1953년부터 '계획수매-계획배급' 제도를 확립하고 유통시장을 장악하였다. 또한 국가는 농민 노동을 조직하고 농민에 대한 분배를 주도하기 위해 '인민공사'라고 불리는 농업 집단화를 단행했다. 중국 정부는 인민공사 조직을 중심으로 농업 잉여를 지속적으로 확대하고, 농업 잉여를 도시 중공업 부문으로 이전시키는 시스템을 구축하고자 했다. 그런데 이 시스템을 완성하기 위해서는 또 다른 조건이 필요했는데, 그것이 바로 노동력 이동 통제였다. 노동력의 이동이 자유로우면 국가가 계획한 시스템이 작동할 수 없었기 때문이다. 호구제도를 통해 노동력의 이동을 금지함으로써 농촌과 도시를 인위적으로 격리시켰다. 도농 간 노동력 격리 정책으로 인해 농촌 지역에 과잉 노동력이 존재할 수밖에 없었기 때문에, 과잉 노동력을 흡수하기 위해서는 농촌 지역에 비농 생산 주체가 필요했으며, 이러한 이유로 인해 '농촌공업화'가 경제 정책의 주요 과제가 되었다.

이미 서술한대로 제도적 제약으로 인해 농촌에 대규모 과잉 노동력이 존재할 수밖에 없는 상황에서 도시 공업은 자본집약적 발전을 지향하였다. 도시 공업을 위한 자금은 농업 부문에서 강제로 충당했기 때문에, 도시 공업에는 본질적으로 투자효율을 향상시킬 유인이 있을 수 없었다. 이처럼 비효율 상황 가운데 생산된 중공업 제품은 국가가 분배하였는데, 주로 부문 내에서만 자기순환하였다. 따라서 도시의 공업 발전은 정체되었고, 산업구조는 도시와 농촌의 인위적 격리로 인해 왜곡되었다. 개혁 이전 중국의 경제구조는 철저하게 농업 부문이 공업 부문을 위해 희생하고 도시 중공업은 비효율의 악순환의 고리에 묶인 이른바 '농업 착취적인 경제구조'였다. 그리고 이러한 경제구조는 국가에 의해 강제되었고 제도로 뒷받침되었다.

개혁의 일차 대상이 된 농업과 농촌은 개혁과 함께 일대 전환점을 맞았다. 1970년대 후반 개혁이 선언된 뒤 1980년대 전반에 농산물 수매가격이 인상되고 국가 계획구매 품목과 수량이 감소함으로써 농가교역조건이 개선되었다. 1985년 이후 식량과 경제작물에 대한 국가 '계획'수매제도는 점차 '계약'수매제도로 전환되고, 부식품의 유통이 전면적으로 자유화되었다. 또한 가정생산책임제가 보급되면서 인민공사는 빠르게 폐지되었다. 이러한 농업과 농촌에서의 제도 변화는 농민의 증산의욕을 불러일으켰을 뿐 아니라 농촌 밖으로 유출되던 농업 잉여를 농촌 지역에 유보할 수 있도록 함으로써 농촌 지역에 자본이 축적될 수 있었다.

새로운 농업 정책과 함께 인구 이동에 대해서도 과거처럼 엄격한 제한을 그대로 유지하기는 어려웠다. 1984년에부터는 진(鎭)의 공업, 상업, 서비스 부문에 종사하거나 향진기업에 종사하는 경우 진에 고정적으로 거주할 수 있게 되면서, 농촌 과잉 노동력의 진으로의 이주가 허용되었다. 이러한 배경으로 인해 향진기업이 농촌 지역의 새로운 경제 주체로 급성장할 수 있었다. 개혁 이후 농촌 지역에서 산출되고 축적된 잉여의 상당 부분이 농촌 지역에 남았고 개혁에 힘입어 수익성이 높은 비농업 부문에 투자할 유인도 생겼다. 여기에 더해서 향과 진의 노동력 이동에 대한 제도적 구속이 어느 정도 완화되자 과잉 노동력의 일부가 향과 진으로 이동하였다. 이처럼 농촌 지역의 자금과 노동력이 일부는 도시 공업 부문에, 그리고 일부는 농촌 지역의 향진기업으로 이동하였다.

한때 향진기업의 빠른 발전에 고무되어 향진기업을 농촌의 현대 부문으로 규정하고 새로운 축적과 순환의 원동력으로 평가하는 견해가 등장했다.[31] 이들은 개혁과 함께 향진기업이 전통적 기술과 농촌 과잉 노동력을 배경으로 삼고 자유로운 요소시장과 상품시장을 매개로 하여 농업과 공업의 유기적 관계를 형성하였다고 평가한다. 중앙정부 차원에서도 농촌경제를 포함한 경제 전체의 발전이라는 관점에서 향진기업의 역할을 이해한 적도 있었다.[32] 이러한 인식은 과잉 노동력을 비농업 부문으로 이동시켜 노동집약적인 제품을 생

31 渡邊利夫(1990, 1991); 栗林純夫(1990, 1991); 加藤弘之(1986, 1991); 嚴善平(1992) 등 참조.
32 『經濟日報』(1988. 1. 5); 『人民日報』(1988. 1. 23).

산해 수출하는 수출지향 공업화, '중국식 농촌 공업화' 구상이라 할 수 있다.[33] 이 경우에도 농업 성장과 향진기업 성장 간의 상관성 정도에 대해서는 의문이 남지만, 농촌 지역에서 발흥한 비농업 생산 주체인 향진기업의 성장은 개혁 이후 1990년대 중반까지 중국 경제의 성장을 이끄는 중요한 역할을 한 점은 분명하다.

이렇게 해서 중국 경제에는 농촌-도시라는 상위의 이중구조와 농촌 내에서 농업-향진기업이라는 하위의 이중구조가 쌍층을 이루는 '이중의 이중경제 구조'가 형성되었다.[34] 그러나 향진기업을 중심으로 한 농촌 공업화는, 앞에서 설명했듯이 농업과 밀접한 관련 없이 농촌 지역에서 독립적으로 진행된 측면이 강하다. 그렇기 때문에 탄생과 성장 과정이 특수하고, 재산권 구조 및 지배구조가 다르며, 국민경제에 대한 기여도가 크기는 하지만, 이 점을 제외한다면 향진기업의 발전은 큰 범위에서 보면 중국식 농촌 공업화 과정이라고 볼 수 있다. 그럼에도 불구하고 다른 나라의 농촌 공업화와 달리 향진기업은 제조업뿐 아니라 서비스업의 상당한 비중의 서비스업을 포괄한다는 점에서 농촌 '공업화'라고 부르기에는 분명히 한계가 있다. 또한 중국 농촌과 농업의 고질적인 문제 중 하나인 '소농경영' 문제를 해결하기 위한 대안으로 '농촌 공업화'와 '기업농(企業農)화'가 제시되고 있는데, 농촌 지역에서 향진기업의 보편적인 발전이 이 문제를 해결하는데 기여하지 못했다는 점이 지적되어야 한다.[35]

33 농촌 공업화를 키워드로 삼아 중국 향진 사회의 변화를 분석한 국내의 연구로는 전성흥(1993) 참조.

34 중국의 경제구조에서 매우 특수한 존재인 향진기업을 두고 연구자들의 관점에 따라 이중경제 구조, 2.5경제 구조, 이중의 이중경제 구조 등 여러 가지 주장이 있다.

5. 향진기업의 발전과 쇠퇴를 설명하는 가설

1) 몇 가지 설명

엄격히 말해서 농촌 공업화는 중국만의 현상은 아니다. 하지만 개혁개방 이후 중국 경제의 성장 과정에서 향진기업의 역할은 매우 컸으며, 이 점은 어느 개도국에서도 찾기 어려운 사례이다. 1990년의 불변가격으로 계산할 때 1992년 중국 향진기업의 총생산액은 1.8조 위안, 1993년에는 3.2조 위안, 1994년에는 4.3조 위안이었다.[36] 그리고 이 3년 동안 향진기업 생산은 국민경제 가운데서 1/3을 점하기도 하였다. 그러나 1990년대를 지나면서 향진기업은 조정기에 진입하였고, 이후 점차 관심 대상에서 멀어졌다. 관심 대상에서 멀어졌다는 말의 의미는 세 가지 의미를 함축한다.[37] 첫째는 통계국에서 2004년부터 향진기업과 관련된 통계를 제공하지 않았고, 둘째는 경제전문 잡지에서 향진기업에 관한 전문가들의 논문을 발견하기 힘들어졌으며, 셋째는 인터넷상에서 향진기업 관련 기사가 드물어졌다는 점이다. 그렇다면 우리는 특수한 환경에서 탄생하고 빠르게 성장한 향진기업이 왜 이렇게 관찰자들의 시야에서 사라졌는지에 대한 의문을 품지 않을 수 없다.

신자유주의 경제학 관점에서 볼 때 명확한 재산권 구분과 보장은 기업의 효율을 보장하는 중요한 전제이다. 다수 향진기업의 소유제는 집단소유이다.

35 이일영(1997b), 200쪽.
36 國家統計局, 『中國統計年鑑』(1995).
37 향진기업 발전의 한계에 대해서는 周端明(2011. 3), 154쪽; 이근·한동훈·정영록(2005), 292~298쪽 등 참조.

향진기업에 대한 많은 연구들은 향진기업의 재산권 특징에 관심을 집중한 결과, 집단소유라고 하는 비교적 모호한 재산권 구조가 향진기업의 빠른 성장을 가능케 한 주 요인이라 본다. 이 견해를 받아들인다면 신자유주의 경제학의 주장과 중국 향진기업의 성장 현상은 서로 모순된다. 이론과 중국 현실의 모순은 다시 "왜 향진기업은 집단소유제라는 소유제 형태를 택하였고 또 성공하였느냐?" 하는 물음을 낳았다.

이 물음에 대해서 창과 왕(Chang and Wang)[38]은 이러한 설명을 내놓았다. 향진기업의 재산권 구조는, 통제권은 향진정부가 가지고 있고, 수익권은 주민과 향진정부가 가지고 있으며, 주민은 명목상의 소유권을 가진다는 점 때문에 향진정부가 향진기업 발전에 적극적이었으며, 이 덕분에 빠르게 성장 발전할 수 있었다. 위진(于金)[39]도 유사한 입장에서 향진기업의 발전을 설명하고 있다. 이들의 설명을 따른다면 중국에서 향진기업의 발전 현상은 전통적인 제도경제학의 설명력 밖에 있다. 리다오쿠이(李稻葵)[40]는 시장이 불완전한 상황에서 재산권의 모호성은 최적의 선택이었다고 주장한다. 그는 사회주의 체제개혁 경제는 시장이 불완전하기 때문에 자본모집, 생산자격 취득, 분규해결 등 여러 측면에서 정부의 개입이 효율적이라고 말한다. 그런가 하면, 와이즈만과 쉬(Weitzman and Xu)[41]는 향진기업의 재산권 구조는 향촌 사회의 전통인 협력문화의 영향이며, 이 요소가 시대적 상황에 유리하게 작용했다고 설명한다. 판위에(潘維)[42]는 명확한 재산권 구분이 기업의 효율을 높이는 전

38 Chun Chang and Yijing Wang(1994), pp. 434~452.
39 于金(2001).
40 李稻葵(1994).
41 Martin Weitzman and Chenggang Xu(1994), pp. 121~145.
42 潘維(2004).

제라는 가설 자체를 부정하고, 집단소유라는 모호한 재산권 구조와 향진기업의 발전 현상이 전혀 모순되지 않는다고 주장한다. 이들과 달리 천훙이(Chen Hongyi)[43]는 향진기업의 발전 현상을 개혁개방 이후 개혁의 지체와 이에 따른 아래로부터의 재산권제도 혁신의 결과라고 주장한다.

대체로 재산권 구조에 초점을 맞춘 이상 가설들이 "향진기업이 왜 상당한 입지상의 열위에도 불구하고 도시기업과 같거나 더 큰 성공을 거두었느냐?" "1990년대 중반까지 큰 발전을 성취했고 국민경제에 큰 기여를 한 향진기업이 점차 조정기를 맞았느냐?"에 대한 어느 정도의 설명을 제공해 줄 수 있다. 하지만 앞의 어느 가설로도 "향진기업의 성공이 특수한 현상이냐 보편적 현상이냐?" "향진기업 발전 사례를 다른 개도국에 응용할 수 있느냐?"에 대한 답을 제공하기는 어렵다. 이에 대한 합리적이고 설득력 있는 해답은 다른 개도국뿐 아니라 중국의 도농 정책에도 중요한 시사점을 줄 수 있다. 하지만 이 의문에 대한 설득력 있는 답을 얻지 못한다면, 향진기업 발전과 쇠퇴 현상은 중국의 특수한 현상에 머물게 된다.

향진기업화든 아니면 일반적인 농촌 공업화든, 농촌 공업화가 도시 공업화처럼 성공하여 도농일체화를 실현하기 위해서는 두 가지 경로가 있을 수 있다. 하나는 도시를 확장해서 농촌 과잉 노동력을 흡수함으로써 도동일체화를 실현하는 길이고, 다른 하나는 농촌 공업화를 통해 농촌을 도시로 수렴시킴으로써 도농일체화를 실현하는 길이다. 그리고 현재 중국 정부가 추진 중인 농촌 지역의 중소 도시화는 두 통로를 절충한 방안인 셈이다.

43 H. Y. Chen(2000).

2) 종합적 설명가설: 저우두안밍의 경우

저우두안밍(周端明, 2011)은 향진기업의 발전과 쇠퇴 현상을 종합적으로 설명하기 위한 시도를 하였다. 그의 비교적 명쾌한 두 가지 가설과 이에 대한 간단한 논증에 앞서, 이 의문에 대한 그의 전반적인 설명을 보자. 그는 먼저 농촌 개혁 과정과 제도 변화, 불균형한 시장개방과 불리한 입지, 정치 리스크와 재산권 특징 세 부분으로 구분해서 이 의문에 답하고자 했다.

첫째, 농촌 개혁과 향진기업 성장의 관계인데, 이 부분은 앞의 장에서 이미 상세히 설명했기 때문에 간략히 서술한다. 농촌 개혁은 향촌 공업 발전을 위한 동력을 제공했다. 1978년에 시작된 농촌 개혁은 농업생산의 급증과 생산성 향상을 가능하게 했는데, 이 현상은 빠른 공업화를 위한 동력과 견인력이 되었다. 동력은 농촌 개혁이 진행됨에 따라 농업 생산성이 향상되었는데, 생산성 향상은 농업 부문에 과잉 노동력을 만들어 낸 사실을 의미한다. 견인력은 도농 간의 소득격차가 농업 노동력의 도시로의 이동을 불러온 사실을 가리킨다. 농가생산책임제가 실시되면서 중국 농민의 농업 활동에 대한 적극성과 농업 기술효율이 향상되었다. 개혁개방 이후 농업생산의 증가와 농업 생산성의 진보는 경제구조의 전환을 가속시킴으로써 비농 취업 인구의 비중을 높였다.

둘째, 시장개방의 불균형과 향촌 공업의 입지상의 비교우위 측면이다. 1978년 개혁개방 이후 점진적인 개혁이 진행되면서 시장개방은 상품시장과 요소시장 간에 불균형하게 추진되었다. 중국은 상품시장을 부분적으로 개방하였는데, 시장개방은 먼저 인민의 생활과 관련이 깊은 소비재시장부터 개방하였고, 이어 점차적으로 생산재시장, 그리고 그 다음은 요소시장을 개방하는 식으로 불균형하게 이루어졌다. 요소시장을 개방하는 과정에서는 우선 제한적으로 노동력시장을 개방한 뒤 토지시장, 금융시장 순으로 개방하였다. 이처럼 시장개방의 불균형으로 인해 향촌에서 기업을 창업하고 향촌의 생산요소를 상품으로 전환시키며, 상품을 다시 시장에 공급하는 요소소득의 흐름이 형성되었다. 그리고 이러한 과정을 통해서 농촌에서 창업이 유일한 선택지가 되었고, 농촌 지역의 상대적으로 값싼 생산요소가 향촌기업에 유리한 요소가 되었다.[44)]

개혁개방 이전까지 중국은 중공업 우선 발전전략을 채용함으로써 경공업 발전이 제약받았는데, 이에 따라 소비재 부족이 만성화되었다. 경공업 제품의 부족은 경공업 제품의 값을 상승시켰으며, 높은 경공업 제품 가격은 입지적으로 열세에 있으면서 초기에 지역의 생산요소를 활용한 향진기업에 좋은 기회를 제공하였다. 향진기업은 입지적 열위에 있었으나 특수한 제도적 환경에 힘입어 발전이 가능하였다. 다시 말해서, 상품시장과 요소시장의 특수한 환경은 향촌공업 발전을 위한 조건이었다. 만약 요소시장이 잘 발달되어 있고 생산요소의 유동이 자유롭다면 시장 상황과 상관없이 향촌에서의 창업은 합리적인 선택이 아니다. 하지만 요소시장이 존재하지 않을 뿐 아니라 생산요소의 유동이 자유롭지 않은 상황에서 상품시장이 극도로 결핍된 상황이면, 향촌 지역이 창업에 유리하다. 하지만 개방도가 높아가면서 이러한 비교우위는 점감할 수밖에 없었다.

44 周端明(2011. 3), 156쪽.

셋째, 정치 리스크와 향진기업의 재산권 구조 특징 측면이다. 향진기업의 쇠퇴는, 한편으로는 특수한 제도 환경 가운데에서 농촌이라는 입지적 우위의 소실이자, 재산권 측면에서 향촌 집단소유 기업의 쇠퇴를 의미한다.[45] 그렇다면 왜 입지상의 비교우위와 재산권의 비교우위를 상실하게 되었느냐 하는 의문이 생긴다.

1949년 중화인민공화국 건국 후 1956년에 이르러서야 개체경제와 사영경제는 중국에서 사라졌다. 그리고 개혁개방 이후 중국은 소유제 개혁을 시작하였으나 개혁은 점진적으로 이루어졌고 사영경제는 점진적으로 인정되었다. 제15기 공산당대회(1997년)에 이르러서는 사영경제가 사회주의 경제를 보충하는 요소로부터 사회주의 경제의 합리적인 구성 부분이 될 수 있었고, 법률적으로도 사영경제가 중국에서 합법적인 지위를 확보하게 되었다. 이러한 점진적인 개혁과 변화 환경 하에서 인민들은 개체기업이나 사영기업보다는 집단기업에서 일하고자 했다. 당시에 사영기업 창업에는 정치적인 리스크가 매우 컸다. 구체적으로 사영기업은 생산 자료를 구하기 쉽지 않았으며, 양질의 노동력과 기술자를 구하기도 어려웠을 뿐 아니라 허가증을 얻는 데도 많은 어려움이 있었다. 그러나 개혁개방이 심화되면서 개체경제와 사영경제에 대한 정부의 인식에 중요한 변화가 일어났으며, 이제는 사영기업가가 성공한 사람의 표상이 되기에 이르렀다. 개혁이 심화됨에 따라 사영기업을 창업하는 데 있어서 부담해야 하는 정치적 리스크는 꾸준히 감소하였고, 사회비용도 감소하였다.[46]

45 周端明(2011. 3), 156쪽.
46 周端明(2011. 3), 156쪽.

반면, 다른 한편으로 집단기업이 농촌 지역에서 창업하면 이익을 얻을 수 있었으나, 사영기업은 정치적 리스크와 사회적 비용 때문에 이익을 얻기 쉽지 않았다. 생산 자료의 공유제 형식은 당시 중국 사회에서 받아들여질 수 있는 합법적인 재산권 형식이었으며, 집단소유제 기업만이 정치적 리스크를 피하고 사회적 비용을 절감함으로써 이익을 얻을 수 있었다. 이렇게 본다면 집단소유 형식의 향진기업은 사실상 농촌 주민이 특수한 환경 가운데서 만들어 낸 '제도 혁신'이다. 이러한 이유 때문에 실질적으로는 사유이면서도 집단소유 형식으로 위장하는 사례가 많았다. 그러나 집단소유제라고 하는 재산권 구조는 본질적으로 재산권의 불명확이라는 문제를 안고 있었기 때문에, 개혁이 심화됨에 따라 그 비교우위를 상실할 태생적 운명을 지니고 있었다고 할 수 있다.[47)]

의문을 풀기 위해서는 좀 더 체계적인 설명가설이 필요한데, 저우두안밍은 앞의 설명을 입지와 재산권 구조 두 측면에 초점을 맞춰 두 가지 설명가설로 정리했다.[48)]

가설1: 중국의 개혁이 심화되고 시장체계가 개선됨에 따라 향촌 공업의 입지 측면의 비교우위는 점차 사라지게 되었다.

사실상 입지적으로 열위에 있던 향촌 지역에서 공업기업을 창업하고 경제발전에 큰 공헌을 하게 된 원인은 점진적인 개혁방식 하에서 이루어진 시

47 周端明(2011. 3), 156쪽.
48 周端明(2011. 3), 156~157쪽.

그림 6-1 동부 지역 향진 공업 이윤이 전체 향진기업 이윤에서 점하는 비중

(단위: %)

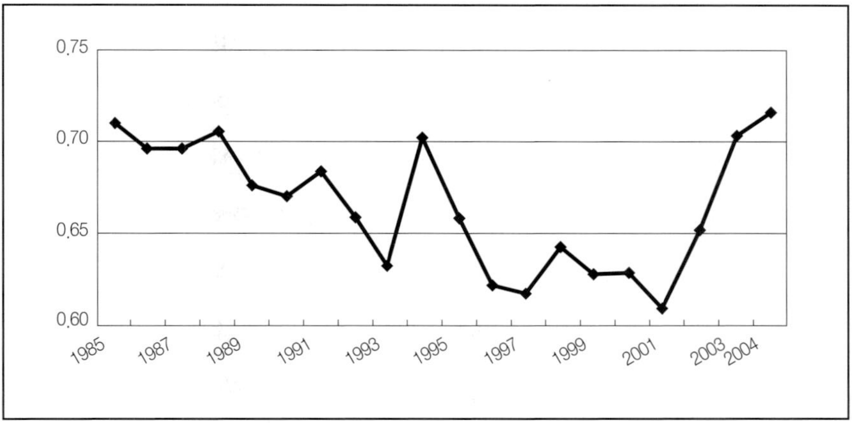

자료: 周端明(2011), 157쪽 〈그림 3〉.

장체계의 불균형적인 개방이었다. 그러나 시장체계가 개선되고 도시와 농촌의 시장이 일체화되면서 향촌 공업의 입지는 약화될 수밖에 없었다. 개혁 이후 향촌 공업 발전이 이루어졌기 때문에 소비재를 생산하던 경공업은 빠른 발전을 이룰 수 있었고, 소비재 공급이 급증하였다. 또한 요소시장이 개선되면서 도농 간 요소의 자유로운 유동이 가능하였고, 이에 따라 도시와 농촌의 요소 획득의 기회비용은 균등화되었다. 이렇게 되면서 향촌 공업의 비용 측면에서의 비교우위는 점차 사라졌고, 도시의 정보 및 시장 측면에서의 비교우위가 상대적으로 높아졌다. 도농 간의 시장일체화와 각종 요소시장의 형성은 향촌 공업의 열위를 더 분명하게 만들었다. 이러한 환경에서 향촌 공업의 선택지는 세 가지였다.[49] 하나는 향촌 공업이 도시로 이전하여 도시 지역의

49 周端明(2011. 3), 157쪽.

표 6-6 중국 향진기업과 소유제 구성

(단위: 만 개)

	향진기업 수	집단기업	사영기업	개체기업
1978	152.43	152.43	-	-
1980	142.47	142.47	-	-
1985	1,222.50	156.90	53.30	1,012.30
1989	1,868.63	153.51	106.94	1,608.18
1990	1,873.44	145.39	97.88	1,630.17
1991	1,908.74	144.23	84.9	1,679.61
1992	2,091.96	152.72	90.18	1,849.06
1993	2,452.93	168.52	103.85	2,180.55
1994	2,494.47	164.10	78.64	2,251.73
1995	2,202.67	162.02	96.02	1,944.63
1996	2,336.33	154.89	226.42	1,955.02
1997	2,014.86	129.19	233.24	1,652.43
1998	2,003.94	106.58	222.20	1,675.15
1999	2,070.89	94.08	207.58	1,769.23
2000	2,084.66	80.21	206.06	1,798.39
2001	2,115.54	66.88	200.71	1,847.95
2002	2,132.69	73.15	229.79	1,829.74

자료: 國家統計局(2003),『中國統計年監』; 周端明(2011), 158쪽.

이점을 활용하는 길이고, 다음은 향촌 공업이 집중된 지역을 도시화하여 입지적 비교우위를 창조하는 길, 세 번째는 향촌 공업의 본부를 도시로 이전하여 도시의 정보, 시장, 인재, 기술 비교우위를 활용하는 길이다. 중대 도시에 근접한 동부 지역 향촌 공업의 이윤이 전체 향촌 공업의 이윤에서 점하는 비중이 2000년대 이전까지 점차 감소하다가 2000년대 들어서 빠르게 상승한 사실이 이 가설의 설득력을 더해 주는 증거 중 하나이다.[50)]

그림 6-2 중국 향진기업의 소유제별 개체 수 추이

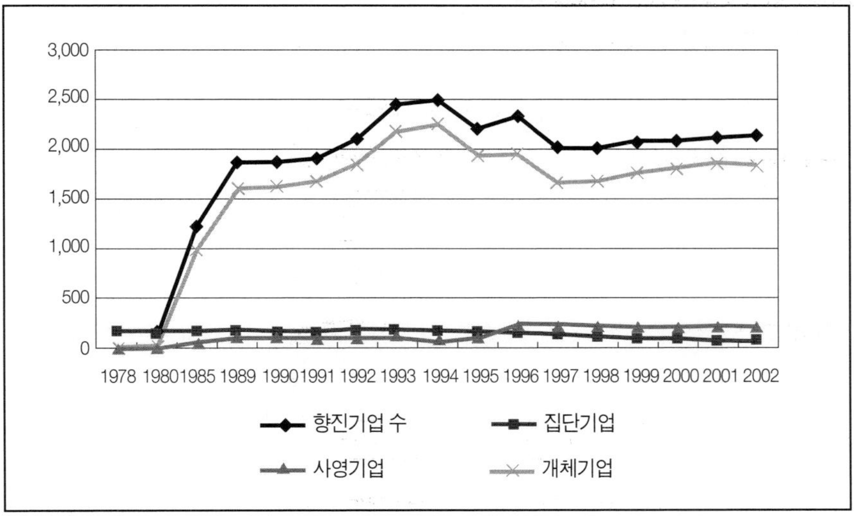

가설2: 사유재산권이 정부와 사회에서 인정되면서 향촌 집단기업의 대부분이 점차 재산권 구조를 전환해야 했고, 이에 따라 향진기업의 재산권 구조상의 비교우위는 약화되었다.

향촌기업의 재산권 구조 선택은 정치 리스크를 피하고 사회적 비용을 줄이려는 제도 혁신의 산물이다. 그러나 집단소유 기업은 재산권의 불명확성 때문에 효율 손실도 피할 수 없었다. 국유기업과 비교할 때 다수의 향진기업을 포함한 집단기업의 생산효율은 22%였는데, 사영기업은 57%, 삼자기업은

50 가설1에 대한 검증은 周端明(2011. 3), 157~158쪽 참조.

39% 정도 향진기업보다 높았다. 개혁이 심화되면서 사회와 정부로부터 사유제가 인정되자 집단소유 형태의 기업들이 자연스럽게 점차 사유 또는 사영기업으로 전환할 수밖에 없었다. 집단소유 향진기업의 수를 보면, 1993년 168.5만 개에서 2002년에는 73.2만 개로 급감하였는데, 이 사실은 가설2의 설득력을 강화시켜 준다. 〈표 6-6〉과 〈그림 6-2〉를 보면 향진기업 수는 대상 기간 동안 연도별로 약간의 기복이 있기는 하지만 꾸준히 증가 추세를 유지하였는데, 집단소유 기업은 감소하였고, 감소세는 특히 2000년 들어서 더 분명했다. 이에 비해서 사영과 개체기업 수는 꾸준히 증가하였는데, 향진기업 수의 증가는 사실상 개체기업 수의 증가에 힘입은 것이다.

6. 맺는 말

개혁개방 이후 1990년대 중반까지 향진기업의 발전이 중국 경제의 성장에 큰 기여를 하였다. 향진기업의 발전은 인구 이동이 제도적·정치적으로 통제된 상황에서 농촌에 축적된 자원을 이용해서 농촌 과잉 노동력에게 취업기회를 제공해 주었을 뿐 아니라 농가소득 증대에도 기여하였다. 하지만 향진기업의 성장이 농촌 과잉 노동력 해소, 도농격차 해소에 미친 영향이 일반적인 이해만큼 크지 않았을 뿐 아니라, 농업 성장과의 유기적 관계도 별로 없이 사실상 농업과 고립된 형태로 성장하였다. 이러한 이유 때문에 농촌 과잉 노동력 문제, 도농 불균형 성장과 격차 문제, 그리고 향진기업과 농촌의 유기적 발전 문제는 중국 경제에 여전히 미해결 과제로 남았다.

향진기업의 성장과 발전은 1990년대 중반을 지나면서 점차 여러 가지 한계를 보였다. 우선, 입지의 분산과 규모의 영세성으로 인한 문제가 있다. 2,500만 개에 달하는 향진기업이 각지에 분산되어 있었기 때문에 높은 효율을 내기 어려웠다. 구체적으로 교통, 통신, 금융 서비스 환경 등의 불비로 규모의 경제를 누리기 어려웠다. 또한 향진기업과 도시 공업 사이의 분업관계가 제대로 형성되지 않았을 뿐 아니라 양자는 점차 경합적 관계에 놓이게 되었다. 다음으로, 농경지를 잠식하고 생태 환경을 파괴하는 문제이다. 향진기업의 설비, 공업, 기술, 관리가 낙후되고 경영자의 환경의식이 취약할 뿐 아니라 단기적 이익을 좇는 경우가 많았다. 세 번째, 소유권의 불명확성으로 인한 문제이다. 명목상으로 촌판기업은 촌 주민 소유이고 향판기업은 향 주민의 소유로 되어 있으나, 향촌기업들은 사실상 촌 위원회와 향정부에 의해 통제된다. 기업관리자는 대부분 향진정부가 직접 임명하였기 때문에, 기업이 정부에 종속되는 경향이 강했다. 향진기업이 향진정부의 그늘에서 벗어나는 데는 많은 한계가 있었다. 뿐만 아니라 향진기업 발전은 농촌 지역에 영세 소농경영을 정착시킴으로써 중국 농촌과 농업의 고질적인 문제 해결에 도움이 되지 못함으로써, 농업구조 개혁이라는 과제를 남겼다. 소농경제 체제를 극복하기 위한 진정한 농촌 공업화 또는 기업농화의 장기적 과제를 남겼다.

이처럼 많은 문제와 한계에도 불구하고 개혁이 시작된 뒤부터 1990년대 중반까지 향진기업은 급성장하였고, 국유기업보다 역동적으로 발전하였다. 중앙정부는 향진기업 이외에 인구 압력을 완화하고 농촌소득을 보충할 방법이 없고, 지방정부도 향진기업이 세수확대와 주민의 고용을 포함한 복지에 유리하기 때문에 중시하지 않을 수 없었다. 중국 경제구조는 개혁 이전 이중경제 구조에서 개혁 이후 1990년대 중반까지 삼중구조 또는 2.5구조로, 그리고 그 이후 점차 이중구조로 변해 왔고, 그 중심에는 향진기업이라는 특수한 존재가 자리 잡고 있다고 할 수 있다. 하지만 향진기업의 진정한 기여가 일반적으로 알려진 대로 상당한 기여를 하였는지에 대해서는 관점과 분야에 따라 평가가 갈린다. 그리고 이 평가는 도시화 없는 공업화, 농촌 공업화라는 발전 전략의 성격과 성과를 평가하는 근거가 될 수 있다.

참고문헌

Chen, H.Y., *The Institutional Transition of China's Township and Village Enterprises*, U.S.A., Vermont: Ashgate Publishing Ltd., 2000.

Chun, Chang and Yijing Wang, "The Nature of the Township-village Enterprise," *Journal of Comparative Economics*, 19, 1994.

Colly, H. F. and S. Webb, *Agricultural Statistics of the People's Republic of China, 1949-90*, Washington D. C.: USDA, 1992.

Lardy, N. R., "Consumption and Living Standards in China 1978-80," *The China Quarterly*, 100, December 1984.

Perkins, D., *Agricultural Development in China 1369~1968*, Chicago: Aldine Publishers, 1969.

Weitzman, M. and Chenggang Xu, "Chinese Township-village Enterprises as Vaguely Defined Cooperatives," *Journal of Comparative Economics*, 18, 1994.

박대석·장도, 「중국 농촌고용과 향진기업의 역할」, 『한국협동조합연구』, 26(1), 2008.

유희문, 「중국 향진기업의 발전과 농촌경제구조의 변화」, 『현대중국연구』 2, 1999. 12.

이근·한동훈 · 정영록, 『중국의 기업 산업 경제』, 서울: 박영사, 2005.

이일영, 「중국 농촌 공업화의 전개」, 『중국의 농촌개혁과 발전』, 서울대학교출판부, 1997a.

______, 「중국 농촌공업 발전의 경제적 성격-이부문 모형의 적용과 관련하여」, 『중국의 농촌개혁과 발전』, 서울대학교출판부, 1997b.

임반석, 「향진기업과 중국의 경제발전 모형」, 『중국학연구』, 66, 2013.

전성흥, 「중국의 농촌 공업화와 향진사회의 변화」, 서강대학교 대학원 정치외교학과 박사학위논문, 1993.

______, 「중국의 농촌 공업화: 향진에서의 지방정부와 기업」, 『한국정치학회보』, 29(1), 1995. 10.

조준현, 「최근 중국의 농촌경제 및 농업정책과 향진기업」, 『현대중국연구』, 9(2), 2008. 2.

『經濟日報』, 1988. 1. 5.

『人民日報』, 1988. 1. 23.

國務院,「關于發展社隊企業若干問題的規定(試行草案)」(1979. 7. 3)(國務院[1979] 170號) www.baidu.com
中共中央,「關于加快農業發展若干問題的決定(草案)」(1978. 12. 22) www.baidu.com
中共中央, 國務院,「關于發展農村副業生産的決定」(1962. 11. 22) http://www.people.com.cn/GB/ historic/1122/3975.html
中共中央, 國務院農牧漁業部和部黨組,「關于開創社隊企業新局面的報告的通知」(1984. 3. 1)(中發[1984] 4號) www.lawyee.net
中華人民共和國國務院新聞辦公室國務院,「關于農民進入集鎮落戸問題的通知」(國發[1984] 141號)(1984年 10月 13日) http://www.scio.gov.cn/zhzc/6/2/Document/1024735/1024735.htm
國家統計局,『中國統計年鑑』, 北京: 中國統計出版社, 각 연도.
段應碧,「我所親歷的農村變革–1970年北方地區農業會議有点特別」,『農村工作通訊』, 第17期, 2014.
譚慶剛,『雙重轉型中的鄕鎭企業』, 北京: 社會科學出版社, 2007.
潘維,『農民与市場–中國基層政權与鄕鎭企業』, 北京: 商務印書館, 2004.
于金,『鄕鎭企業發展深層問題研究』, 哈爾濱: 黑龍江人民出版社, 2001.
李稻葵,「轉型經濟中的模糊産權理論」,『經濟研究』, 第4期, 1994.
鄭謙,「1970年前后國內形勢的几個特点–以1970年北方地區農業會議爲例」,『中共堂史研究』, 第5期, 2002.
周端明,「中國鄕村工業消失之謎」,『經濟體制改革』, 154, 2011. 3.
中國鄕鎭企業年鑑編輯委員會,『中國鄕鎭企業年鑑』, 1990-93년판.
陳吉元 · 夏德芳 主編,『鄕鎭企業模式研究』, 北京: 中國社會科學出版社, 1989.
陳吉元 · 胡必亮,「中國的三元經濟構造与農業剩餘勞動力移動」,『經濟研究』, 第4期, 1994.
加藤弘之,「中國農村の過剩勞動力の問題」,『經濟學研究年報』, 11, 神戸大學, 1986.
______,「過剩勞動力の解消は可能か」, 渡邊利夫 編,『中國の經濟改革と新發展メカニズム』, 東洋經濟新報社, 1991.
渡邊利夫,「中國の經濟發展」, 日中經濟協會 編,『中國の産業構造と經濟發展戰略』, 日中經濟協會, 1990.
______,「中國た生成する新しい發展メカニズム–現代中國經濟發展論序說–」,『中國の經濟改革と新發展メカニズム』, 東洋經濟新報社, 1991.

栗林純夫,「二階層二重經濟發展戰略と鄕鎭企業」, 日中經濟協會 編,『中國の産業構造と經濟發展戰略』, 日中經濟協會, 1990.

______,「鄕鎭企業をどう理論化するか」, 渡邊利夫 編,『中國の經濟改革と新發展メカニズム』, 東洋經濟新報社, 1991.

嚴善平,『中國經濟の成長と構造』, 頸草書房, 1992.

中兼和津次,『現代中國經濟第1卷-經濟發展と體制利行』, 名古屋大學出版會, 2002.

제 7 장

요약과 정리

제7장

요약과 정리

향진기업의 개념

향진기업에 대한 정의는 여러 가지가 있지만, 대체로 체제개혁기 중국 농촌 지역에서 농민들에 의해 설립된 비농업 생산 주체라고 정의된다. 다양한 재산권 구조이나 소유제 형태의 향진기업이 발견되며, 영위하는 사업도 공업, 운수업, 서비스업 등 일정하지 않기 때문에, 재산권 구조나 소유제 형태 또는 사업 종류를 향진기업 개념상의 특징으로 삼기는 어렵다. 그렇다면 향진기업의 개념적 특징은 입지 특징(농촌), 주체 특징(농촌 주민), 규모 특징(중소기업) 세 가지 측면에서 찾는 것이 합리적이다. 다시 말해서, 향진기업은 농촌 지역에 입지하면서 농민이 주체가 되어 영위한 비농 중소기업이라고 할 수 있다. 향진기업 중에서 좀 특별한 위상을 점하는 집단소유 향진기업, 즉 향촌기업이 상대적으로 더 많은 연구자들의 흥미를 끌어왔지만, 여러 가지 재산권 형태의 하나일 뿐 향진기업의 대표는 아니다.

향진기업 발흥의 제도적 및 정치적·사회적 조건과 환경

향진기업의 생성·성장의 기반과 조건은 크게 제도적 환경과 역사적·정치적 조건 두 측면으로 나눌 수 있지만, 간단하게 사회주의 토지제도의 변화, 인민공사 해체와 자율권 확대, 생산성 향상에 힘입은 농촌 지역의 자본축적, 호구제도를 중심으로 한 인위적 노동 분리제도로 정리할 수 있다.

첫 번째가 사회주의 토지제도의 변화이다. 개혁개방과 함께 시작된 사회주의 토지제도가 변화하는 과정에서 농민은 토지사용권을 획득할 수 있었고, 토지사용권은 상품화되었다. 이에 힘입어 점차 개인이나 집단이 농촌 토지의 일부를 이용하여 기업 활동을 하는 경우가 생겨났다.

두 번째는 인민공사 해체와 농민의 자율권 확대이다. 농촌에서 먼저 시작된 개혁은 빠르게 인민공사 체제를 해체시켰고, 자연스럽게 농민은 자율권을 획득하였다. 자율권 향상에 힘입어 농업 생산은 크게 증대하고 농가소득은 향상되었다. 생산 활동에 대한 적극성은 농업생산 효율을 높였고, 효율 향상은 과잉 노동력을 더 증가시켰으며, 농촌에 잉여가 축적될 수 있었다.

세 번째는 도농 간 노동 이동을 통제하는 호구제도를 통한 도농 분리와 도시 산업의 부진이다. 개혁이 시작된 뒤에도 농촌 개혁과 함께 찾아온 전환기를 맞아 인민공사 시대의 사대기업은, 토지제도가 변화하고 농민의 경제 활동에 대한 자율권이 확대되는 가운데, 호구제라는 특수한 도농 간 인구 유동을 제약하는 제도가 온존하는 환경에서, 농촌 지역에 비농업 생산 활동을 할 유인을 갖게 되었다. 농촌 지역에는 대량의 과잉 노동력이 상존하고 건국 초부터 엄격히 시행해 온 호구제도는 도시로의 인구 이동을 제한하였다. 그리고 여기에 더해서 도시 산업화의 부진 등으로 인해 과잉 노동력의 도시 흡수력은 한계가 있었다.

네 번째는 농업 개혁에 힘입은 농촌 지역에 축적된 자본이다. 주로 도시로 이전되던 잉여가 농촌 지역에 축적됨에 따라 농촌의 잉여자본을 이용한 비농경제 활동의 여력이 생겼다. 이러한 환경에서 농촌의 과잉 노동력은 도시로의 이동보다는 가까운 농촌 공업 부문에 취업하는 형태로 이 문제가 해소되었으며, 이 환경과 조건에서 향진기업이 탄생·성장하였다.

향진기업의 성장·발전과 농민층 분화

농촌 지역에서 향진기업의 탄생과 성장은 농민층 분화의 전제이기도 하지만, 다른 면에서 보면 향진기업의 발전이 농민층 분화를 가속시킴으로써, 특수한 농민층 분화 형태를 만들어 낸 측면도 있다. 향진기업을 통해 농촌에는 순수한 농민, 반농반공의 농민, 비농 노동자, 기업관리자 등 다양한 계층이 형성되었다. 또한 중국의 특수한 농민층 분화 형태는 반대로 향진기업의 재산권 구조, 경영 형태, 고용 형태를 결정하는 요인이기도 하였다. 그리고 농민층 분화와 향진기업의 특징 사이에는 중국의 토지제도와 호구제도가 있다. 이런 점에서 향진기업은 체제적 특성과 특수한 역사 과정의 산물이자 농민층 분화 촉진요인과 저해요인 간의 타협의 산물이라고 할 수 있다.

향진기업의 자연발생성 문제

향진기업은 사회주의 체제개혁 사회인 중국에서 개혁과 함께 시작된 중앙정부 차원의 제도 변화와 미시적 차원에서 아래로부터 창안된 제도 혁신의 산물이다. 그렇기 때문에 향진기업을 전적으로 농촌에서 농민과 지방정부의 노력에 힘입어 순수하게 자연발생한 조직이라고 보는 데는 무리가 있다. 이렇게 본다면, 향진기업은 엄밀한 의미에서 위로부터의 느린 제도 변화, 그리고 새로운 환경에 적응하기 위한 아래로부터의 제도 혁신의 결과물이다. 하지만 국유기업과 달리 향진기업의 발전은 아래로부터 노력에 힘입은 측면이 강한 생산조직이라고 할 수 있다.

향진기업 발흥·성장과 지방정부 및 지도자

향진기업의 성장 과정에서는 지방정부와 지방 지도자들의 독특한 역할이 주목받았는데, 이들의 역할은 다른 형태의 기업보다는 집단소유 향진기업과의 관계에서 뚜렷했다. 향진기업은 적어도 1990년대 중반까지 중국 경제성장을 이끄는 중요한 엔진이었다. 이러한 기여를 인정받아 비국유 부분이 사회주의 경제를 구성하는 요소라는 법제도의 진화를 이끌어내기도 하였다. 향진기업의 조직구조에 대한 여러 연구들은, 집단소유 향진기업이 명목상 주민소유로 되어 있고, 지방 지도자들의 직접적인 통제 하에 있다는 점을 밝혔는데, 연구 결과들은 집단소유 향진기업의 재산권 및 지배구조에 대한 논란을 야기하기도 했다. 향진기업은 특수한 재산권 및 지배구조에도 불구하고 양호한 경제성과를 연출했다.

향진기업의 발전 현상을 이해하는 데 있어서 지방정부와 지도자는 향진기업의 실질적인 소유자로서의 역할을 하였다고 평가된다. 향진기업 발전에서 보여준 지방정부 및 지도자의 위상과 역할은 경제발전 모형을 논하는 데 있어서 중국의 경우를 다른 개도국뿐 아니라 사회주의 체제개혁 경제와도 구분하게 해주는 점이다.

향진정부는 정치적으로는 국가 이익에 기여해야 했고, 행정적으로는 향진공동체의 이익을 보호해야 했으며, 경제적으로는 자신의 이익도 추구해야 하는 복합적인 목적함수를 지닌 존재였다. 향진기업의 지배구조를 보면 기업을 둘러싼 이해관계자는 향진정부뿐 아니라 노동자, 주민, 경영자, 중앙정부, 금융기구 등 적어도 여섯 주체에 달하며, 이 이해관계 당사자들 간의 '6자' 연대는 각기 상이한 목적함수를 통해 기업과 관계를 맺었는데, 향진정부는 다양한 이해관계자 간의 목적함수를 조정하고 감독하였다. 이처럼 복잡한 향촌기업의 지배구조는 개혁 과도기에 효율을 내는 데 비교적 적합했다. 거대한 국유 부문은 개혁의 밖에 있었고, 민간기업은 발전 초기 단계에 머물던 시기 향진기업의 특수한 지배구조, 지방정부와 지도자의 독특한 역할이 향진기업 발전을 가능하게 했던 것이다. 향진정부는 상급 정부와 달리 향촌기업의 잔여청구권자이기 때문에, 기업의 감시, 파산, 구제 결정 등에서 대리인 문제가 발생할 가능성이 상대적으로 작았고, 자신의 이익추구를 위해 적극적으로 기업 발전을 지원할 유인도 있었다.

향진정부 및 지도자와 향진기업의 이러한 특수한 관계는 '지방정부의 회사화' 경향을 불어왔다. 지방정부의 회사화는 지방정부가 관할 행정구역 내에서 자신의 이익 극대화를 목표로 하고, 각종 행정자원에 대한 통제와 지배권을 자본으로 사용하여, 상업행위와 초경제적인 강제수단을 경영수단으로 삼으며, 주민을 염가 노동력으로 활용하고, 관료를 기업의 관리자로 삼는 현상을 의미한다.

지방정부의 회사화는 개혁개방 이후 시장화 초기에 향진기업 발전을 위한 비교우위 요소이기도 했지만, 점차 여러 가지 한계를 노출하기도 했다. 거시적으로는 국가 이익을 침해하고 시장질서를 교란시키며, 자원의 낭비와 환경파괴를 야기하며, 미시적으로는 공익, 즉 주민의 민생복지를 저해하기도 했다. 물론 지방정부 및 지도자와 향진기업 간의 특수한 관계 그리고 지방정부의 회사화 현상은 시장화가 심화되고 대외 개방도가 높아져 감에 따라 비교열위 조건으로 바뀔 수밖에 없었다.

향진기업과 지방정부, 시장의 관계

향진기업의 특수한 재산권 구조에서 지방정부의 역할은 개도국 발전 모형 측면에서도 여타 개도국의 경우와 대비된다. 많은 개도국의 '발전국가' 모형에서는 보통 '정부-시장'이라는 기본 구도에서 정부가 계획을 세우고 정책을 구현하는 적극적인 역할을 한다. 그런데 중국에서는 사회주의 중앙계획의 관성이 온존하는 상황에서 지방정부와 지역기업이 개도국의 중앙정부보다 더 밀접한 관계를 맺었다. 1990년대 중반까지 향진기업이 중국 경제의 성장을 견인했다고 한다면, 이 시기까지 중국 경제의 고성장은 사실상 지방(지방정부, 향진기업)의 적극적인 역할에 힘입었다고 할 수 있다. 그렇다면 경제성장 과정에서 지방정부가 개도국의 발전국가와 유사한 위상을 점하는 중국의 성장 모형은 전통적인 '정부–시장' 구도와 달리 '지방정부–준시장(향진기업)' 구도로 설명할 수 있으며, 이 점은 다른 개도국이나 사회주의 체제개혁 경제와도 다르다.

향진기업 재산권 구조 및 소유제 개혁

1990년대 들어 향진기업이 조정기를 맞으면서 1990년대 중반을 전후해서 개혁이 단행되었다. 향진기업 개혁은 먼저 재산권 구조에 대한 개혁에서 시작되었고, 점차 소유제 개혁으로 중점이 전환되었다. 개혁의 방향은 재산권 구조 개혁을 통한 효율 향상, 지나친 지방정부의 간섭 배제를 통한 경영 자율권 확보였다.

향진기업에 대한 재산권 구조 개혁의 효과는 기대에 미치지 못했고, 지방정부의 간섭도 줄어들지 않았으며, 개혁개방이 심화 단계로 접어들면서 이전의 비교우위는 점차 발전의 장애가 되었다. 재산권 구조 개혁에도 불구하고 향진기업의 경영 상황에는 큰 변화가 없었고, 지방정부의 간섭도 지속되었다. 경영 비효율로 인해 악화된 향진기업의 재정 상황은 향진기업으로 하여금 계속 향진정부에 의존할 수밖에 없게 하였다. 지방재정은 중앙재정으로부터 독립되어 있고 지방재정책임제가 정착되었기 때문에, 지방정부 입장에서도 기업 재산권의 명확화보다 재정 안정화가 더 중요했다. 재산권 구조 개혁에 뒤이은 개혁은 소유제 개혁이었다. 향촌기업에 대한 주식합작제와 주식제 같은 수단을 통한 개혁이 진전되면서 1990년대 중반부터는 사유화가 빠르게 진행되었다.

향진기업의 발전과 쇠퇴 원인을 둘러싼 의문

사실 체제개혁기 중국의 특수한 농촌 환경에서 형성된 향진기업이 시장화가 심화되는 가운데서 당초의 특수성을 유지하며 생존할 수 있을 것인지에 대해서는 의문이었다. 상당수 향진기업은 초기에 내수시장에서 기반을 닦은 뒤 점차 해외시장을 지향하는 형태로 성장했는데, 국내시장 경쟁이 심하지 않고 국유기업이 개혁의 무풍지대에 머물고 있는 동안 빠르게 발전하였다. 그러나 중국적 상황에서 성장한 향진기업이라는 특수한 생산조직이 새로운 시장 환경에서도 그 특성을 유지하면서 생존하기는 태생적인 한계가 있었다. 시장화가 심화되고 세계시장으로의 편입이 가속됨에 따라, 향진기업도 이 가운데 노출될 수밖에 없었고, 이는 향진기업의 대대적인 구조조정 시기의 도래를 의미했다. 대다수의 향진기업은 규모의 영세성, 취약한 자금력, 낮은 기술력, 취약한 경영능력, 지나친 지방정부의 개입 등 다양한 한계도 지니고 있었기 때문에, 조정기를 피할 수 없었다. 하지만 향진기업의 쇠퇴라는 비관적인 현상의 이면에는 중국 대기업과 중소기업의 발전, 외자계 기업의 활발한 진출과 경쟁이라는 긍정적인 측면이 있음도 사실이다.

노동력 이동 모형, 이중경제 구조 모형과 향진기업

1950년대부터 경제개발과 함께 발생하는 농촌 과잉 인구의 도시 이동 현상에 주목하여 경제발전 현상을 설명하려는 시도가 있었는데, 그 대표가 넉시와 루이스이다. 루이스 모형은 라니스와 페이에 의해 완성되었는데, 기본 틀에는 큰 변화가 없다. 넉시와 루이스 모형은 모두 노동력 이동 현상을 통해 저개발국이 어떻게 경제발전을 해가는지를 설명한다는 점에서는 동일하지만, 넉시는 농촌 '전통 부문'의 자본축적에 주목하고, 루이스-라니스-페이는 '도시 현대 부문'의 자본축적에 주목한다는 차이가 있다. 또한 넉시 모형과 루이스-라니스-페이 모형은 농촌 지역에서 도시 지역으로의 노동력 이동 현상에 초점을 맞춘 '노동력 이동 모형'이자, 일국의 경제구조를 두 부문으로 구분해서 이론을 전개한다는 점에서 '이중경제 구조 모형'이다. 하지만 넉시 모형이나 루이스 모형 어느 경우도, 농촌 지역의 현대 부문으로서 농촌의 과잉 노동력의 일부를 흡수하여 발전한 향진기업의 성장과 발전 현상을 설명해낼 여지가 없다.

이들 모형의 한계를 극복하고 현실 설명력을 강화하기 위한 노력은 먼저 해리스와 토다로에 의해 시도되었다. 루이스 모형은 '농촌 전통 부문-도시 현대 부문'이라는 이중경제 구조 틀이고, 해리스-토다로의 모형은 '농촌 전통 부문-도시 전통 부문(비공식 부문)-도시 현대 부문'이라는 삼중구조 틀이다. 토다로는 농촌 과잉 노동력이 도시 부문으로 이동하지만 도시 현대 부문이 아닌 도시 비공식 부문에 머무는 현상을 포착하여, 루이스-라니스-페이 모형을 확장하는데 성공하였다.

루이스-라니스-페이의 이중구조 모형이나 개선된 해리스-토다로의 삼중구조 모형도 중국의 향진기업 현상을 설명하는 데는 유용하지 못하다. 개혁 후 중국의 경제발전 과정을 고려할 때, 향진기업의 의미와 기여는 무시할 수 없기 때문에 향진기업 현상은 관찰자들의 주목을 받았다. 그럼에도 불구하고 이중구조 모형이나 토다로의 삼중구조 모형으로는 향진기업이라는 독특한 실체를 설명해 낼 길이 없다. 많은 후발 개도국에서 농촌 공업화가 시도되었으나 중국 향진기업은 다른 나라의 사례와 성격이 다르다. 따라서 향진기업을 고려하면서 경제성장 과정을 설득력 있게 설명하기 위해서는 전통적인 발전 모형의 변형 또는 확장이 필요하다. 구체적으로 '농촌 전통 부문–농촌 현대 부문–도시 현대 부문'이라는 3부문 틀, 아니면 '농촌 전통 부문–농촌 현대 부문–도시 비공식 부문–도시 현대 부문'이라는 '이중의 이중구조' 또는 '4부문' 틀이 필요하게 된다.

루이스–라니스–페이 모형의 확장인 해리스–토다로 모형처럼 혼다이–뤄환전 모형은 전통적인 이중구조 모형을 중국 사례에 맞게 확장한 모형이다. 해리스–토다로는 '도시 비공식 부문'에 주목하여 전통적인 노동력 이동 모형을 확장하였는데 비하여, 혼다이와 뤄는 '농촌 현대 부문'을 부각시킴으로써 전통적인 이중경제 구조 모형의 현실 설명력을 높였다. 혼다이–뤄 모형을 통해 전통적인 발전 모형에 중국 향진기업이라는 실체를 반영시킬 수 있다. 혼다이–뤄 모형을 '삼중구조 모형', 아니면 '이중의 이중구조 모형'이라고 불러야 할지는 각자의 몫이다. 또한 혼다이–뤄 모형을 루이스–라니스–페이 모형이 확장인지 아니면 변종인지를 평가하는 작업도 관찰자의 시각에 따라 다를 수 있다. 중요한 사실은 혼다이와 뤄는 전통적 발전 모형에 향진기업이라는 존재를 반영함으로써, 불완전하기는 하지만 전통적 발전 모형의 지평을 넓혔다는 점이다.

향진기업의 국민경제적 기여와 한계

매우 특수한 중국적 배경에서 발전한 향진기업은 재산권 구조, 지배구조, 향촌정부와의 관계 등에서 독특한 형태를 보이며, 사유기업보다 재산권이 불명확한 상태에서도 큰 경제성과를 이루었다. 향진기업은 농촌 과잉 노동력의 급격한 도시 이동을 억제하고, 농가의 소득향상에 기여하였을 뿐 아니라, 체제개혁기 중국 사회에서 고성장의 견인차 역할을 하였다. 그럼에도 불구하고 향진기업의 중국 경제에 대한 기여는 몇 가지 측면에서 의문이 제기되었다.

먼저, 농촌 과잉 노동력 해소에 대한 기여 문제이다. 향진기업 발전이 제도적·정치적 요인으로 인해 인구 이동이 제한된 농촌의 과잉 노동력을 흡수하는 데 분명히 기여하였고, 절대적인 고용 규모도 상당하였다. 하지만 1984~1985년을 제외하면 향진기업의 발전은 농촌 과잉 노동력을 해소하는 방향보다는 자본집약적 방향으로 진행되었다. 그렇기 때문에 향진기업의 과잉 노동력 해소에는 분명한 한계가 있었다고 할 수 있다.

두 번째로, 도농격차 축소에 대한 기여 문제이다. 개혁개방이 시작된 뒤 도농 간 소득격차와 그로 인한 소비격차는 축소되었다. 농산물 수매가격 인상, 생산책임제에 힘입은 농업 생산의 증가, 그리고 향진기업의 수와 취업자 수의 급증은 농촌 주민이 비농업 소득을 획득할 기회를 증가시켰다. 그러나 1983~1984년을 고비로 도농 간 격차가 다시 확대되었다. 그 주된 이유는 1980년대 중반 이후 농산물 교역조건이 악화되었기 때문이다. 이는 향진기업 성장을 포함한 농촌 지역의 공업화가 도농 간 격차 확대 흐름을 바꾸기는 어려웠음을 의미한다.

세 번째로, 농업 성장에 대한 기여 문제이다. 향진기업 성장 초기에 중앙정부가 농촌 생산물을 활용한 농촌 비농산업의 성장에 관심을 가졌던 것은 사실이지만, 이 노선은 곧 포기되었다. 향진기업의 성장은 농업에 대해 분명한 파급효과를 보여주지 못했으며, 농업 성장을 토대로 향진기업이 성장한 것도 아니다. 향진기업은 농촌 지역에서 농업과 별다른 관련 없이 고립된 형태로 발전했을 가능성이 크다.

네 번째로, 농촌 공업화와의 관계에 대한 의문이다. 향진기업의 탄생과 성장 배경이 특수하고, 재산권 구조, 지배구조 및 소유제가 독특하다. 하지만 이 점을 제외한다면 향진기업의 발전은 큰 범위에서 보면, 중국식 농촌 공업화의 한 측면이라고 볼 수 있다. 중국의 향진기업 형태의 농촌 공업화는, 다른 개도국의 농촌 공업화와 달리, 제조업뿐 아니라 상당한 비중의 서비스업을 포괄한다는 점에서, 농촌 '공업화'라고 부르기에는 무리가 있는 것도 사실이다.

향진기업의 내일

향진기업은 1990년대 중반 이후 15년 가까운 조정기 동안 다수가 도태되거나 경영부진 상황에 처한 가운데, 혁신을 통해 경쟁력을 확보한 기업들은 중견 또는 대기업으로 성장하기도 하였다. 그 사이 국내 민간기업이 급성장하였고, 외국 투자기업도 활발히 진입함으로써 국민경제 전체에서 향진기업의 중요성이 상대적으로 감소하면서, 향진기업은 관찰자의 관심에서 멀어졌다. 하지만 2010년대 들어 중앙정부가 '중소 도시화' 정책을 추진하면서 농촌 지역의 기업이 다시 관심 대상이 되었다. 현재 중국 정부는 내수시장 확대, 중소 도시화, 사회보장망 확충, 분배 문제 개선 등을 정책의 근간으로 삼고 있는데, 이 네 가지 정책 근간은 모두 경제격차 해소라는 더 큰 사회경제적 목표와 맞닿아 있다. 특히, 적극적인 중소 도시화 정책은, 비도시 지역의 문제, 농촌의 과잉 노동력 문제, 대도시의 대규모 농민공 문제 등을 해소하기 위한 중요한 정책이다. 또한 경제성장이 지속되면서 분배 문제는, 다양한 해소 조치에도 불구하고, 악화일로에서 벗어나지 못하고 있다. 이에 따라 개혁 초부터 1990년대 중반까지 농촌, 농민, 농업의 문제를 해소하고, 비도시 지역의 소득 향상을 도모하며, 인구의 급격한 대도시로의 이동을 완화시키는 데 기여해 온 농촌 지역의 산업화가 다시 관심을 끌게 되었다. 비도시 지역의 산업화가 이제는 과거의 향진기업이라는 의미보다는, 다른 개도국의 경우처럼 '중소기업' 정책의 범주에서 다뤄질 시기를 맞았다고 생각된다.

찾아보기

[ㄱ]
가정 부업 • 21
가족계획 구현 • 131
가족문화 특성 • 53
각종 유보 • 83
간부 평가 시스템 • 131, 133
간접세 • 132
감독체계 • 136
감춰진 사유 • 152
강제된 사유화 • 105
개인담보계약책임제 • 96
개인소유 • 44
개인소유 향진기업 • 47, 48
개인적인 이득 • 135
개인적인 이익의 극대화 • 94
개인주 • 146
개체 • 44
개체기업(個體企業) • 19, 268
개혁개방 • 15, 26
거래비용 • 92
거주이전의 제한 • 65
경처(耿車) 모형 • 54, 55
경매제 • 96
경영의 자율성 확대 • 143
경영자 • 93
경영책임제 • 143, 145
경자유전 • 30
경쟁 격화 • 157
경쟁능력 부족 • 20
경제권력 확대 • 168
경제발전 • 91
경제성장 • 195
경제적 목표 • 130
경제조직 • 126
경제체제 개혁 • 67, 68
경제체제 개혁에 대한 결정 • 24
경제 측면의 위상 • 129
경제효율 • 91
계약수매제도 • 185, 258, 283
계약 형식 혁신 및 사유화 • 7
계약 형태의 혁신 및 사유화 현상과 그 효과 • 4
계획수매-계획배급 • 282
계획수매-계획배급 제도 • 185, 257
계획수매제도 • 185, 258
계획 있는 상품경제 • 142
고용 극대화 • 94
고용기회 창출 • 66
고용에서 점하는 향진기업의 위상 • 271
고용인 수 • 154
고용증가율 • 276
고재모 • 5
고전파 경제학자 • 223
고정급 형태 • 103
공공사업의 시장화 • 169
공공식량 납부 • 83
공급 과잉 • 157
공동체의 대리인 • 128
공동체 이익 보호 • 129
공산당 간부 • 127
공업과 무역 결합형 • 56
공업기업의 비중 • 40
공업으로 농업을 보완한다 • 89
공업으로 농업을 보완하고 공업으로 농업을 건설 • 188

공업의 도시화 • 75
공업의 입지상의 비교우위 • 289
공장에는 가지만 도시로는 가지 않음 • 89
공적 기업가 • 152
과도한 경력(경쟁)제도 도입 • 169
과잉 노동력 • 65, 66, 74, 208, 283
과잉 노동력 이동 • 65
과잉 노동력 이동 현상 • 8
과잉 노동력 흡수 • 273
과잉 노동력 흡수능력 • 66
과잉 취업 • 196
관습임금(conventional wage) • 227, 230, 237
광둥성 쭈강 지역 • 56
교역조건 • 235
구량전 • 82
구량(口糧)제도 • 35, 75, 76, 80
국가 계획수매제도 • 283
국가 급여대장 • 133
국가의 정책집행자 • 128
국가 이익 침해 • 169
국가[정부]의 일탈행위 • 123
국가주 • 146
국무원 4호 문건 • 18
국무원의 호구등기제도 수립에 관한 지시 • 79
국유기업 • 15
국유기업 개혁 • 118
궁시쿠이 • 6
규모 • 16
규모의 경제 • 276
규모의 영세성 • 53
금융기구 • 93
급여 납세 비율 • 157
기대수입 격차 • 205
기술과 인적 자본에 대한 접근의 용이성 • 164
기술 부족 • 20
기업가 정신 • 121
기업관리비 • 157
기업관리자 • 136, 137, 297
기업농(企業農)화 • 285
기업 수 • 40, 45, 154
기업의 국유화 • 75
기업이윤 지역환원의 극대화 • 94
기업주 • 146
기업통제권 • 122
기초보조 • 134
기회주의적 행위 • 92
김모화 • 5
김시중 • 5

[ㄴ]

나카가네(中兼和津次) • 245
남인호구 • 37, 38, 81
남인호구관리제도 • 37
낮은 기술력 • 53
내부자 위주의 사유화 • 148
내생적 혁신 • 107
내적 유인 • 136
넉시(R. Nurkse) • 191, 226
넉시 모형 • 208
노동공급의 탄력성 • 234
노동력 부족 현상 • 138
노동력의 상품화 현상 • 87
노동력의 이동 유인 • 87
노동력 이동 모형 • 3, 183, 201, 207, 226
노동생산성 • 276
노동에 따라 분배 • 90
노동의 무한공급 • 225
노동의 이동구조 • 25
노동의 한계생산성 • 234
노동 이동 현상 • 186
노동자 • 93
노동자 보호 • 52
노동점수제 • 96

노동조합의 교섭력 • 233
노동집약적 제품 • 284
노동집약적 형태 • 276
노동취업제도 • 35, 36, 75, 80
노스 • 120
농가교역조건 • 283
농가생산책임제 • 26, 69, 70, 71, 182, 278
농가소득 향상 • 183
농공 간 이분성 • 210
농공 간 이분성 구조 • 210
농공 간 이원화 구조 • 212
농공결합형 • 55
농가소득 향상 • 16
농민공(農民工) • 37, 232, 244
농민의 농지소유 및 해방 과정 • 30
농민의 조직화 • 185
농민층 문화의 제도적·역사적 조건 • 77
농민층 분화 • 65, 67, 77
농민층 분화 과정 • 84
농민층 분화를 저해하는 요인 • 84
농민층 분화를 촉진하는 요소 • 84
농민층 분화의 법칙 • 77
농산물가공형 • 54
농산물 수매가격 • 283
농업 과잉 노동력 • 86
농업과 향진기업 성장률 순위 간의 인과관계 • 281
농업구조 개혁 • 182
농업 노동력의 대규모 이동 • 87
농업 노동력의 이동 • 67
농업 및 농촌의 경제발전에 관한 및 가지 정책 조치 • 85
농업 및 향진기업 성장률 간 인과관계 • 282
농업발전에 관한 몇 가지 문제에 대한 결정 • 21
농업발전을 가속하기 위한 몇 가지 문제에 대한 결정(초안) • 265
농업 부문(전통 부문, 생존 부문) • 221
농업 부문-도시 전통 부문-도시 현대 부문 • 203
농업 부문의 평균생산 • 238
농업생산 상호협력에 관한 결정초안 • 30
농업생산의 집단화 • 185
농업생산합작사 • 31, 82
농업 성장에 대한 역할 • 269
농업 성장의 향진기업 성장에 대한 인과관계 • 281
농업세 • 82
농업에 종사하지 않더라도 농촌을 떠나지 않으며 공장에 취업해도 도시로 진입하지는 않는 • 259
농업은행 • 161
농업 집단화 • 181, 212
농업 착취적인 경제구조 • 283
농업 착취적 중공업화 • 280
농업합작사 • 31, 73
농업 현대화 • 188
농업 호구 • 36, 79
농지사용권의 양도 • 28
농지의 상품화 • 85
농촌 • 181
농촌 개혁 • 65, 70
농촌 공업 • 185
농촌 공업화 • 18, 260, 267, 269, 285, 286, 298
농촌 공업화 과정 • 285
농촌 과잉 노동력 • 189, 195
농촌 과잉 노동력 문제 해소 • 130, 182
농촌 과잉 노동력의 급격한 도시 이동 억제 • 16
농촌 과잉 노동력 해소 • 269
농촌-농촌 현대-도시 부문(도시 이주 인구 부문-도시 호적 인구 부문) • 215
농촌-농촌 현대-도시 현대 • 215
농촌-도시 • 215

농촌-도시 비공식 부문-도시 현대 부문 • 184
농촌-도시 전통-도시 현대 • 215
농촌 도시화 • 269
농촌 부문-도시 부문 • 209
농촌 부문-도시 전통 부문-도시 근대 부문 • 210
농촌 부문-도시 현대 부문 • 209
농촌 부업 생산발전에 관한 결정 • 264
농촌 소도시 건설 • 188
농촌 수공업 • 73, 260
농촌신용합작사 • 161
농촌의 공업화 • 190
농촌의 과잉 노동력 • 185, 200, 201
농촌의 수공업 전통 • 18
농촌의 집단성 • 53
농촌 일자리 창출 • 269
농촌 잉여 노동력의 이동 • 209
농촌 전통 부문-농촌 현대 부문(향진기업)-도시 현대 부문 • 212, 214
농촌 전통 부문-도시 전통 부문(비공식 부문)-도시 현대 부문 • 213
농촌 전통 부문-도시 현대 부문 • 213
농촌 지역의 소득향상 • 51
농촌 지역의 집단화 • 51
농촌 토지개혁 • 30
농촌 토지제도 • 69
농촌 호구 • 189
농촌 확산형 공예 가공형 • 54
누적 상납금 • 187

[ㄷ]

단순한 소득권 • 132
당 건설 및 범죄율 • 131
당-경 일원체제 • 126
당 위원회 • 126, 127
대규모와 공유 • 32
대리인 • 121
대약진 운동 • 17, 31, 267
대판(隊辦)기업 • 32
도농 간 균형발전 정책 • 205
도농 간 노동력의 격리 • 185
도농 간 소득격차 • 210
도농격차 완화 • 190
도농 이원화 • 65
도농 이원화 구조 • 76
도시 공업 • 283
도시 공업 부문(현대 부문, 자본가 부문) • 221
도시공업자지원형 • 54
도시로의 인구 유입 • 205
도시로의 인구 이동 • 202
도시 비공식 부문 • 206, 231, 244
도시 실업 문제 • 205
도시와 농촌 간 격차 • 277
도시의 자금 및 기술과 농촌 토지 및 노동력 결합형 • 54
도시의 취업기회 • 210
도시 전통 부문(도시 비공식 부문) • 202, 209
도시퇴출 경제형 • 55
도시 현대 부문 • 202
도시호구관리잠정조례 • 78
도시화 없는 공업화 • 298
동유럽 국가의 개혁 • 93

[ㄹ]

라니스-페이(G. Ranis and J. C. Fei) • 183, 191, 221, 231
루이스(A. W. Lewis) • 183, 191, 221, 224
루이스-라니스-페이 • 183
루이스 모형 • 202, 208, 221
루이스의 이중구조 모형 • 206
루이스 전환점(Lewis Turning Point, 제1전환점 또는 부족점) • 226, 252

리다오쿠이 • 287
리와 로잘 • 3, 149
리우 • 3

[ㅁ]
마오쩌둥 • 125
명말청초 • 78
명확한 재산권 구분 • 121
목적함수 • 94
무산계급의 독재 • 159
무한 노동공급 • 200
무한 노동공급 가설 • 224
무한탄력적 노동(infinitely elastic labour) • 225
무형자산 • 148
문명건설 • 134
문화혁명 • 17, 32, 74
물권법 • 27, 70
물질적 기초 • 29
민영화 • 147

[ㅂ]
박대성 · 장도 • 5
반농반공 • 33, 77, 89
반봉건 반식민지 • 78
반사유(半私有, semiprivate) • 152
배타적인 소유권 • 120
버드와 린 • 3
봉급제 • 96
부족점(shortage point) • 240
부품 및 부분품 가공형 • 54
북방 농업회의 • 264
분배기제 • 54
불균형 경제구조 개선 • 269
불균형적인 개방 • 293
불균형한 시장 개방 • 289
불리한 입지 • 289
불명확한 소유제 • 90
불법행위 통제 • 134
비경제적 목표 • 130
비공식 부문(urban informal sector) • 202
비농업 부문 • 181, 196
비농업 생산 주체 • 15
비농업 호구 • 36, 79
비도시 지역 중소도시 • 16
비숙련노동자 • 199
비즈니스 여행 • 135
비즈니스 환경의 왜곡 • 167

[ㅅ]
사기업 • 15
사대공업(社隊工業) • 30
사대기업 • 17, 29, 66, 73, 89
사대기업 발전에 관한 몇 가지 문제에 대한 결정 • 21
사대기업의 몇 가지 문제에 대한 결정(시행초안) • 265
사대기업의 새 국면을 열기 위한 보고서 통지 • 22
사대기업 창업의 새로운 국면 보고에 대한 통지 • 266
사례 연구 • 6
4부문 틀 • 214
사영경제 • 291
사영기업(私營企業) • 268, 295
사용권과 경영권을 공개 경매 • 27
사유재산권 • 295
사유화 • 118
사유화 방향 • 144
사인방(四人幇) • 265
사판(社辦)기업 • 32
사회관리 체제 • 76

사회법인주 • 146
사회주의 계획경제 • 65
사회주의 공업화 • 185, 212
사회주의 시장경제 • 142
사회주의 유물사관 • 77
사회주의 중공업화 • 185, 280
사회주의 중공업화 전략 • 257
사회주의 체제 • 123
사회주의 체제개혁 경제 • 67
사회주의 체제개혁 국가 • 19
산시(山西) 핑딩현 • 55
산업구조 • 16, 54
산업시찰 • 135
3년 재앙시기 • 263
3년 재해 • 32
3+2모형 • 215
3부문 경제 모형(삼중구조) • 210, 212
3부문 틀 • 214
삼자기업 • 295
삼중경제 구조 틀 • 213
삼중구조 모형 • 203, 215, 252
삼중구조 형태 • 250
상납이윤 • 157
상대적인 영세성 • 42
상업화점(commercialization point) • 235, 239, 240
상위의 이중구조 • 285
상품구조 • 54
상품전 • 82
상하이 근교(滬郊) 모형 • 54, 56
상하이시 • 37
삼중구조 • 273
새로운 삼중구조 모형 • 212
생산-교환-유통의 연결방식과 운행기제 • 54
생산대 • 18, 29, 71
생산대대 • 18, 267
생산물 임금(product-wage) • 232
생산액 • 154
생산총액 • 45
생산(生產)합작사 • 263
생산 활동에 대한 자발성 • 30
생존 부문(subsistence sector) • 195, 225
생존 부문(농업)-현대 부문(도시 공업) • 195
생존임금 • 233, 244
생활수준 제고 • 130
생활자료 • 79
샤더팡 • 6
서봉교 • 5
서석홍 • 5
세 가지 복합적 위상 • 128
세계시장으로의 편입 • 53
세수총액의 극대화 • 168
세후 이윤 • 137
소규모 시장 교역 • 21
소규모의 노동집약적 산업 확대 정책 • 205
소극적인 개혁 • 142
소농경영 • 297
소농경영 문제 • 285
소농경제 • 261
소농경제 체제 • 297
소농체제 • 182
소도시 호구 • 189
소비 격차 • 279
소비지출 수준 • 278
소상품 생산 • 84
소유-경영의 분리 • 143, 144
소유권과 경영권 분리 • 26
소유권 매각 • 144
소유권의 불명확성 • 297
소유와 경영 • 16
소유자 • 121
소유제 개혁 • 142, 143
소유제 구조 • 54
소유제별 종업원 수 비중구조 • 46

소유제 형태 • 88
소조 • 262
수공업의 전통 • 72
수공업 협업화 • 31, 73
수입 극대화 추구 • 168
수출지향 공업화 • 285
숙련노동자 • 74
순소득과 소비 • 278
스탈린 모형 • 212
승진 등 정치적 성공 • 130
시장개방 불균형 • 289
시장경제 • 121
시장 시스템의 미발달 • 167
시장조절 • 55
시장화 심화 • 52
시장화 촉진 • 269
신고전파 거시경제학 • 223
신고전파 경제학 • 67, 89
신고전파 세계 • 229
신용합작사 • 161
신제도주의 경제학 • 67, 90
신제도주의 경제학의 시각 • 89
실질임금곡선 • 238
실질적인 소유자 • 141
11기 3중전회 • 265
11기 3중전회 농촌 개혁 • 28
십일시(十日市) • 267
쑤난(蘇南) 모형 • 5, 54, 55

[ㅇ]

아래로부터의 제도 혁신 • 74
R-F 모형 • 222, 251
양전제 • 82
H-L 모형 • 250, 251
H-T 모형 • 222, 242, 244, 245, 251, 252
L 모형 • 222, 230, 238
L-R-F 모형 • 244, 245, 246, 250, 251, 252
L-R-F 모형 활용 • 245
역사적·사회적 조건 • 25
역사적·제도적 배경 • 67
연구 방문 • 135
연영기업(聯營企業) • 268
연합경영(聯營) 향진기업 • 45
연합소유 • 44
연호(聯戶) • 44
연호기업(聯戶企業, 조합기업) • 19, 55, 268
영업수입 • 45
영업이익률 • 156
예산 내 수입 • 132
예산 내 예산 자금 • 131
오디 • 3
오승렬 • 5
오이 • 3
와이즈만과 쉬(Weitzman and Xu) • 3, 287
완전고용 • 138
왕전 • 7, 148
외생적 개혁 • 107
외생적인 정책 변화 • 105
외자도입 • 201
외적 요인 • 136
원저우(溫州) 모형 • 54, 55
위로부터의 제도 변화 • 74
위장실업 • 226
위진 • 6, 287
유기적 관련성 • 281
유도된 사유화 • 106
유통체제의 국가 장악 • 212
유한책임공사 • 147
유희문 • 5
의무교육 완수율 • 131
의사결정권 • 121
2계층2부문 • 273
이근 • 5

이근·한동훈·정영록 • 5
이보근 • 5
2부문 경제구조 • 210
2부문 경제(이중경제 구조) 모형 • 212
2부문 모형(dual-sector model) • 195, 196
이사회 • 146
이상근 • 5
이십일시(二十日市) • 267
이윤계약 • 143
이윤공유제 • 103
이윤유보 • 143
이일영 • 274, 281
2.5구조 모형 • 250
2.5차원 모형 • 273
이정남 • 5
이주형 • 5
이중경제 구조 • 67, 187, 273
이중경제 구조 모형 • 199, 224
이중경제 구조 틀 • 213
이중구조 모형 • 214
이중구조 형태 • 250
이중의 이중경제 구조 • 285
이중의 이중구조 모형 • 252
이중의 주인-대리인 관계 • 123, 124
이중재산권 구조 • 139
이차 주인-대리인 관계 • 123, 137
인구의 농촌화 • 75
인구증가율 • 200
인민공사 • 17, 52, 70, 181, 257
인민공사-생산대대-생산대 3급 소유 • 263
인민공사-생산대 시스템 • 126
인민공사 운동 • 73
인민공사 조직 • 28
인민공사화 • 32, 185
일차 주인-대리인 관계 • 123, 137
임금격차 축소 • 205
임금의 극대화 • 94
임대제 • 96, 132, 145
임반석 • 6
입지의 분산과 규모의 영세성 • 297
입지적 우위 • 291
잉여 노동(surplus labour) • 225

[ㅈ]

자금 부족 • 20
자금 접근의 용이성 • 161
자력갱생 • 18
자류산 • 25
자류지 • 21, 25
자본가 부문(capitalist sector) • 225
자본주의의 꼬리 • 264
자본주의의 꽃 • 122
자본집약적(노동절약적) 기술 변화 • 276
자본축적 • 195
자본축적률 • 200
자본축적 모형 • 226
자산재평가 • 148
자신의 이익 추구 • 129
자연발생적 • 16, 19
자연수익에 대한 처분권 • 145
자원개발형 • 54
자원과 환경을 경시 • 52
자원에 대한 접근의 용이성 • 165
자원의 낭비 • 169
자원 접근 160
자원·환경·노동자 경시 • 53
자유재산권 범주 • 121
자치조직 • 127
잔여청구권 • 132
잠재실업 • 208, 226
장동식 외 • 6
장래에 기대되는 임금격차와 취업기회 • 209
장려 기금 • 134

장쑤 • 37
장쑤성 경처진(鎭) 지역 • 55
장쑤성 남부 지역 • 55
장쑤와 저장 지역 • 29
장이 • 6
장지엔화와 린거 • 6
재산권 • 120
재산권 구분 • 122
재산권 구조 • 121, 142
재산권 구조 개혁 • 143
재산권 보장의 중요성 • 120
재산권에 대한 정부의 개입 최소화 • 91
재산권의 보호와 보장 • 91
재산권 이론 • 120, 121
재산권제도 • 88
재산권 특징 • 289
재산의 재구성과 처분 • 120
재정수입의 극대화 • 94, 168
재정체제 개혁 • 131
재조직화와 집단화 • 52
저가매각 • 148
저우두안밍(周端明) • 6, 289
저우(溫州) 지역 • 4
저축회 • 161
적극적인 개혁 • 142
전성홍 • 5
전통 부문(traditional sector) • 225
전통 부문(생존 부문, 농업)-현대 부문(자본가 부문, 도시 공업) • 183
전통 수공업 • 261
전통적인 노동력 이동 모형 • 207
전환점 • 195, 238
전후복구 시기 • 262
정부-기업 관계 • 6
정부-시장 구도 • 123
정부의 강제에 의한 조직화 • 51
정부의 대리인 • 140
정부의 재정확충 • 130
정사분리를 통한 향정부 건립 실행 관한 통지 • 126
정사합일 • 125
정치 리스크 • 289, 291
정치 측면의 위상 • 129
정치적·제도적 요인 • 244
정환우 • 5
제도나 문화 환경 • 95
제도 변화(institutional change) • 4, 24, 67, 88, 91
제도 변화 및 제도 혁신과 향진기업의 발전 • 3
제도임금(institutional wage) • 237
제도적 환경 • 4
제도 혁신(institutional innovation) • 67, 88, 91
제도 혁신 실험 • 92
제15기 공산당대회 • 291
제11기 3중전회 • 70
제2전환점 • 235
제2차 농촌 공업화 조류 • 264, 265
제1차 공업화 조류 • 263
제1차 5개년 계획 • 185, 257, 282
제퍼슨과 로스키 • 3, 105, 107
조정기 • 16
조준현 • 5
조직 및 지역적 특징 • 16
조판(組辦) • 44
조판(組辦)기업 • 19
종업원 수 • 45
주류경제학 • 90, 122
주민소득 향상 • 130
주민의 소득 수준 향상 • 130
주민-지방정부 • 139
주민-지방정부-기업관리자 • 140
주민-지방정부 지도자-기업관리자 • 140
주식제 기업 • 156
주식제합작제 • 144

주식합작 • 5
주식합작제 • 90, 118
주식회사 • 122, 146
주식회사제 • 143
주식회사제도 • 122
주주총회 • 146
주택의 특혜 배분 • 135
중국 경제 • 3
중국 농민층 분화의 속도와 형태 • 84
중국 농민층 분화의 특징 • 78
중국식 농촌 공업화 • 285
중국의 사회주의 토지제도 • 26
중국 체제개혁 • 92
중소기업 • 252
중소 도시화 • 16
중앙계획 경제체제 • 25
중앙정부 • 93
중앙집중계획경제 체제 • 181
중화인민공화국 토지개혁법 • 81
중화인민공화국헌법 • 79
중화인민공화국호구등기조례 • 35, 75, 79
지도자의 개인적 이득 • 131
지방 인프라 건설 • 131
지방정부-관리자 • 139
지방정부 및 지도자와 향진기업 간의 특수한 관계 • 170
지방정부와 중앙정부의 관계 • 4
지방정부와 지방 지도자의 위상 • 125
지방정부의 기원 • 125
지방정부의 지나친 간섭 배제 • 144
지방정부의 회사화 • 169
지방정부의 회사화(公司化) 경향 • 167
지방정부의 회사화 현상 • 7, 168, 170
지방정부-준시장[향진기업] 구도 • 124
지방정부 지도자 • 139
지방정부-향진기업의 관계 • 149
지방 지도자 • 135
지방 지도자의 기업관리자화 • 169
지배구조 • 6
지분매각 • 148
지분합작제 • 96
지식인 • 74
지역기업 • 17
지역불균형 축소 • 269
지역 주민 • 93
지역특성에 따른 향진기업의 발전 모형 • 16
직접세 • 132
진 • 126
진강(晉江) 모형 • 54, 56
진과 치엔 • 3
진소유 • 44
진정부 수입 • 133
진 지도자들과 당원들의 당 훈련 참여 • 134
집단경영 • 82
집단경제와 개체경제의 병진 형태 • 55
집단계약책임제 • 960
집단기업 • 295
집단생산 단위 • 125
집단생산-통일경영 • 28, 70
집단소유 • 16, 53, 82
집단소유-집단경영 • 26, 69
집단소유 향진기업 • 123
쭈강(珠江) 모형 • 54, 56

[ㅊ]

차별적인 호구제도 • 66
창과 왕 • 3, 287
책임전 • 82
처와 치엔 • 3
천지위안과 후비량 • 6
천홍이(Chen Hongyi) • 3, 6, 103, 288
청부비 • 83
체제적·제도적 한계 • 182

초과배당 무의결주 • 146
존민위원회 • 127
존민위원회조직법 • 127
존판 • 44
존판기업(村辦企業) • 19, 47, 268
존판기업의 비중 • 47
총공사 • 126
총생산액 • 274
총생산에서 접하는 향진기업의 위상 • 270
총소득에서 향진기업의 위상 • 271
총수입액 • 274
총요소생산성 • 148
최저생계비(conventional minimum wage) • 227
최저임금법 • 233
취약한 경영능력 • 55
취약한 자금력 • 53
취업 기회 창출 • 130
취학연령 아동의 취학 • 134

[ㅋ]

케인스 • 223
콥-더글러스형 생산함수 • 274
쿠리바야시 • 7
큰 것은 쥐고 작은 것은 놓는다 • 143

[ㅌ]

탄칭강 • 6
텐안먼 사태 • 154
토다로(M. P. Todaro) • 191, 202, 231
토다로 모형 • 206
토다로의 삼중구조 모형 • 210
토지국유화 • 26
토지국유화 정책 • 68
토지는 떠나지만 고향은 떠나지 않으며 • 89
토지사용권의 상품성 • 27
토지사용권의 상품화 • 26
토지사용권의 획득과 양도권 • 70
토지의 사용권 및 경영권 • 69
토지의 유동화와 상품화 • 28
토지자원에 대한 접근의 용이성 • 160
통수통지 • 131
투자기아(投資飢餓) • 168
특가 또는 무료향유 기획 • 135
특별 복지 프로그램 • 135
특수한 생산조직 • 53
특수한 소유제 구조 • 89
특수한 이중경제 구조 • 188

[ㅍ]

판 • 3
판위에(藩維) • 6, 287
패리스 • 3
펑 • 3
평가기준 • 133
폐쇄경제 구조 개선 • 269
푸젠성 동남 연해 • 56
푸터만 • 3
핑딩(平定) 모형 • 54, 55

[ㅎ]

하방 • 74
하위의 이중구조 • 285
하이얼(Haier) • 16
한계노동생산성 • 187
한계생산 • 238
한계소비성향 • 201
합작기금회 • 161
향(진)소유 • 44
해리스와 토다로 모형 • 231
해리스-토다로(J. R. Harris and M. Todaro) • 183,

221, 231, 245
해외지향형 • 56
행정명령 • 28
행정 서비스 • 126
행정조직 • 127
행정 측면의 위상 • 129
향 • 126
향 당서기 • 127
향진 • 17
향진공업 • 3, 7, 15, 65, 89, 118, 156, 181, 222
향진기업 개혁 • 4
향진기업과 농업, 농촌, 농업 정책 간의 관련성 • 280
향진기업 발전에서 지방정부와 지도자의 역할 • 3
향진기업 발전의 조건과 구조적 특징 • 17
향진기업 발흥과 성장 • 25, 182
향진기업 성장의 농업 성장에 대한 인과관계 • 281
향진기업의 경제성과 • 135
향진기업의 계약 형태 • 102
향진기업의 구조적 특징 • 50
향진기업의 규모상의 특징 • 49
향진기업의 발전 조건과 환경 • 16
향진기업의 발흥과 성장 • 182
향진기업의 부문 구조[산업구조] • 40
향진기업의 산업구조적 특징 • 42
향진기업의 생산효율 변화 • 8
향진기업의 성장요인 • 5
향진기업의 소유·경영 유형상의 특징 • 44
향진기업의 소유구조 개혁 • 8
향진기업의 소유제 구조 • 50
향진기업의 소유제와 지배구조 • 88
향진기업의 시장자유화 • 7
향진기업의 요소 집약도 동향 • 276
향진기업의 재산권 구조 • 138
향진기업의 재산권 구조 및 소유제 개혁의 성과 • 3
향진기업의 재산권 구조 및 지배구조 • 128
향진기업의 재산권 구조 특징 • 291
향진기업의 조세수입에서 점하는 위상 • 271
향진기업의 침체요인 • 7
향진기업의 탄생 조건·환경과 구조적 특징 • 3
향진기업이 무역발전에서 점하는 위상 • 272
향진기업 재산권 구조 개혁 • 118
향진기업 재산권 구조 개혁에 대한 의견 • 146
향진기업 재산권 구조의 특징과 재산권 개혁 • 3
향진기업 종업원 수 • 46
향진기업 주식합작제 개선 관한 통지 • 145
향진기업 탄생의 역사적 및 사회적 조건 • 25
향진기업통계규칙(鄕鎭企業統計規則) • 23
향진정부 • 4, 6, 93, 126, 182
향진정부와 지도자 • 135
향진정부 재정 확충 • 66
향촌기업의 지배구조 특징 • 93
향촌기업 이해관계자 • 94
향촌정부 • 66
향촌 조직 이념 • 51
향촌 주민 • 139
향촌 지도자 • 66
향촌 지역의 공동체화 • 51
향촌 집단소유 기업의 쇠퇴 • 291
향촌집단주 • 146
향판 • 44
향판기업(鄕辦企業) • 19, 268
현 • 126
현대 부문(modern sector) • 195, 225
현대판 신분제도 • 36
현재 농업 및 농촌경제 발전에 관한 몇 가지 정책 • 83
현재의 절대소득 격차 • 209
현-향-진-농가의 4단계 • 127
협력조 • 82

호구(戶口)제도 • 35, 36, 65, 74, 75, 259
호리구찌 • 7
호적관리제도 • 36
호적제도 개혁을 한층 더 추진하기 위한 의견 • 38
호적지와 거주지 분리 • 37
혼다이와 뤄 • 222, 247, 248
혼다이와 뤄환전(本臺進·羅歡鎭) • 7, 245, 252
홍은석 외 • 5
화이팅 • 3
확장충동 • 168
환경파괴 • 170
황서우홍 • 6
회사제 • 147
회사화 • 143
후베이 • 37
후주앙쥔 • 6